はしがき

　日本の不動産マーケットは、バブル崩壊後の不動産価格の長期低落傾向から反転して、大都市圏を中心にした価格の上昇が見られるようになり、取引も活況の様相を呈してきました。

　一方、社会全体を見渡せば、インターネットをはじめとする情報化社会の進展・拡大等、目まぐるしい変化が日々起こっています。不動産業界もこのような社会の変化の波にさらされ、従来のやり方では業務が立ち行かなくなっていたり、以前はなんら問題がなかったことでも、今日では法令違反として社会から糾弾されるような事件も頻発しています。

　このような中、不動産という高額商品を扱う不動産業者は、取引を安全かつ公正に遂行することが、近年ますます求められています。

　ご存知のとおり、宅地建物取引業法第37条では「書面の交付」として、規定された記載事項が列挙されています。この書面は、いわゆる「37条書面」と呼ばれ、不動産業者が契約成立後に取引の当事者に対して遅滞なく交付する義務があり、一般的には「契約書」がこれに該当します。しかし、個々の取引が、この法定の記載事項だけで事足りるほど、不動産の取引は単純ではありません。また、取引の当事者に疑義が生じないよう、いかにわかりやすく簡潔な文言で契約条項が記載され、当事者の合意事項を正確に書面化することも求められます。

　そこで本書では、不動産の売買と賃貸借取引を、安全かつ公正に行っていくうえで必要となる、標準的な契約書式、契約条項の解説および特約文例等を豊富に収めました。それぞれの契約書作成実務の参考にご活用いただき、安全な取引と紛争予防の一助になれば幸いです。ただし、本書掲載の書式や個々の記載例を採用する場合には、そのまま書き写して使うのでなく、適宜取引の実情に応じた修正等を施してご利用ください。

　また、本書の記述全般については、当研究会の私的見解に過ぎないことを一言お断りしておきます。

平成19年4月

不動産契約書式研究会

目　次

売買編

①	土地売買契約書（実測用）	2
	・引渡確認書	42
②	土地売買契約書（公簿用）	43
③	土地・建物売買契約書（土地実測・建物公簿用）	50
	・付帯設備一覧表	62
④	土地・建物売買契約書（土地公簿・建物公簿用）	64
⑤	借地権付建物売買契約書（建物公簿用）	70
	・借地権譲渡承諾書	80
⑥	区分所有建物売買契約書（敷地権用）	81
⑦	区分所有建物売買契約書（非敷地権用）	92
⑧	消費者契約法の適用がある場合の対応	101
⑨	売主が宅建業者の場合の契約書式	104
⑩	土地売買契約書（実測・売主業者用）	106
⑪	土地売買契約書（公簿・売主業者用）	113
⑫	土地・建物売買契約書（土地実測・建物公簿・売主業者用）	119
⑬	土地・建物売買契約書（土地公簿・建物公簿・売主業者用）	126
⑭	区分所有建物売買契約書（敷地権・売主業者用）	133
⑮	区分所有建物売買契約書（非敷地権・売主業者用）	140
⑯	借地権付建物売買契約書（建物公簿・売主業者用）	148
⑰	土地・建物売買契約書（土地公簿・新築建物・売主業者用）	156
⑱	アフターサービス規準書	168
⑲	その他の特約例	173
	１．建築条件付土地分譲	173
	２．一括決済	173
	３．仮換地を売買する場合の特約	174
	４．保留地予定地を売買する場合の特約	175

⑳ 覚書その他	177
・実測清算確認書	177
・売主からの手付解除	178
・買主からの手付解除	179
・契約解除（売主違約）の場合	180
・契約解除（買主違約）の場合	181
・合意解除	182
・融資利用の特約に基づく解除	183
・先行内装の覚書	184
・残代金支払日変更の覚書	185
・融資申込先・融資利用の場合の解除期限変更の覚書	186
・私道の通行・掘削に関する承諾書	187
・貸主変更通知	188
㉑ 専属専任媒介契約書	189
㉒ 専任媒介契約書	199
㉓ 一般媒介契約書	209

賃貸編	
① 賃貸住宅標準契約書（マンション）	220
② 賃貸住宅標準契約書（戸建の場合の頭書）	229
③ 契約条項の解説	231
④ 各種特約条項の解説	251
・礼金、敷引など一時金の支払い・償却	251
・共益費以外の経費の支払い	251
・事前契約の期間前解約	252
・残置物	253
・造作物買取請求権	254
・保険加入	255
・遅延損害金	255

	・使用損害金	256
	・危険負担	257
	・ペット飼育	258
	・暴力団の排除	259
	・サブリース契約の場合	260
	・分譲マンション（区分所有建物）	261
	・個人情報の取扱いについて	263
	・管轄裁判所	263
	・適用する言語・法律など	264
⑤	定期賃貸住宅標準契約書	265
	・定期賃貸住宅契約についての説明	287
	・定期賃貸住宅契約終了についての通知	288
⑥	その他賃貸借契約付属書類	289
	・賃貸住宅紛争防止条例に基づく説明書	289
	・連帯保証人確約書	293
	・ペット飼育申請書兼誓約書	294
	・集合住宅における動物飼養モデル規程	295
	・鍵預り証	299
	・入居時現況確認書	300
⑦	媒介契約書の解説	302
⑧	賃貸借媒介契約書（住宅・一般）	306
⑨	賃貸借媒介契約書（住宅・専任）	312
⑩	賃貸借代理及び管理委託契約書（住宅・一括委託型）	318

売買編

① 土地売買契約書（実測用）

収入印紙

土地売買契約書（実測用）

（A）売買の目的物の表示（登記記録の記載による）（第1条）

	所在	地番	地目	地積
土地	① 東京都多摩市桜ヶ丘1丁目	1番1	宅地	120.00 m²
	②			m²
	③			m²
	合計			120.00 m²
特記事項	以下余白			

（B）売買代金、手付金の額および支払日（第1条）（第2条）（第5条）

売買代金	(B1)		金42,000,000円(b)
手付金	(B2)	本契約締結時に	金4,000,000円
中間金	(B3)	第1回平成―年―月―日までに	―――円
		第2回平成―年―月―日までに	―――円
残代金	(B4)	平成＊＊年6月30日までに	金38,000,000円

（C）土地の実測（第3条）

実測清算の対象となる土地（契約時の算出面積をいずれかに記入）
　（私道負担のない場合）（＝登記記録記載面積）　　　120.00 m²(c)
　（私道負担のある場合、それを除く有効宅地部分　　　――― m²(c))
　(――――――――――――――――――――――――(c))

（D）代金清算の単価（第6条）

売買代金清算の場合の土地単価（第6条の単価(b)／(c)）
　　　　　　　　　　　　　　　1 m²当たり　金350,000円

(E〜I)　その他約定事項

(E) 所有権移転・引渡し・登記手続きの日 　　　　　　　　（第7条）（第8条）（第9条）		平成＊＊年6月30日
(F) 平成（＊＊）年度公租・公課分担の起算日 　　　　　　　　　　　　　　　　（第12条）		平成＊＊年1月1日
(G) 手付解除の期限　　　　　　　　　　（第14条）		平成＊＊年4月30日
(H) 違約金の額　　　　　　　　　　　　（第16条）		金4,000,000円
(I) 融資利用の場合　　　　　　　　　　（第17条）		
融資機関名・取扱支店名	融資承認予定日	融資金額
ABC銀行多摩支店	平成＊＊年5月15日	金20,000,000円
————————	平成——年—月—日	————————円
融資未承認の場合の契約解除期限		平成＊＊年5月22日

契約条項

（売買の目的物および売買代金）

第1条　売主は、標記の物件（A）（以下「本物件」という。）を標記の代金（B1）をもって買主に売り渡し、買主はこれを買い受けた。

（手付）

第2条　買主は、売主に手付金として、この契約締結と同時に標記の金額（B2）を支払う。

　　2　手付金は、残代金支払いのときに、売買代金の一部に充当する。

（境界の明示および実測図の作成）

第3条　売主は、買主に本物件引渡しのときまでに、現地において隣地との境界を明示する。

　　2　売主は、その責任と負担において、隣地所有者等の立会いを得て、測量士または土地家屋調査士に標記の土地（C）について実測図を作成させ、引渡しのときまでに買主に交付する。

（地積更正登記）

第4条　第3条第2項の実測の結果、実測図の面積と登記記録記載の面積との間に相違が生じても、売主は、地積更正登記の責を負わないものと

する。
（売買代金の支払時期およびその方法）
第5条　買主は、売主に売買代金を標記の期日（B3）、（B4）までに現金または預金小切手で支払う。
（売買代金の清算）
第6条　第3条第2項の実測図の面積と標記の面積（C）が異なる場合には、その異なる面積に1m²当たり標記の単価（D）を乗じた額を残代金支払時に清算する。
（所有権移転の時期）
第7条　本物件の所有権は、買主が売買代金の全額を支払い、売主がこれを受領したときに、売主から買主に移転する。
（引渡し）
第8条　売主は、買主に本物件を売買代金全額の受領と同時に引き渡す。
　　2　買主は、売主に引渡確認書を交付して、前項の引渡しの確認を行うものとする。
（所有権移転登記の申請）
第9条　売主は、売買代金全額の受領と同時に、買主の名義にするために、本物件の所有権移転登記の申請手続きをしなければならない。
　　2　所有権移転登記の申請手続きに要する費用は、買主の負担とする。
（負担の消除）
第10条　売主は、本物件の所有権移転の時期までに、抵当権等の担保権および賃借権等の用益権その他買主の完全な所有権の行使を阻害する一切の負担を消除する。
（印紙代の負担）
第11条　この契約書に貼付する収入印紙は、売主・買主が平等に負担するものとする。
（公租・公課の分担）
第12条　本物件に対して賦課される公租・公課は、引渡日の前日までの分を売主が、引渡日以降の分を買主が、それぞれ負担する。
　　2　公租・公課納付分担の起算日は、標記期日（F）とする。
　　3　公租・公課の分担金の清算は、残代金支払時に行う。

（収益の帰属・負担金の分担）
第13条　本物件から生ずる収益の帰属および各種負担金の分担については、前条第1項および第3項を準用する。

（手付解除）
第14条　売主は、買主に受領済みの手付金の倍額を支払い、また買主は、売主に支払済みの手付金を放棄して、それぞれこの契約を解除することができる。
　　2　前項による解除は、標記の期日（G）を経過したとき以降は、できないものとする。

（引渡し前の毀損）
第15条　本物件の引渡し前に、天災地変その他売主または買主のいずれの責にも帰すことができない事由によって本物件が毀損したときは、売主は、本物件を修復して買主に引き渡すものとする。この場合、修復によって引渡しが標記の期日（E）を超えても、買主は、売主に対し、その引渡し延期について異議を述べることはできない。
　　2　売主は、前項の修復が著しく困難なとき、または過大な費用を要するときは、この契約を解除することができるものとし、買主は、本物件の毀損により契約の目的が達せられないときは、この契約を解除することができる。
　　3　前項によって、この契約が解除された場合、売主は、受領済みの金員を無利息で遅滞なく買主に返還しなければならない。

（契約違反による解除）
第16条　売主または買主がこの契約に定める債務を履行しないとき、その相手方は、自己の債務の履行を提供し、かつ、相当の期間を定めて催告したうえ、この契約を解除することができる。
　　2　前項の契約解除に伴う損害賠償は、標記の違約金（H）によるものとする。
　　3　違約金の支払いは、次のとおり、遅滞なくこれを行う。
　　　①　売主の債務不履行により買主が解除したときは、売主は、受領済みの金員に違約金を付加して買主に支払う。
　　　②　買主の債務不履行により売主が解除したときは、売主は、受領済

みの金員から違約金を控除した残額を無利息で買主に返還する。この場合において、違約金の額が支払済みの金員を上回るときは、買主は、売主にその差額を支払うものとする。

4　買主が本物件の所有権移転登記を受け、または本物件の引渡しを受けているときは、前項の支払いを受けるのと引換えに、その登記の抹消登記手続き、または本物件の返還をしなければならない。

（融資利用の場合）
第17条　買主は、この契約締結後すみやかに、標記の融資（I）のために必要な書類を揃え、その申込手続きをしなければならない。

2　標記の融資承認予定日（I）のうち最終の予定日までに、前項の融資の全部または一部について承認を得られないとき、買主は、標記の契約解除期日（I）まではこの契約を解除することができる。

3　前項によって、この契約が解除された場合、売主は、受領済みの金員を無利息で遅滞なく買主に返還しなければならない。

4　本条による解除の場合は、第14条（手付解除）および第16条（契約違反による解除）の規定は適用されないものとする。

（瑕疵担保責任）
第18条　買主は、本物件に隠れた瑕疵があり、この契約を締結した目的が達せられない場合は契約の解除を、その他の場合は損害賠償の請求を、売主に対してすることができる。ただし、契約の解除・損害賠償の請求は、本物件の引渡し後3ヶ月を経過したときはできないものとする。

（諸規定の承継）
第19条　売主は、買主に対し、環境の維持または管理の必要上定められた規約等に基づく売主の権利・義務を承継させ、買主はこれを承継する。

（協議事項）
第20条　この契約に定めがない事項、またはこの契約条項に解釈上疑義を生じた事項については、民法その他関係法規および不動産取引の慣行に従い、売主および買主が、誠意をもって協議し、定めるものとする。

（特約条項）
第21条　別記特約条項のとおりとする。

特約条項
1．売主は、本物件土地上に存する庭木および庭石の全部または一部を、任意に搬出することができるものとします。この場合、売主は自己の責任と負担で、庭木および庭石の搬出後の埋戻しを行うこととします。なお、本物件引渡し後、前記庭木および庭石が残存する場合、買主は売主がそれら所有権を放棄したものとみなし、買主においてそれを取得し、または任意に処分できるものとします。 以下余白

　下記売主と下記買主は標記の物件の売買契約を締結し、この契約を証するため契約書2通を作成、売主および買主が署（記）名押印のうえ各自その1通を保有する。

平成＊＊年3月1日

（売主）　住所　東京都多摩市富士見台3丁目4番5号
　　　　　氏名　多摩　一朗　㊞　　　　　　　　　　　印
　　　　　住所
　　　　　氏名　　　　　　　　　　　　　　　　　　　印

（買主）　住所　神奈川県川崎市麻生区多摩川4丁目5番6号
　　　　　氏名　川崎　太郎　㊞　　　　　　　　　　　印
　　　　　住所
　　　　　氏名　　　　　　　　　　　　　　　　　　　印

媒介業者　免許番号　　　東京都知事（3）第＊＊＊＊号
　　　　　事務所所在地　東京都世田谷区若葉台1丁目3番3号
　　　　　商号（名称）　甲不動産株式会社
　　　　　代表者氏名　　代表取締役　甲野　三郎　㊞
　　　　　宅地建物取引主任者　登録番号　東京都知事第123456号
　　　　　　　　　　　　　　　氏名　乙野　次郎　㊞

契約条項の解説

> （売買の目的物および売買代金）
> 第1条　売主は、標記の物件（A）（以下「本物件」という。）を標記の代金（B1）をもって買主に売り渡し、買主はこれを買い受けた。

　本条は、売主と買主が、標記の物件を、いくらで売買したかということを、定めています。

① 売買の目的物

　標記の物件の記載にあたっては、取引の対象となる物件を特定して記載する必要があります。多くの場合、「登記記録」の表題部の内容を記載することになるでしょう。土地の場合、「登記記録」の表題部に記載された、所在、地番、地目、地積を記載し、取引の対象を特定します。取引の対象の筆が複数の場合は、それぞれの筆の内容を記載します。「ほか○筆」と記載して、すべての取引対象となる筆の記載をせずに省略するようなケースがあるようですが、これでは取引の対象を特定していることにならないので、決して記載の省略はすべきではありません。

② 所有権移転の時期までに土地を分筆する場合

　土地の取引の場合、土地の一部を分筆して、その土地の一部を取引の対象とする取引があります。契約締結前に、取引の対象となる土地の分筆を済ませておけば、取引の対象となる土地の「登記記録」の記載に基づき、売主と買主は取引の対象を互いに了解し、売買の目的物として、契約書にその分筆登記後の土地を記載することになります。

　しかし、土地の一部を取引の対象とする取引では、契約締結時には分筆登記が未了で、所有権移転の時期までに分筆登記を完了することを約定して契約することが多いようです。

　その場合は、売買の目的物の表示を以下のように記載することになります。

（A）売買の目的物の表示（登記記録の記載による）（第1条）

		所　在	地　番	地　目	地　積
土地	①	東京都多摩市桜ヶ丘2丁目	2番1	宅地	300.00 m^2
	②				m^2
	③				m^2
	合計				300.00m^{2}のうち120.00m^2

特記事項	売買の目的物は別添測量図色塗り部分になります。 以下余白

また、特約条項として、以下のような分筆の特約が必要です。

特約条項

1. 売主は、その責任と負担において、本物件について、所有権移転の時期までに、分筆登記を完了するものとします。

以下余白

○ 契約条項の解説

（手付）
第2条　買主は、売主に手付金として、この契約締結と同時に標記の金額（B2）を支払う。
2　手付金は、残代金支払いのときに、売買代金の一部に充当する。

---

① **手付金**

　本条第1項は、買主が、売主に対して、契約締結と同時に「手付金」を支払うことを定めています。

　本条第2項は、「手付金」が残代金支払いのときに、売買代金の一部に充当されることを定めています。言い方を変えると、「手付金」は残代金支払いのときまでは、売買代金ではないということを意味しています。法的性格上「手付金」はあくまでも「手付金」であって、売主と買主が合意しないと、残代金の支払いのときに、「売買代金」に充当することにはならないため、本条第2項の定めが必要になってくるわけです。

② **手付金の支払時期・方法**

　手付金の支払時期・方法としては、契約締結と同時に、現金か預金小切手（郵便為替も可）で、買主から売主に支払う必要があります。休日で金融機関が休みの日に、急遽契約を締結することになったため、買主が必要な手付金を用意できず、そのため契約書の締結だけを先に行い、「後日手付金を支払う契約はどうでしょう

か？」という話が過去にありました。このような契約締結の方法は、宅建業法第47条第3号の「信用の供与」に当たる行為になるため、絶対行ってはいけない取引方法です。

まして、この事例における、後日買主から売主に支払われた「手付金」相当額の金員の法律上の性格は、「手付金」にはなりません。この事例の場合は、契約締結と同時に買主から売主に支払われた金員がないわけですから、いわゆる「手付なし」契約を行ったことになります。「手付なし」の契約は、後述する「手付解除」を売主・買主ができなくなり、不動産取引の慣行にそぐわない取引にもなってしまうため、その点からもふさわしくない取引に当たります。

> （境界の明示および実測図の作成）
> 第3条　売主は、買主に本物件引渡しのときまでに、現地において隣地との境界を明示する。
> 　2　売主は、その責任と負担において、隣地所有者等の立会いを得て、測量士または土地家屋調査士に標記の土地（C）について実測図を作成させ、引渡しのときまでに買主に交付する。

本条第1項は、売主が、買主に対し取引の対象となる土地の範囲となる隣地との境界を、引渡しまでに現地で明示することを定めています。

そして、本条第2項は、売主がその責任と負担で、隣地所有者等の立会いを得た「実測図」の作成を測量士または土地家屋調査士に依頼し、引渡しまでに買主に交付することを定めています。

① **境界の明示**

第1項に定める境界の明示ですが、具体的には、売主は買主に対し、現地で「境界標」を指し示すことによって行うことになります。もし、「境界標」が見つからない部分（過去にはあったはずなのだが、その後の宅地の造成や建物建替え時の工事の際に、「境界標」をとばしてしまった）があれば、「境界標」を設置（復元）することが必要です。なお、この契約書では、本条第2項で「実測図」を売主が作成し買主に交付することになっていますので、測量を依頼することになる測量士または土地家屋調査士の協力を得て、「境界標」がない部分について、「境界標」の設置（復元）が必要になります。

ところで、「境界の明示」というのは、言葉で言うのは簡単ですが、実際は境界が判然としていない場合や、隣地との間で境界について争いがある場合等、その作業は困難を極めるといったケースが多々あります。そのため、土地を売却する売主やその売却の依頼を受けた宅建業者は、取引の対象となる土地の範囲を明らかにする「境界標」の有無を、売却に先立ち現地で確認することが必要でしょう。そして、「境界標」がない部分があることが判明した場合、その設置（復元）をする場合の作業、費用負担等について、専門家である測量士や土地家屋調査士に、あらかじめ相談して対応を決めてから、売却活動を開始することが必要になるでしょう。

② **民民境界と官民境界の立会い**

また、隣地との境界に関し留意すべきこととしては、隣地が民有地の場合の「民民境界」と、隣地が官有地の場合の「官民境界」では、「境界標」がない場合の「境界標」の設置（復元）や、実測図作成に際しての隣地の立会いについて、その作業の負担に差異があることです。一般論として言えば、「官民境界」における作業のほうが、「民民境界」の作業に比べて、時間等を多く要する傾向があります。したがって、「官民境界」の「境界標」がない場合や、実測図を作成する際に「官民境界」の立会いを要する場合は、実測図作成に要する時間をあらかじめ考慮のうえ、引渡しの日程を、売買契約書で約定することが必要になります。

契約条項の解説

> （地積更正登記）
> 第4条　第3条第2項の実測の結果、実測図の面積と登記記録記載の面積との間に相違が生じても、売主は、地積更正登記の責を負わないものとする。

① **地積更正登記を行わない定め**

本条は、前条で行った測量の結果得られた実測面積と登記記録記載の面積に相違が生じたとしても、売主は、地積更正登記を行わないことを定めています。

測量の結果、実測面積と登記記録記載面積に相違が生じることは、ケースとして少なくありません。ただし、不動産取引の過半を占める、住宅地や商業地における取引においては、測量で得られた実測面積と登記記録の面積の相違は、若干の相違に過ぎないケースがほとんどです（経験則上、100m^2強の宅地で実測面積と登記記録記載面積に相違がある場合、その面積の相違は1m^2未満であることがほとんどです）。

理屈としては、実際に測量して得られた面積と登記記録記載面積に相違があることが判明すれば、売主が登記記録記載面積を訂正（更正）するということが理にかなった取引かもしれませんが、地積更正登記のための売主の負担を考慮して、このような約定としています。売主の地積更正登記を行う負担としては、隣地所有者全員からの境界確認書の取得が原則必要とされています。現実問題として、隣地所有者から境界確認書を取り付けることは、はなはだ困難と言わざるを得ない実態があるからです。

② 契約締結前の仮測量等

測量の結果、実測面積と登記記録記載面積に想定外の相違が生じた場合は、別途協議が必要になるケースもあるでしょう。想定外の相違が生じて、買主の購入目的に沿わず、契約そのものの成立に争いが起こることがないよう、売買契約に先立つ作業として、登記記録記載の面積に相当する地積を有するかどうか、現地でメジャーをあてて確認することや、可能であるなら測量士や土地家屋調査士による現況測量（隣地の立会いは省略）を実施することが望ましいでしょう。

なお、地積更正登記を行うことを約定する場合は、次のような特約を付すことになります。

特約条項

1. 第4条の定めにかかわらず、実測面積と登記記録記載面積との間に相違が生じた場合、売主は、その責任と負担において、引渡しのときまでに地積更正登記を行うものとします。

以下余白

契約条項の解説

（売買代金の支払時期およびその方法）
第5条　買主は、売主に売買代金を標記の期日（B3）、（B4）までに現金または預金小切手で支払う。

---

① 売買代金の支払時期・方法

本条は、買主が売買代金を、「現金」または「預金小切手」を標記欄に記載された期日までに、売主に支払うことを定めています。経験則上、中間金の授受がなさ

れるケースはあまりなく、売買代金から契約締結時に支払われた手付金の金額を控除後の金額を、残代金として支払う取引が大多数です。

　また、残代金の支払日は、契約締結後に測量をするような場合であれば、どのくらいの期間を要するか考慮して決めることが必要になるでしょう。残代金支払日は、標記欄に記載のとおり「○○までに」と、最終期日を約定することになっています。

　したがって、標記の記載の日限定で、残代金の支払いや、第７条に定める所有権の移転、第８条に定める「引渡し」、第９条に定める「所有権移転登記の申請」を必ず行わなければいけないということではなく、売主・買主双方が合意すれば、標記の期日前に、残代金の支払い等の一連の決済を、前倒しで行うことはできることになっています。

② **残代金支払日の設定**

　残代金支払日の設定に際し、週末や祝祭日、年末年始を残代金の支払手続きの日に設定してはいけません。なぜなら、残代金の支払い等の一連の決済手続きは、買主の資金の準備や多額の金員を支払う必要から、平日の銀行の営業時間内に行うことが一般的とされています。決済手続きの場所についても、平日の銀行の営業時間内に、銀行の応接室をお借りして手続きするケースが多いようです。さらに、残代金の支払い後に買主へ所有権移転登記を申請することになるわけですが、平日の法務局（登記所）が開いている時間に、登記を持ち込むことが買主側の権利の保全のためにも必要なことからも、残代金支払日の設定は、週末や祝祭日、年末年始は避けることが必要です。

　また、残代金の支払日を、不動産取引の決済が集中する、３月末などに安易に設定することは、あまり感心できません。前述のとおり、残代金支払日当日は、多くの場合、銀行の応接室を借りて手続きを行い、かつ、その日のうちに買主へ所有権移転登記をするための登記を、法務局（登記所）に持ち込まなければなりません。売主・買主の希望により、３月末を残代金の支払日にして契約する場合も、年度末ぎりぎりを避けて手続きを行うことができるよう、間に入った宅建業者はスケジュールの調整を、早め早めに行っていくことが必要です。

③ **金種について**

　本条では、買主は残代金を「現金」または「預金小切手」で支払うことを定めています。残代金を「現金」とすることについては当然として、「預金小切手」についても、社会通念上通貨と同視できるとの考え方で、残代金の支払いの「金種」として、本条では定めています。

　「預金小切手」は、銀行が振出人になっているため、不渡り等の心配がなく現金

化できることや、それでいて多額の現金を持ち歩く場合のリスクを回避できるというメリットがあるとされています。ただし、「預金小切手」の場合の難点としては、現金化に数日要することが挙げられます。そのため、売主・買主の間に入る宅建業者は、売主の「金種」の希望を残代金支払日前にあらかじめ聴取し、買主にそれを事前に伝えることが必要です。

なお、残代金の支払いについては、本条の定めにかかわらず、銀行振込みで買主から売主の指定する銀行口座に支払いを行うケースが増えています。「現金」で支払う場合は、買主が多額の現金を持ち歩くことによる盗難が心配であり、また、「預金小切手」で支払う場合は、現金化の手間・時間が難点とされるのを、いずれも解消する方法といえるでしょう。

④ **振込みによる支払い**

振込みで残代金を支払う場合も、売主指定の銀行口座にいくら、振込み以外に現金でいくらといった「金種」の指定に関し、売主・買主の間に入る宅建業者は、売主の希望をあらかじめ聴取し、買主にそれを伝えることが必要です。そして、残代金を振込みによる方法で行う場合、細かいことではありますが、振込手数料を売主・買主いずれの負担とするか、取り決めておくことも必要でしょう。

振込手数料を、売主・買主のいずれが負担すべきかについて、確たる答えはないようです。買主が金員を支払う義務があるのだから、その支払いにあたって振込手数料を買主が負担すべきという考えがあります。

一方、買主は現金で支払うのはやぶさかではないのに、売主が買主から支払われた残代金に相当する「現金」を安全に自身の銀行口座に入金したいという売主の依頼に基づき、買主は売主指定の銀行口座に振り込むのだから、振込手数料の負担は売主が負担すべきといった考えもあるようです。

また、現実的な対応として、複数の振込みとなる場合、売主と買主が振込手数料の負担を分担することもあります。そこで、残代金を銀行振込みで行う場合は、次のような特約を付すことになります。

特約条項

1. 第5条の定めにかかわらず、買主は、売主に売買代金のうち売主の指定する金額を標記の期日（B3）、（B4）までに、売主指定の銀行口座に振込みにより支払うものとします。

    なお、振込みに要する手数料は、○○の負担とします。

以下余白

 契約条項の解説

> （売買代金の清算）
> 第6条　第3条第2項の実測図の面積と標記の面積（C）が異なる場合には、その異なる面積に1㎡当たり標記の単価（D）を乗じた額を残代金支払時に清算する。

　本条は、実測の結果得られた面積と標記の面積が異なる場合に、売主・買主がこの契約書で合意した1㎡当たりの単価で、標記の面積と実測面積の過不足について清算することを定めています。過不足が生じた場合は、その結果を買主から売主に、間に入っている宅建業者を介して早めに通知し、清算の金額等について、残代金の支払い前に確認を済ませておくことが必要です。なお、過不足が生じた際には、後記に掲載の「実測清算確認書」を、残代金支払時までに、売主・買主で取り交わすことになります。

　売買代金の清算に関連した事例と、それに即した取引方法に係る標記の記載例や特約例を、以下に詳解します。

【私道負担のある場合で、それを除く有効宅地部分を実測清算の対象とする場合の標記の記載例】

　（C）土地の実測（第3条）

実測清算の対象となる土地（契約時の算出面積をいずれかに記入）		
（私道負担のない場合（＝登記記録記載面積）	―――	㎡(c)）
（私道負担のある場合、それを除く有効宅地部分	115.00	㎡(c)）
（―――――――――――――――――――――――――――――		(c)）

　実測清算の対象を、土地に私道負担があり、それを除く有効宅地部分とする場合は、標記（C）に上記のように記載することになります。この場合、契約締結に際して、有効宅地部分の面積がおおよそ判明していることが必要です。

　例えば、過去に有効宅地部分と私道部分の面積を現況測量したとか、売買契約に先立ち、測量士等に仮測量を依頼し有効宅地部分の概算数値を算出してもらう等、なんらかの根拠に基づく数値を有効宅地部分の面積として記載すべきでしょう。

　また、有効宅地部分と私道負担部分が、すでにそれぞれに分筆されているケース

で、売買にあたって改めて実測清算を行うような場合は、有効宅地部分の登記記録記載の面積（地目が「雑種地」等で10m²以上の場合、登記記録記載面積は、小数点以下が記載されないので注意）を、実測清算の対象となる土地の面積として、標記欄に記載すればよいでしょう。

【分筆がある場合の標記の記載例】

（C）土地の実測（第3条）

実測清算の対象となる土地（契約時の算出面積をいずれかに記入）
（私道負担のない場合（＝登記記録記載面積）　　　――　　m²（c））
（私道負担のある場合、それを除く有効宅地部分　　　――　　m²（c））
（別添分割図色塗り部分。115.00m²　　　　　　　　　　　　　　（c））

分筆が未了の状況で契約を締結する場合は、測量士等に（仮称）分割図といったものをあらかじめ作成してもらい、売買の目的物の範囲を特定することが必要です。一般的な土地の売買では、買主の土地取得の目的は、そこに建物を建築する場合がほとんどでしょう。したがって、分筆後の売買の目的物が、道路（建築基準法上の道路）に対して間口何メートルの接道で分筆されるかは、買主にとって極めて重要な問題です（一般に、建築基準法上の道路に間口2m以上の接道が確保できないと、その土地に建物の建築はできない）。

買主は、購入する土地にどのような建物を建築するのか（一般に、地方自治体の条例の定めにより、「路地状敷地」と言われる敷地において、その敷地延長部分の距離と敷地延長部分の幅によって、建築できる建物について制限がある）、買主が自家用車の車庫スペースを予定している場合、その入出庫に問題のない地型になっているのか等は、実測清算以前の問題として留意することが必要です。

【実測面積と標記面積の相違が1m²未満の場合、実測清算は行わないとする特約】

特約条項
1．第6条の定めにかかわらず、第3条第2項の実測面積と標記の面積（C）が異なる場合であっても、その相違が1m²未満の場合は、売買代金の清算は行わないこととします。 以下余白

 契約条項の解説

> （所有権の移転の時期）
> 第7条　本物件の所有権は、買主が売買代金の全額を支払い、売主がこれを受領したときに、売主から買主に移転する。

　本条は、標記の物件の所有権が、買主から売主への売買代金全額の支払いと引き換えに、売主から買主に移転することを定めています。

　民法の定めでは、所有権の移転は、契約締結時に売主から買主へ移転することになるため、取引の実態を考慮し、民法の定めと異なる合意として、「買主が売主に売買代金の全額を支払い、売主がこれを受領したときに標記物件の所有権は、売主から買主に移転する」と定めています。

 契約条項の解説

> （引渡し）
> 第8条　売主は、買主に本物件を売買代金全額の受領と同時に引き渡す。
> 　　2　買主は、売主に引渡確認書を交付して、前項の引渡しの確認を行うものとする。

　本条第1項は、標記の物件の引渡しについて、買主の売買代金全額の支払いと引き換えに、売主から買主に標記物件を引き渡すことを定めています。

　民法の定め（民法533条）では、売主の義務（物件を引き渡す義務）と買主の義務（物件の売買代金を支払う義務）が同時履行の関係にあるため、条文のうえでも、民法の定めに沿った内容になっています。

　本条第2項は、買主が売主から標記の物件の引渡しを受けた証として、後記記載の「引渡確認書」を交付することを定めています。

 契約条項の解説

> （所有権移転登記の申請）
> 第9条　売主は、売買代金全額の受領と同時に、買主の名義にするために、本物件の所有権移転登記の申請手続きをしなければならない。
> 2　所有権移転登記の申請手続きに要する費用は、買主の負担とする。

① **所有権移転登記と登記費用の負担**

　本条第1項は、売主は、売買代金全額受領と引き換えに、買主の名義に標記物件の所有権移転登記の申請手続きをすることを定めています。

　本条第2項は、買主名義にするための登記に要する費用については、買主の負担とすることを定めています。本条第2項の定めをしないと、民法の定めが適用され、売主がその登記費用を負担することになりますが、不動産取引の慣行として、本条第2項の定めをすることが一般的です。

② **所有権移転登記と司法書士の業務**

　買主は売買代金の全額支払いと引き換えに、自らの名義にするための所有権移転登記申請を、直ちに行うことが必要です。そのため、残代金支払いの場所には、必ず司法書士に立会いを求め、売主および買主が用意した登記に必要な書類の確認を司法書士が行って、問題なく買主名義に所有権移転登記が行えることのゴーサインが司法書士から出た後、買主は売主に対し残代金の全額を支払うことになります。司法書士は、売買代金全額の授受や物件の引渡手続きが、売主・買主間で無事完了したのを見届け、買主から所有権移転登記に要する登記費用を受け取った後に、その足で、売買物件が登記されている法務局（登記所）に出向き、買主名義の所有権移転登記を申請します。売主が、買主から支払われる売買代金で、残債の抵当権等を抹消する場合や、買主が売買物件の購入にあたり銀行ローンを利用し、それに伴い抵当権を設定する場合等は、買主名義の所有権移転登記にあわせて、司法書士にそれらの登記手続きも一緒に依頼することになります。

③ **所有権移転登記の日時**

　買主は、所有権移転登記を売買代金全額支払い後、司法書士に依頼して、その日のうちに行う必要があります。そのため、売買代金の全額支払日は、その日のうちに登記申請が時間的な余裕をもって行える時間で、売買代金支払いの手続きをするようにします。

　また、前述のとおり（☞P13②参照）、売買代金の全額支払日を、土曜・日曜・

祝祭日および年末年始などの法務局（登記所）が業務を行っていない日時に設定することは、買主の権利保全が図れないため絶対に避けるべきです。

 契約条項の解説

> （負担の消除）
> 第10条　売主は、本物件の所有権移転の時期までに、抵当権等の担保権および賃借権等の用益権その他買主の完全な所有権の行使を阻害する一切の負担を消除する。

　本条は、売主が、本物件所有権移転の時期までに、買主に完全な所有権の行使を阻害する一切の負担を除去抹消することを定めています。

①　抵当権等の担保権および賃借権等の用益権とは

　多くの不動産取引の場合において、売買不動産には、抵当権や根抵当権等の登記が設定されています。例えば、売主が不動産を取得した際に、金融機関からその購入資金の融資を受けていた場合、金融機関を抵当権者とする抵当権が設定されています。また、売主が法人等の場合、事業資金を金融機関から借りる際に売買物件を担保として融資を受け、金融機関を根抵当権者とする根抵当権が設定されていることも多いようです。それら以外にも、買戻し登記や、差押、仮差押、仮処分等の登記がされていることもあります。

　売主が消除することが必要な負担は、上記のように登記されているものだけに限りません。登記されていない負担としては、賃借権が代表的なケースと言えるでしょう。

②　抵当権等の抹消について

　多くの不動産には、抵当権等の担保権が設定されていることがほとんどです。したがって、不動産取引を仲介する不動産業者からの視点で、この条文の定めを見る場合、不動産の売主が、「どの時期に」「どのような資金手当てをして抵当権等の抹消をするか」ということを、契約締結前の段階（売主側担当の不動産業者であれば、売主から売却委託を受ける時点）で、あらかじめ確認しておくことが必要です。

　そして、おそらくほとんどの不動産取引の場合において、抵当権等の担保権の消除（抵当権等の登記の抹消）を、買主が支払う残代金の一部を充当して行うことになるでしょう。そのため、このような場合は、抵当権等の抹消登記と買主への所有権移転登記の申請手続きを同時に行うことになります。

③ 抵当権等の残代金による抹消の場合の留意点

　買主への「抵当権等の担保権の消除の説明」を怠ると、残代金支払い直前になって、クレームになることがあります。買主からすれば、本条の定めは、「所有権移転の時期までに」と定めているのだから、抵当権等の担保権の消除は「所有権移転の前」には完了していなければならないという趣旨の申し出がなされることがあります。

　これに対し売主は、「所有権移転の時期までに」という定めは、所有権移転と同時に行うのであれば、所有権移転の後に行うことにはならないので、本条の解釈のうえでは認められると、反論することになるでしょう。

　このようなクレームが発生しないように、契約締結にあたっては、買主に抵当権等の抹消が残代金支払いと同時となることを事前に説明し、了解を得ておくことが必要です。

　なお、このような条文の解釈の相違によるクレームを防止するため、第10条「負担の消除」の条文に、次のように言葉を付け加えて利用することもあります。

（負担の消除）

第10条　売主は、本物件の所有権移転の時期までに、もしくは所有権移転と同時に、抵当権等の担保権および賃借権等の用益権その他買主の完全な所有権の行使を阻害する一切の負担を消除する。

---

④ 地上権や地役権等用益権を消除せずに承継する場合

　売買物件の上空を送電線が通過していたり、売買物件の地下に地下鉄の線路がある場合には、電力会社や鉄道会社が、売買物件の上空や地下の一定の範囲について地上権を設定し、その地上権を登記していることがあります。

　また、売買物件の一部を隣地所有者が通行したり、給水管敷設に利用するために、隣地所有者が自己の所有地を要役地、売買物件を承役地とする地役権を設定し、その地役権を登記していることもあります。

　このような地上権や地役権は、売主から買主に引き継がれるのが一般的です。しかし、本条の定めからすると、売主が所有権移転の時期までに消除しなければならない用益権に当たるため、このような地上権や地役権が設定されている場合は、本条の定めにかかわらず、地上権や地役権の負担を売主から買主へ承継することを確認する趣旨で、次のような特約を追加することが必要です。

> 特約条項
> １．買主は、本物件のうち標記（A）①の土地が、関東電力株式会社を地上権者とする送電線架設のための地上権が設定されていることを確認しました。そのため、買主は第10条の定めにかかわらず、当該地上権の登記について消除できないことを承諾するものとします。
> ２．買主は、本物件のうち標記（A）①の土地が、多摩市桜台１丁目１番２を要役地とする通行のための承役地となっていることを確認しました。そのため、買主は第10条の定めにかかわらず、当該承役地の登記について消除できないことを承諾するものとします。
> 以下余白

契約条項の解説

> （印紙代の負担）
> 第11条　この契約書に貼付する収入印紙は、売主・買主が平等に負担するものとする。

　本条は、売主・買主が、契約書に貼付する収入印紙を平等に負担することを定めています。契約書は、売主と買主がそれぞれ保有するため、２部作成し、それぞれが保有する契約書に貼付する収入印紙を負担することになります。

① **収入印紙の準備**

　収入印紙の準備は、実務上では、仲介業者等の不動産業者が、売主・買主に代わって準備することがあります。この場合、仲介業者は、最寄りの郵便局等で、売主・買主の了解のもと、立替え払いで収入印紙を購入することになります。郵便局等からは領収証をもらっておき、契約手続きの際に、売主・買主から領収証と引き換えに収入印紙代の実費を受け取ることになります。

② **収入印紙と消印**

　契約書に貼付した収入印紙については、「消印（けしいん）」することが必要です。
　「消印」とは、契約書と貼付した収入印紙にまたがって、売主・買主等が押印することをいいます。「消印」は、具体的には以下のように行います。

(例)

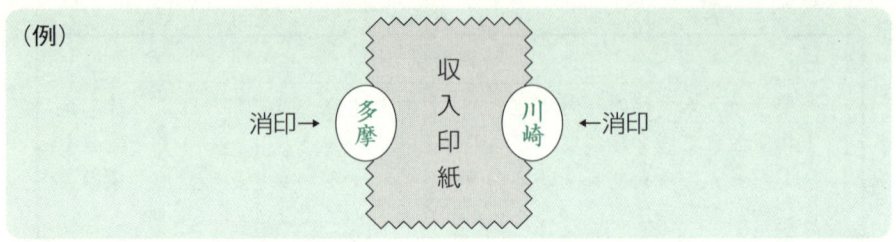

　契約書に収入印紙を貼付しただけで「消印」をしなかった場合、その収入印紙と同額の過怠税が課されます。
　また、契約書に収入印紙を貼付しなかった場合、貼付すべき収入印紙代と、さらにその収入印紙代の2倍の金額を合計した、納付すべき収入印紙代の3倍に相当する額の過怠税が課されます。

③　**収入印紙の税額**

　貼付する収入印紙は、売買契約書の記載金額に応じて、いくら分の収入印紙を契約書に貼付すべきか、印紙税の税額表をもとに判断します。
　なお、売主が消費税法で定める「事業者」として、建物等の資産を譲渡する場合に、消費税額込みの売買代金(この場合、消費税額がいくらかの内訳を記載)で契約書を作成することになります。この場合、貼付する収入印紙の税額ですが、消費税額込みの売買代金から消費税額を差し引いた売買代金の金額に対して、貼付すべき収入印紙を判断することになります。

④　**契約解除と収入印紙**

　第17条(融資利用の場合)による契約解除等の場合は、契約が白紙解除(ペナルティーなし)となるため、契約を解除された者は、収入印紙代の出費分を契約を解除した者に請求することはできません。この点は、実務の上でトラブルになることもありますので、契約にあたって売主・買主への説明が必要でしょう。

契約条項の解説

> (公租・公課の分担)
> 第12条　本物件に対して賦課される公租・公課は、引渡日の前日までの分を売主が、引渡日以降の分を買主が、それぞれ負担する。
> 　2　公租・公課納付分担の起算日は、標記期日(F)とする。
> 　3　公租・公課の分担金の清算は、残代金支払時に行う。

本条は、売買物件に賦課される公租・公課の清算について定めたものです。公租・公課とは、不動産売買の取引では、固定資産税と都市計画税のことを指します。

さて、第1項では、本物件の引渡日の前日までの分を売主が負担し、引渡日以降の分を買主の負担として定めています。そして、第2項では売主・買主の負担金額を計算する「起算日」を定めること、また、第3項では、公租・公課の分担金の清算を残代金支払時に行うことを定めています。

① 公租・公課の起算日について

第2項では、公租・公課の起算日を、標記期日（F）とすることを定めています。

しかし、公租・公課の起算日をいつにするかについては、「1月1日」とする考え方と、「4月1日」とする考え方があり、このいずれを採用するかは、売主と買主の合意で定めることになります。

起算日が「1月1日」の場合と「4月1日」の場合では、公租・公課の計算において、清算金額が大きく異なります。

【公租・公課の計算例】
引渡日が4月12日の場合
固定資産税と都市計画税の年税額の合計：365,000円

- **「1月1日」を起算日とした場合**

    売主の負担期間　1月1日 ～ 4月11日 …… 101日
    売主の負担金額　365,000円×101／365＝101,000円
    買主の負担期間　4月12日～12月31日 ……… 264日
    買主の負担金額　365,000円×264／365＝264,000円

- **「4月1日」を起算日とした場合**

    売主の負担期間　4月1日 ～ 4月11日 ……… 11日
    売主の負担金額　365,000円×11／365＝11,000円
    買主の負担期間　4月12日～翌年の3月31日…354日
    買主の負担金額　365,000円×354／365＝354,000円

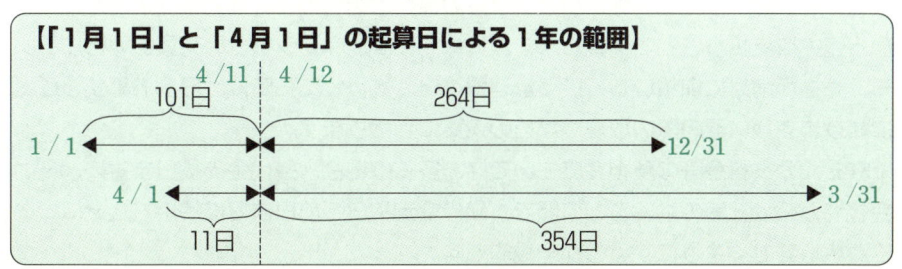

【「1月1日」と「4月1日」の起算日による1年の範囲】

「1月1日」の起算日を採用する取引慣行は関東中心で多く、「4月1日」の起算日を採用する取引慣行は中部圏以西で多いようです。

② **納税義務者**

固定資産税・都市計画税は、市町村（東京23区では都）が、1月1日時点の不動産の所有者（登記名義人）に対して課税する、地方税です。

課税をする市町村にとって、年の途中で不動産が売買されたとしても、そして固定資産税等を売買の当事者でどのように清算しようとも、一切関知せず、単純にその年の1月1日の所有者（登記名義人）に対し、その年の1年分の固定資産税等を課税してきます。そのため、不動産売買においては、売主が1年分の固定資産税等を支払い、「1月1日」か「4月1日」を起算日として、買主から固定資産税等相当額の一部を回収することが、不動産取引の慣行として行われています。

 契約条項の解説

> （収益の帰属・負担金の分担）
> 第13条　本物件から生ずる収益の帰属および各種負担金の分担については、前条第1項および第3項を準用する。

本条は、標記の物件から生ずる収益の帰属や、各種負担金の分担について定めるものです。収益については、例えば土地を駐車場等として賃貸していて、その賃貸を継続したまま買主に引き継ぐ場合、「何日までの賃料を売主の収益とし、何日以降の賃料を買主の収益とする」かを、本条は定めています。また、各種負担金については、例えば電気・ガス・水道等の公共料金を、何日までは売主が負担し、何日以降は買主が負担することについて、本条は定めています。

・**負担金の清算**

本条の定めに基づき、仮に売主が、買主の標記の物件の引渡日以降の負担金を前払いしているような場合は、引渡日以降の負担金相当分を、残代金支払時に、買主から売主に支払うことで清算します。具体的には、マンションの売買の場合において、売主が前月に前払いしている管理費等を、残代金支払時に、日割清算することになりますが、その際の取決めがこの条文に当たります。

なお、公共料金等の負担金については、多くの場合、残代金支払日までに、電力会社やガス会社等の供給者との間で、残代金支払日の前日までに使用した分について清算しておくようにするのが一般的です。

契約条項の解説

> （手付解除）
> 第14条　売主は、買主に受領済みの手付金の倍額を支払い、また買主は、売主に支払済みの手付金を放棄して、それぞれこの契約を解除することができる。
> 2　前項による解除は、標記の期日（G）を経過したとき以降は、できないものとする。

本条第1項は、売主の手付金の倍返しによる解除と、買主の手付金の放棄による解除を定めています。そして、本条第2項は、それら手付解除の行使について期限を定めています

① **手付金の授受について**

手付金は、売買契約の締結に際し、買主から売主へ実際に交付される金銭をいいます。手付金は、買主から売主に実際に交付されることが必要であり、例えば、週末の契約で、手付金100万を契約書に記載して売買契約を締結しながら、買主に手持ち金がないので、実際に手付金の交付を週明けに行った場合（この場合、買主から売主に支払われた金銭は、中間金とみなされる）は、手付金の授受のない契約になり、後日手付解除の行使が認められないことになります。

また、不動産業者が媒介する取引で、手付金の授受にあたり、手付金10万円、翌日に中間金90万円の授受を契約書に記載して売買契約を締結するようにすることも、宅建業法第47条第3号に定める「手付についての信用の供与の禁止」に該当する「手付の分割」とみなされるおそれが大であり、そのような手付金の授受を行う契約を、不動産業者は行ってはいけません。

② **手付金の額について**

手付金の額については、特に制限はありませんが、通常は売買代金の5％から、多くて20％とするケースが多いようです。また、売買代金の何％という金額ではなく、売買代金の5％〜20％の間の金額で、切りのいい数字を手付金として契約することも、実際多いようです。

しかし、不動産業者が売主の場合は、売買代金の20％を超える手付金を受領することはできません（宅建業法39条1項）。

③ 手付金の法的性格

手付金は売買代金の一部ととらえられがちですが、残代金支払時に売買代金に充当されるまでは、売買代金とはなりません。そのため、中間金（内金）や残代金とは扱いが異なります。

さて、手付金には、契約の成立を証するための証拠という意味で授受される（「証約手付」の性格）とともに、売主・買主間に特段の合意がなければ、民法の定めにより、売主は手付金額の倍額を買主に支払い、また買主は手付金を放棄すれば、自らの都合で契約を解除できるという、「解約手付」の性格を有しています。

それ以外に、売主・買主に債務不履行があった場合に、損害賠償額の予定または違約罰の趣旨で授受される「違約手付」もあります。この「違約手付」も「証約手付」の性格は有しています。

本条第1項の手付金の法的性格は、「解約手付」であることを定めています。

なお、不動産業者が売主となる場合は、宅建業法第39条第2項により、契約の締結に際して受領した手付金は、必ず「解約手付」の性格を有するとされています。

④ 民法に定める「履行の着手」について

民法第557条の定めにより、売主・買主が解約手付性を否定する定めをしなければ、売買契約の締結に際し授受された手付金は「解約手付」と推定され、「当事者の一方が契約の履行に着手するまで」は、手付解除ができることになります。

ここで実務上問題となってくるのが、「履行の着手」とはいつの時点を指すかということです。これは、「売主または買主が、客観的に外部から認識することができるような形で積極的に履行行為の一部を行い、または履行の提供をするために欠くことのできない前提行為をしたとき」と解されています。ただし、具体的にはどのような行為が「履行の着手」に当たるかは、個々のケースによって判断していくことになります。例えば、売主が売却のために土地の分筆登記をした場合に、「売主の履行の着手に該当する」と判断されたケースがあります。また、買主が、中間金の支払いをしたときには、「履行の着手」に当たるとされています。

⑤ 手付解除の行使期限について

本条第2項では、手付解除の行使期限を、民法の「履行の着手」とはしていません。標記の期日（G）を経過したとき以降は、手付解除はできないことを定めており、言い方を換えれば、標記の期日（G）までは、売主は手付金額の倍額を買主に支払い、買主は手付金を放棄することで、原則として自由に契約を解除することができる定めになっています。

これは、相手方の「履行の着手」まで手付解除ができるという民法の定めのまま

だと、「履行の着手」の定義のあいまいさから、契約がどの時点まで解除できるかわからないという法的に安定を欠く契約になります。そのような事態を回避するため、本条第2項では、民法と異なる合意として、手付解除の行使期限を売主・買主で特別に定め、契約の安定を図るようにしています。

なお、不動産業者が売主となる場合は、宅建業法第39条第3項により、民法の規定より買主に不利な特約は無効になることが定められているため、本条第2項の手付解除の行使期限を定めることはできません。したがって、不動産業者が売主となる場合、契約書の手付解除の定めは、民法の「履行の着手」とする旨の約定になります。

⑥ 手付解除の行使期限の設定

本条第2項の手付解除の行使期限については、売主・買主に手付解除の条文の趣旨をよく説明して、双方の合意する期限を設定することになります。

では、具体的に契約締結後どのくらいの期限を設ければいいかについて、特に決まりはありません。

しかし、契約から残代金支払期日までの期間の長短にもよるものの、契約締結日からあまり経過していない期限（例えば、数週間後）を手付解除行使期限として定めることは、売主・買主の手付解除の行使の機会を極端に制限するため、そのような期限設定は行わないようにしてください。

また、本条第2項が民法の「履行の着手」と異なる定めをしていることに関連して、買主が「中間金」の支払いを残代金支払いまでにする場合は、手付解除の履行期限の設定について、細心の注意が必要です。

注意が必要な例としては、中間金の支払日以降の期限で、手付解除期限を設定する場合です。本条第2項が民法の定めと異なる合意になっているとはいえ、売主・買主に不動産業者がそのことを十分説明しないと、買主が中間金を支払った後は、民法に定める「履行の着手」がなされたと誤って判断されて、手付解除の行使期限前であっても手付解除はできない、というトラブルに発展するおそれがあります。

そのため、売主や買主の意向で、中間金の支払日以降に手付解除の行使期限を設定する場合は、中間金授受後でも手付解除ができることを確認する特約を、追加しておくとよいでしょう。

特約条項

1. 売主および買主は、第5条に定める中間金の支払い後であっても、第14条に基づき、標記の期日（G）までは、それぞれこの契約を手付解

> 　　除することができることを確認しました。
> 　２．中間金授受後に、第14条の手付解除によりこの契約が解除となった場合、売主は受領済みの中間金を無利息で買主に返還するものとします。
> 以下余白

⑦ 手付解除の手続について

　本条第１項では、売主は受領済みの手付金の倍額を支払い、また、買主は、売主に支払済みの手付金を放棄して、それぞれこの契約を解除できることを定めています。

　手付解除をする場合は、手付解除をする側からその相手方に、本条第２項に定める期限内に、意思表示することが必要です。意思表示の方法としては、口頭ではなく文書（配達証明付内容証明郵便等）で通知することが必要でしょう。

　また、手付解除に伴う金銭のやりとりですが、買主が手付解除をする場合は、買主は売主に交付済みの手付金を放棄することを通知すれば、原則として金銭のやりとりは不要です。それに対して、売主が手付解除する場合は、細心の注意が必要です。誤った理解として、「売主の手付解除は、さしあたり本条第２項の期限までに手付解除の意思表示をして、本条第２項の期限後に、手付金の倍額を買主に支払えばいい」と思っている方が中にはいますが、これは誤りです。正しくは、本条第２項の期限までに、手付金の倍額を買主に提供することを、手付解除の意思表示とセットで行うことが必要となります。万一、買主が売主の手付解除に応じず、手付金の倍額の金銭の受領を拒む場合も、売主としては手付金の倍額の金銭を用意して、本条第２項の期限前に買主に提供しようとした事実が必要になります。実際、売主が手付解除をしようとしているのに買主が応じない場合は、弁護士に相談して対処することが必要でしょう。

○ 契約条項の解説

> （引渡し前の毀損）
> 第15条　本物件の引渡し前に、天災地変その他売主または買主のいずれの責にも帰すことのできない事由によって本物件が毀損したときは、売主は、本物件を修復して買主に引き渡すものとする。この場合、修復によって引渡しが標記の期日（E）を超えても、買主は、売主に対し、

> その引渡し延期について異議を述べることはできない。
> 2　売主は、前項の修復が著しく困難なとき、または過大な費用を要するときは、この契約を解除することができるものとし、買主は、本物件の毀損により契約の目的が達せられないときは、この契約を解除することができる。
> 3　前項によって、この契約が解除された場合、売主は、受領済みの金員を無利息で遅滞なく買主に返還しなければならない。

　本条は、天災地変や売主や買主のいずれの責任でもない事由（例えば、土地・建物の売買契約で、隣家から発生した火災で、売買物件の建物の一部が焼失した場合）で、売買物件が毀損した場合に、誰がその損害を負担するかという「危険負担」について定めています。

①　民法の「危険負担」の定め

　土地・建物の売買契約締結後、隣家から発生した火災で、建物が焼失し、売主が建物の引渡し義務を履行できないということがあります。建物の引渡しという行為を考えた場合、建物を引き渡す義務があるのが売主（債務者）で、建物の引渡しを受ける権利があるのが買主（債権者）になります。

　このような場合について、民法の定めでは、売主は毀損した建物を引き渡せばよく、それに対し買主は、売買代金の減額などは認められず全額支払うことになります。これを、民法の「危険負担」における「債権者主義」と言います。

　しかし、民法の「危険負担」に問題の解決をゆだねるのは、実際の不動産取引の解決としてはなじまないため、多くの不動産売買契約書において、民法の定めに代わる合意をするのが一般的です。そのため、本条でも、民法の「危険負担」における「債権者主義」に代えて、天災地変等の損害については、売主が負担する（債務者主義）ことを定めています。

②　本条の定めについて

　本条では、売主の義務と権利について、天災地変等で売買物件が毀損したときには、売主は、修復して引き渡すこととし、修復が著しく困難なとき、または過大に費用がかかる場合は、契約を解除することができると定められています。

　また、買主の義務と権利については、売買物件の毀損の程度が軽微なため、売主が修復して引き渡すという場合は、引渡しが遅延することに異議を述べないとする義務を定めています。その一方、売買物件の毀損の程度が著しく、売主が修復して引き渡すという申し出があったとしても、売主が修復に多大な時間を要する場合や、

仮に修復したとしても、契約締結時の物件の状態・性能までには到底回復ができないであろうと客観的に判断される場合は、売買契約の目的を達せられないとして、買主は、契約を解除することができる旨が定められています。

③ 契約の続行と解除権について

売買物件の毀損が著しい等の事情で、売主から、あるいは買主からそれぞれ契約を解除することができる旨が定められています。この「解除することができる」という意味は、例えば、買主が土地が毀損された状況で引渡しを受けることを容認するのであれば、あえて解除権を行使せずに、「契約を続行することもできる」ということです。

しかし、売主または買主が、契約の続行は無理と客観的に判断する場合は、解除権を行使することになります。この場合、本条第3項に定めるとおり、売主は受領済みの金員を無利息で買主に返還することになります。

契約条項の解説

（契約違反による解除）

第16条　売主または買主がこの契約に定める債務を履行しないとき、その相手方は、自己の債務の履行を提供し、かつ、相当の期間を定めて催告したうえ、この契約を解除することができる。

2　前項の契約解除に伴う損害賠償は、標記の違約金（H）によるものとする。

3　違約金の支払いは、次のとおり、遅滞なくこれを行う。

①　売主の債務不履行により買主が解除したときは、売主は、受領済みの金員に違約金を付加して買主に支払う。

②　買主の債務不履行により売主が解除したときは、売主は、受領済みの金員から違約金を控除した残額を無利息で買主に返還する。この場合において、違約金の額が支払済みの金員を上回るときは、買主は、売主にその差額を支払うものとする。

4　買主が本物件の所有権移転登記を受け、または本物件の引渡しを受けているときは、前項の支払いを受けるのと引換えに、その登記の抹消登記手続き、または本物件の返還をしなければならない。

本条は、売主または買主が契約に定める債務を履行しないときに、その相手方は

契約を解除することができることを定めています。そして、債務不履行により契約を解除された場合は、債務不履行をした者が違約金をその相手方に支払わなければならないことも定めています。

① 債務不履行に基づく解除と同時履行の抗弁権

売主・買主のいずれかに契約上の重大な債務不履行があったときに、その相手方は契約の解除ができます。ただし、本条第1項中に定めがあるように、契約の解除をする者は、自己の契約上の債務を提供することが必要です。自己の債務の提供が必要な理由は、その相手方に同時履行の抗弁権がある場合に、その抗弁権を主張させないためです。

「同時履行の抗弁権」とは、双務契約（不動産売買契約も典型的な双務契約に該当）の当事者の一方が、相手方においてその債務の履行を提供するまでは、自己の債務の提供を拒むことができる権利をいいます。例えば、不動産売買契約の売主は、買主が売買代金を提供するまでは、売買契約の目的となっている不動産の引渡しや買主名義への所有権移転登記の協力を拒むことができるという権利です。

したがって、契約の解除をしようとする者は、債務の履行に応じない相手方から、「あなただって、契約の債務を履行してないのだから、私のことを違約だとは言えませんよ」という、同時履行の抗弁権に基づく主張を封じるために、契約の解除の意思表示をする前提として、自己の債務の提供（実際には、相手方の求めに応じて売買代金を支払う準備や、売買物件を引き渡すことの準備ができていること）が必要となるわけです。

② 催告

民法では、「相当の期間」を定めて契約の履行を「催告」し、それでも契約の相手方が契約を履行しないときは、契約を解除できるとされています。

本条第1項中に定める「催告」は、民法と同じように、債務の履行をしない者に対して、相当の期間を定めて、不動産売買契約の履行を求めることをいいます。したがって、契約の相手方が、約定の残代金支払期日に決済に応じなかったからといって、契約の相手方を契約違反だとして、直ちに契約解除することはできません。

具体的に、契約の相手方の債務不履行を理由に契約を解除する場合は、通常1週間程度の期間を定めて、契約の相手方に債務の履行を促す「催告」が契約解除の前提行為として必要です。この場合の「催告」の手続は、配達証明付内容証明郵便で行うことが確実であり、一般的です。

③ 手付解除と契約違反による解除の違い

手付解除については、前述のとおり、手付解除の行使期限までなら、売主も買主

も、手付金相当額の金銭を相手方に支払えば、理由がなんであれ、契約を解除することができます。

それに対して、契約違反による解除は、債務の履行を提供する者が、債務の履行を行わない者に対して、債務の履行を促し、それでも債務の履行に応じない場合に、契約の解除をすることができるとされています。

時々勘違いされているケースとして、本条第2項に定める違約金を、「契約を履行しない者が、契約を履行する意思を有する相手方に支払うことで解除できる」と思っている人がいるようです。契約締結後に債務の履行ができないことになったのが、手付解除の行使期限経過後だった場合、手付解除は当然できません。だからといって、違約金を支払うことで解除できるという考えは誤りです。契約の債務を履行しない者が、自ら違約解除することはできないからです。

したがって、契約の続行が不可能な場合は、契約の債務を履行できない者から、その相手方に対して契約が続行できない事情を説明し、合意解除に応じてもらえないかお願いすることになります。この場合、相手方が契約の合意解除に応じてくれるにしても、契約の解除に応じる対価として、いくらか金銭の支払いが必要になるケースも当然あります。

④ 損害賠償額の予定

契約の債務不履行により契約が解除された場合、契約を解除した者（以下「解除者」という）は、契約を解除された者（以下「違反者」という）に対し、その解除によって生じた損害賠償（違約金）を請求できます。

しかし、解除者が違反者に対し、損害賠償の額の算出根拠を明確にすることは現実には難しいため、あらかじめ損害賠償の額を、契約締結の際に契約書に定めるようにしています。このことを、「損害賠償額の予定」といい、民法でも認められていることです。

本条第2項では、損害賠償の額を標記の違約金（H）として、違約金の額をあらかじめ合意することにしています。

損害賠償の予定金額は、売買代金の10％から20％で定めることが多く、また手付金と同額にするケースもあります。

なお、本条第2項で損害賠償の予定額をあらかじめ合意していた場合には、損害賠償の予定額が、契約解除による実損額を上回っても下回っても、解除者または違反者のいずれからも、差額の請求または免除は原則としてできません。

ところで、不動産業者が売主となる場合は、宅建業法第38条第1項により、損害賠償額の予定金額と違約金額の合計が、売買代金の2割を超える定めはできないこ

⑤ 違約金の支払い方法

本条第3項では、違約金の支払い方法を定めています。

第1号が、売主に債務不履行がある場合で、違反者である売主は、受領済みの金員（手付金や中間金）に違約金を付加して、解除者である買主に支払うことを定めています。

また、第2号が、買主に債務不履行がある場合で、解除者である売主は、受領済みの金員から違約金を控除した残額を、無利息で買主に返還することを定めています。ただし、解除者である売主が請求する違約金の額が、違反者である買主の支払済みの金員を上回るときは、買主は、売主に差額を支払うことも定めています。

⑥ 原状回復

本条第4項では、買主の原状回復義務を定めています。売買物件の所有権移転登記や引渡しが行われた後に、売主か買主に債務不履行があって、契約が解除された場合、買主は、本条第3項に定める金員の返還を受けるのと引き換えに、いったん引渡しを受けた売買物件を売主に返還したり、買主名義になった売買物件の所有権の登記名義を売主名義に戻すことになります。

契約条項の解説

> （融資利用の場合）
>
> 第17条　買主は、この契約締結後すみやかに、標記の融資（I）のために必要な書類を揃え、その申込手続きをしなければならない。
>
> 　2　標記の融資承認予定日（I）のうち最終の予定日までに、前項の融資の全部または一部について承認を得られないとき、買主は、標記の契約解除期日（I）まではこの契約を解除することができる。
>
> 　3　前項によって、この契約が解除された場合、売主は、受領済みの金員を無利息で遅滞なく買主に返還しなければならない。
>
> 　4　本条による解除の場合、第14条（手付解除）および第16条（契約違反による解除）の規定は適用されないものとする。

買主の多くは、売買代金の一部について、住宅ローンを利用します。しかし、買主が予定していた住宅ローンが利用できない場合、買主は残代金が支払えず、売主から契約違反だとして契約を解除され、違約金等を請求されてしまうことになりま

す。そのため、買主の住宅ローンの利用ができない事態に備えて、本条では、いわゆる「ローン特約条項」を設け、万が一住宅ローンが利用できない場合には、買主は契約を白紙解除できることを定めています。

① 買主の住宅ローンの利用

買主が、ローンを利用する場合は、売買契約前に年収や健康状態等を考慮して、希望するローンが利用できるかどうか検討して、売買契約を締結することになります。個人の買主が、住宅ローンを利用して不動産を購入する場合は、契約締結前に、複数の金融機関に希望する住宅ローンを融資してもらえるかどうか、金融機関の審査（以下「事前審査」という）を受け、その審査結果で融資が利用できる旨の回答（以下「事前承認」という）を金融機関から得た後に、売買契約を締結することが一般化しています。

そして、住宅ローンを利用する買主は、売買契約締結後すみやかに、住宅ローンの本申込みをして、金融機関から正式な承認を得ることになります。その後、残代金支払日前の一定期日までに、買主は金融機関と金銭消費貸借契約を締結します。最後に、残代金支払日に合わせて、住宅ローンが実行されることになります。

なお、契約の締結を急ぐあまり、「とりあえず売買契約を締結して、住宅ローンのことは後から考えましょう」などという契約は、決して行ってはいけません。

② 融資承認が得られない場合

銀行の事前審査による事前承認を受けてから売買契約を締結するのであれば、よほどのことがない限り、その後の本申込みから正式な承認、金銭消費貸借契約の締結、融資の実行まで、問題なく進むケースがほとんどかと思います。したがって、不動産業者が仲介に入る不動産売買契約においては、個人の買主が住宅ローンを利用する場合は、必ず住宅ローンの「事前審査」を受けてもらい、「事前承認」を得た後に売買契約を締結するよう、取引関係者を誘導することが望まれます。

ただし、事前承認があったにもかかわらず、本審査を出したらローンの承認が下りなかったということもあります。例えば、事前審査の段階で申し出た勤務先、職種、勤続年数、年収など、審査のうえで重要な事項について虚偽の内容があり、それが正式審査の段階で判明したり、売買契約締結後に、勤務先を退職していた場合等が事例としてあるようです。

このように、買主の故意や身勝手な行動で住宅ローンが利用できない場合は、本条のような「ローン特約条項」を適用して、買主を白紙解除で助ける必要は当然ありません。

しかし、ごくまれなケースではありますが、買主に特段非がないとしても、銀行

の審査方針が急に変わってしまったり、買主に予期せぬ事情が突然生じたため、本審査の承認が下りないということもあります。そのため、事前審査に対する事前承認があった場合でも、万一の場合に備えて売買契約書に「ローン特約条項」を入れておくことが必要でしょう。

③　買主のローン申込み義務

　本条第1項では、買主の「ローン申込み義務」を定めています。買主は、売買契約締結後すみやかに、金融機関指定の書類を用意して、融資申込み（本申込み）をすることが必要です。不動産業者は、買主の申し込んだローンの手続きが円滑に行われるよう、買主の書類の準備を手伝ったり、必要に応じて金融機関での買主のローン申込手続きに立会う等、買主をサポートすることが必要です。

④　「ローン特約条項」の適用対象とする融資の特定

　本条第2項の中で、買主は、「ローン特約条項」の適用対象とする融資を、標記の「融資機関名・取扱支店名」の記載欄で特定することが定められています。「ローン特約条項」をつけて契約するのは、買主から売主へのお願いであり、買主が具体的にどこの金融機関のどの支店（またはローンセンター等）から、いくら融資を受けるかを明確にするのは、買主の当然の義務といっても過言ではありません。

【「ローン特約条項」の適用対象とする融資を特定しないと…】

　例えば、買主が標記の「融資・取扱支店名」の記載欄に、「都市銀行」とだけ記載した場合、どういう問題の発生が懸念されるのでしょうか？

　この場合、買主が、意中の都市銀行ならびにどこの支店で住宅ローンを申し込むかが決まっていても、売主には、契約書上そのことはわかりません。仮に買主から口頭でどこの銀行等に住宅ローンを申し込む旨の説明があったとしても、契約書に記載がない限り、買主から口頭で説明のあった都市銀行の融資が承認されなかった場合に限って「ローン特約条項」の適用を認めることを、売主は合意したことにはなりません。

　このような曖昧さを残したまま契約を締結し、その後、買主が意中の都市銀行およびその支店に住宅ローンを申し込んだものの、それが買主の意に反して、承認されなかったとします。買主は、意中の都市銀行で住宅ローンを利用できなければ、「ローン特約条項」を適用して、契約を白紙解除する旨を売主に申し出ることになりますが、売主が、すんなり買主の申し出に応じてくれるとは限りません。売買契約を厳格に捉える売主であれば、契約書には買主が利用する金融機関として「都市銀行」とだけ記載されているのだから、日本にあるすべての「都市銀行」（いやらしい言い方をすれば、すべての「都市銀行」の支店およびローンセンター）に住宅ローンの申込みをして、「それらすべてについて融資が承認されなかったら、ローン特約条項に応じる」という抗弁をするかもしれないからです。

上記の例は極端なケースではありますが、要は、融資の特定を曖昧にして契約すると、「ローン特約条項」の適用を巡って、問題が生じるおそれが十分あるということです。

⑥ 「ローン特約条項」の適用対象とする融資の契約書への記載

では、具体的に「ローン特約条項」の適用対象とする融資を、契約書でどのように特定するかですが、この契約書では標記（Ⅰ）融資利用の場合の記載欄に、「金融機関名・取扱支店名」と「融資金額」を記載することとしています。最近は、融資の「事前審査」「事前承認」を経たうえで契約を締結することが多いでしょうから、その場合は、「事前審査」「事前承認」を受けた金融機関名・取扱支店名および融資金額を記載することになるでしょう。

近年、金融機関の住宅ローン商品の品揃えが豊富になり、金利等の各種条件も細分化される等、金融機関名・取扱支店名および融資金額だけで、買主の利用する「住宅ローン」を特定することは困難になってきています。もし仮に、「ローン特約条項」の適用対象とする住宅ローンを詳細に特定する必要があるのであれば、契約書にその詳細を追加記載することが必要でしょう。記載例は、次のとおりです。

> **特約条項**
>
> 1．売主および買主は、第17条第1項に定める標記の融資（Ⅰ）を特定するため、次の各号に記載した事項も、買主が申し込む融資の条件に追加することとします。
>   ① 住宅ローン商品名：＊＊＊＊＊＊住宅ローン
>   ② 返済期間：20年
>   ③ 予定金利：○.○○％　金利固定○年
>   ④ 返済方法：元利均等返済
> 以下余白

⑦ 「ローン特約条項」の種類

「ローン特約条項」には、「ローン不成立の場合には、売買契約は当然に失効する」と定めるもの（解除条件型）と、本条第2項のように、「融資不成立の場合は、買主は売買契約を解除することができる」と定めるもの（解除権留保型）があります。

「解除条件型」の場合は、ローンが不成立の場合には自動的に契約の効力が消滅するため、買主が他の金融機関から別途資金調達が可能であったとしても、その手立てをする時間的余裕がないという特徴があります。

一方、「解除権留保型」の場合、契約書で「ローン特約条項」の適用対象とした

住宅ローンが否認されても、買主が別の金融機関から資金調達したり、また親族から資金の提供を受けたりする等、売買契約の履行に向けて、別の手立てを時間的に模索できるという融通性を有しています。ただし、「ローン特約条項」に基づく解除の期限が定められており、解除の行使期限を過ぎてしまうと、契約を解除できなくなることになります。

いずれの条項を採用するかは自由ですが、一般には本条第2項のような「解除権留保型」の「ローン特約条項」を利用するケースがほとんどです。

⑧ 融資の承認が得られないときの買主の契約解除

本条第2項では、買主が申し込んだ融資の全部または一部について承認が得られない場合、買主は、標記の契約解除期限（Ⅰ）までは、契約を解除できることを定めています。そのため、融資が承認されなかった場合は、別途資金調達もしない、あるいはできない場合は、解除権の行使期限内に、売主に対して「ローン特約条項」に基づく解除の意思表示をすることが必要になります。

具体的には、標記の契約解除期限（Ⅰ）までに、買主は売主に対し、配達証明付内容証明郵便等で解除の意思表示を行うことが必要になります。

⑨ 契約締結までに申込み先金融機関を絞り込めない場合

買主が、契約締結時点では、申込み先金融機関を絞り込めない場合があります。このような場合、この契約書では、標記（Ⅰ）融資利用の場合の記載欄に、「金融機関名・取扱支店名」と「融資金額」の欄に、候補の金融機関名を複数記載し、次のような特約を記載します。

【契約書標記記載例】

（Ⅰ）融資利用の場合		
融資機関名・取扱支店名	融資承認予定日	融資金額
ABC銀行多摩支店	平成＊＊年5月15日	金20,000,000円
XYZ銀行川崎支店	平成＊＊年5月17日	金20,000,000円
融資未承認の場合の契約解除期限		平成＊＊年5月22日

特約条項
1．買主は、標記の融資（Ⅰ）のうち、いずれか一の融資の全部について承認が得られたときは、当該承認を得た融資金額だけで、売買代金支払いのための資金調達ができるため、第17条第2項に定める、解除権は行使できないものとします。 以下余白

⑩ **契約解除の効果**

本条の第3項では、本条第2項に基づき買主が契約を解除した場合、売主は受領済みの金員を無利息で買主に返還しなければならないと定めています。

また、本条第4項では、第14条（手付解除）や第16条（契約違反による解除）の規定は、本条の「ローン特約条項」による解除の場合は適用されないことを定めています。例えば、第14条第2項では、標記の期日（G）を経過したとき以降は、手付解除ができないことが定められていますが、本条の解除は、第14条第2項の適用はされないため、標記の期日（G）経過後であっても、解除することができます。

また、第16条では、契約解除の前提で「催告」を要することが定められていますが、本条の解除は第16条の適用はされないため、「催告」を要せず解除をすることができることになります。

⑪ **諸費用ローンや担保抹消型住宅ローン利用の場合**

買主が、不動産の購入にあたり、諸費用ローンや買替え物件（買主の売却不動産）の残債を抹消するための融資を利用する場合があります。このような場合、買主の利用する融資金額の総額が、買主の購入不動産の売買価格を超える融資金額になることがあります。最近の金融機関においては、買主がローンの返済資力があると判断する場合は、売買代金を超える融資を受け付ける場合があります。このような場合、本条（融資利用の場合）に追加して、次のような特約を記載します。

特約条項

1. 売主および買主は、第17条に基づく標記（I）に記載の融資金額が、買主の本物件購入のための諸費用、および買主の自宅の売却に伴い、その残債を抹消するための担保抹消費用を含めた融資金額であることを確認しました。

以下余白

○ 契約条項の解説

（瑕疵担保責任）
第18条　買主は、本物件に隠れた瑕疵があり、この契約を締結した目的が達せられない場合は契約の解除を、その他の場合は損害賠償の請求を、

> 売主に対してすることができる。ただし、契約の解除・損害賠償の請求は、本物件の引渡し後3ヶ月を経過したときはできないものとする。

① 瑕疵とは

　瑕疵とは、一言でいえば欠陥のことです。不動産売買契約における瑕疵としては、売買対象の土地や建物の欠陥（地盤の不等沈下、地中障害物、土壌汚染、建物の雨漏りやシロアリ被害）、法律的欠陥（土地が都市計画道路に指定）、心理的欠陥（自殺物件）があります。

② 隠れた瑕疵と瑕疵担保責任

　瑕疵が問題となるのは、買主が、瑕疵を知らされずに、または通常の注意を払ったのにもかかわらず発見することもなく契約した場合です。その場合、買主は売買代金に見合った価値の不動産を購入したことにならず、瑕疵の程度がひどければ、売買代金以上の損害を被ることさえあります。

　このような「隠れた瑕疵」により、買主が損害を受けた場合には、買主は、民法の規定によれば、売主に対して損害賠償の請求または契約の解除を請求できるとされています。この「隠れた瑕疵」に伴い生じた買主の損害について、売主が責任を取らなければならないことを、売主の「瑕疵担保責任」といいます。

③ 瑕疵担保責任の効果

　本条は、買主が本物件の引渡しを受けた後に、「隠れた瑕疵」があることがわかった場合に、売主に対し、どのような請求ができるかを定めています。具体的な定めとしては、契約の目的が達せられないほど状態がひどい瑕疵の場合には、買主は契約を解除でき、その他の場合には、損害賠償を売主に請求できると定めています。

④ 瑕疵担保責任の期間

　民法では、瑕疵が発見されたとき、「買主は発見後1年間は売主に対し、損害賠償の請求または契約の解除を請求できる」と規定しています。しかし、本条ただし書では、契約の解除や損害賠償請求を、物件の引渡し後「3ヶ月」を経過したときはできないと定めています。

　これは、民法の原則どおり「発見から1年」とすると、売主にとって過大な負担になるとの理由から、売主の瑕疵担保責任の期間を短くしています。なお、売主の瑕疵担保責任の期間を、物件の引渡しから「3ヶ月」とすることが、すべての取引においてあてはまるとは限りませんので、売主・買主の事情を考慮して、妥当な期間設定をすることが必要です。瑕疵担保責任の期間を、例えば「6ヶ月」とする場合は、次のような特約を記載します。

> **特約条項**
> １．売主および買主は、第18条ただし書に定める、買主の売主に対する瑕疵担保責任に基づく権利行使の期限を、引渡し後６ヶ月に変更することについて合意しました。
> 以下余白

　なお、不動産業者が売主となる場合は、宅建業法第40条により、売主の瑕疵担保責任の期間は、引渡しの日から２年未満に短縮する定めはできないことになっています。

契約条項の解説

> （諸規定の承継）
> 第19条　売主は、買主に対し、環境の維持または管理の必要上定められた規約等に基づく売主の権利・義務を承継させ、買主はこれを承継する。

　売買物件を含む周辺地域一帯に、住環境の向上を図るための協定があったり、地域住民が共同で利用する施設（自治会館、汚水処理施設、調整池等）があって、その施設の利用・維持管理について規約等が定められていること等があります。そのため、本条では、協定や規約等に定められた売主の権利・義務を、売主は買主に承継させ、買主はこれを売主から承継することを定めています。

　承継事項があるにもかかわらず、その引継ぎが確実になされないと、買主が予定していなかった負担を強いられたり、買主と地域の住民との間でいざこざが生じたりすることもあります。したがって、本条の定めを売主・買主によく説明して、承継事項の円滑な引継ぎがなされるようにすることが必要です。

契約条項の解説

> （協議事項）
> 第20条　この契約に定めがない事項、またはこの契約条項に解釈上疑義を生じた事項については、民法その他関係法規および不動産取引の慣行に従い、売主および買主が、誠意をもって協議し、定めるものとする。

① **協議事項**

　本条は、この契約書で定められていない事項が発生した場合や、契約の条項の解釈で疑義を生じた場合に、民法その他関係法規および不動産取引の慣行に従って、売主・買主が、誠意をもって協議・解決をしていくことを定めています。

　本条があるからといって、契約当事者の契約締結に際しての合意内容を曖昧なままにして契約したり、「残代金支払日までに解決を図ればいい」という考えで、問題を先送りして契約を締結するようなことをしてはいけません。

　本条は、売主・買主が納得して契約したにもかかわらず、後日に発生した契約上の問題について、この契約書の条文に基づいて平易に解決が図れない際に、「売主・買主双方が歩み寄って解決に向けて協議しましょう」という趣旨について定めているに過ぎません。

② **契約書の読み合わせ**

　不動産業者は、売主や買主に対し、契約締結の場で、契約書の「読み合わせ」と称する、契約書の各条項を音読するのが一般的です。その際には、売主や買主からの契約書の各条項や条項の中で記載された用語の意味について、わかりやすく解説し、適宜「読み合わせ」の途中で、質問を受け付ける等の対応が必要となります。

契約条項の解説

（特約条項）
第21条　別記特約条項のとおりとする。

特約条項
以下余白

　本条は、前条までに定めていない事項や、前条までに定められている内容の一部を変更する場合に、特約条項を追加することを定めています。

　特約条項を追加する場合は、もともとある前条までの内容と整合性をとることが必要であり、また内容が簡潔で、誰にでも同じ意味で解されるような文章にするよう心がけてください。

売買編　土地（実測用）

引渡確認書

平成＊＊年6月30日

売主	住所	東京都多摩市旭が丘3丁目24番3号
	氏名	多摩　一朗　㊞
	連絡先	〒123-0001 東京都渋谷区東5丁目2番1号 TEL03-0000-9999

買主	住所	神奈川県川崎市麻生区多摩川4丁目5番6号
	氏名	川崎　太郎　㊞
	連絡先	〒987-0001 同上 TEL044-000-8888

　平成＊＊年3月1日付売買契約に基づき、売主は登記関係書類を買主に交付し、買主は、本書を売主に交付して、本日午前11時21分下記物件の引渡しを完了したことを確認する。

物件の表示

所在・地番：東京都多摩市桜台1丁目1番1
　　地目：宅地
　　地積：120.00m^2

以下余白

売買編

② 土地売買契約書（公簿用）

土地売買契約書（公簿用）

[収入印紙]

(A) 売買の目的物の表示（登記記録の記載による）（第1条）

		所　　在	地　番	地　目	地　積
土地	①	東京都世田谷区本町1丁目	1番1	宅地	120.00 m²
	②	東京都世田谷区本町1丁目	1番2	雑種地	5.00 m²
	③				m²
	合計				120.00m²＋5.00m²
特記事項	以下余白				

(B) 売買代金、手付金の額および支払日（第1条）（第3条）（第5条）

売買代金	(B1)		金60,000,000円
手付金	(B2)	本契約締結時に	金6,000,000円
中間金	(B3)	第1回平成―年―月―日までに	―――――円
		第2回平成―年―月―日までに	―――――円
残代金	(B4)	平成＊＊年6月30日までに	金54,000,000円

(C〜G) その他約定事項

(C) 所有権移転・引渡し・登記手続きの日 　　　　（第6条）（第7条）（第8条）	平成＊＊年6月30日
(D) 平成（＊＊）年度公租・公課分担の起算日 　　　　　　　　　　　　　　　　（第11条）	平成＊＊年1月1日
(E) 手付解除の期限　　　　　　　　　　（第13条）	平成＊＊年4月30日
(F) 違約金の額　　　　　　　　　　　　（第15条）	金6,000,000円

(G) 融資利用の場合		（第16条）
融資機関名・取扱支店名	融資承認予定日	融資金額
———————	平成—年—月—日	———————円
———————	平成—年—月—日	———————円
融資未承認の場合の契約解除期限		平成—年—月—日

契約条項

（売買の目的物および売買代金）
第1条　売主は、標記の物件（A）（以下「本物件」という。）を標記の代金（B1）をもって買主に売り渡し、買主はこれを買い受けた。

（売買対象面積）
第2条　売主と買主は、本物件の標記の面積（A）と実測面積との間に差異があっても、互いに異議を述べず、また、売買代金の増減を請求しないものとする。

（手付）
第3条　買主は、売主に手付として、この契約締結と同時に標記の金額(B2)を支払う。
　　2　手付金は、残代金支払いのときに、売買代金の一部に充当する。

（境界の明示）
第4条　売主は、買主に本物件引渡しのときまでに、現地において隣地との境界を明示する。

（売買代金の支払時期およびその方法）
第5条　買主は、売主に売買代金を標記の期日（B3）、（B4）までに現金または預金小切手で支払う。

（所有権移転の時期）
第6条　本物件の所有権は、買主が売買代金の全額を支払い、売主がこれを受領したときに、売主から買主に移転する。

（引渡し）
第7条　売主は、買主に本物件を売買代金全額の受領と同時に引き渡す。
　　2　買主は、売主に引渡確認書を交付して、前項の引渡しの確認を行う

ものとする。
（所有権移転登記の申請）
第8条　売主は、売買代金全額の受領と同時に、買主の名義にするために、本物件の所有権移転登記の申請手続きをしなければならない。
　　2　所有権移転登記の申請手続きに要する費用は、買主の負担とする。
（負担の消除）
第9条　売主は、本物件の所有権移転の時期までに、抵当権等の担保権および賃借権等の用益権その他買主の完全な所有権の行使を阻害する一切の負担を消除する。
（印紙代の負担）
第10条　この契約書に貼付する収入印紙は、売主・買主が平等に負担するものとする。
（公租・公課の分担）
第11条　本物件に対して賦課される公租・公課は、引渡し日の前日までの分を売主が、引渡し日以降の分を買主が、それぞれ負担する。
　　2　公租・公課納付分担の起算日は、標記期日（D）とする。
　　3　公租・公課の分担金の清算は、残代金支払時に行う。
（収益の帰属・負担金の分担）
第12条　本物件から生ずる収益の帰属および各種負担金の分担については、前条第1項および第3項を準用する。
（手付解除）
第13条　売主は、買主に受領済みの手付金の倍額を支払い、また買主は、売主に支払済みの手付金を放棄して、それぞれこの契約を解除することができる。
　　2　前項による解除は、標記の期日（E）を経過したとき以降は、できないものとする。
（引渡し前の毀損）
第14条　本物件の引渡し前に、天災地変その他売主または買主のいずれの責にも帰すことのできない事由によって本物件が毀損したときは、売主は、本物件を修復して買主に引き渡すものとする。この場合、修復によって引渡しが標記の期日（C）を超えても、買主は、売主に対し、

その引渡し延期について異議を述べることはできない。
2　売主は、前項の修復が著しく困難なとき、または過大な費用を要するときは、この契約を解除することができるものとし、買主は、本物件の毀損により契約の目的が達せられないときは、この契約を解除することができる。
3　前項によって、この契約が解除された場合、売主は、受領済みの金員を無利息で遅滞なく買主に返還しなければならない。

（契約違反による解除）
第15条　売主または買主がこの契約に定める債務を履行しないとき、その相手方は、自己の債務の履行を提供し、かつ、相当の期間を定めて催告したうえ、この契約を解除することができる。
2　前項の契約解除に伴う損害賠償は、標記の違約金（F）によるものとする。
3　違約金の支払いは、次のとおり、遅滞なくこれを行う。
　① 売主の債務不履行により買主が解除したときは、売主は、受領済みの金員に違約金を付加して買主に支払う。
　② 買主の債務不履行により売主が解除したときは、売主は、受領済みの金員から違約金を控除した残額を無利息で買主に返還する。この場合において、違約金の額が支払済みの金員を上回るときは、買主は、売主にその差額を支払うものとする。
4　買主が本物件の所有権移転登記を受け、または本物件の引渡しを受けているときは、前項の支払いを受けるのと引換えに、その登記の抹消登記手続き、または本物件の返還をしなければならない。

（融資利用の場合）
第16条　買主は、この契約締結後すみやかに、標記の融資（G）のために必要な書類を揃え、その申込手続きをしなければならない。
2　標記の融資承認予定日（G）のうち最終の予定日までに、前項の融資の全部または一部について承認を得られないとき、買主は、標記の契約解除期日（G）まではこの契約を解除することができる。
3　前項によって、この契約が解除された場合、売主は、受領済みの金員を無利息で遅滞なく買主に返還しなければならない。

4　本条による解除の場合は、第13条（手付解除）および第15条（契約違反による解除）の規定は適用されないものとする。

（瑕疵担保責任）
第17条　買主は、本物件に隠れた瑕疵があり、この契約を締結した目的が達せられない場合は契約の解除を、その他の場合は損害賠償の請求を、売主に対してすることができる。ただし、契約の解除・損害賠償の請求は、本物件の引渡し後3ヶ月を経過したときはできないものとする。

（諸規定の承継）
第18条　売主は、買主に対し、環境の維持または管理の必要上定められた規約等に基づく売主の権利・義務を承継させ、買主はこれを承継する。

（協議事項）
第19条　この契約に定めがない事項、またはこの契約条項に解釈上疑義を生じた事項については、民法その他関係法規および不動産取引の慣行に従い、売主および買主が、誠意をもって協議し、定めるものとする。

（特約条項）
第20条　別記特約条項のとおりとする。

特約条項
以下余白

売買編　土地（公簿用）

下記売主と下記買主は標記の物件の売買契約を締結し、この契約を証するため契約書2通を作成、売主および買主が署(記)名押印のうえ各自その1通を保有する。

平成＊＊年3月1日

（売主）　住所　　東京都多摩市富士見台3丁目4番5号
　　　　　氏名　　多摩　一朗　㊞　　　　　　　　　　　　　　　　印
　　　　　住所
　　　　　氏名　　　　　　　　　　　　　　　　　　　　　　　　　印

（買主）　住所　　神奈川県川崎市麻生区多摩川4丁目5番6号
　　　　　氏名　　川崎　太郎　㊞　　　　　　　　　　　　　　　　印
　　　　　住所
　　　　　氏名　　　　　　　　　　　　　　　　　　　　　　　　　印

媒介業者　免許番号　　　　東京都知事（3）第＊＊＊＊号
　　　　　事務所所在地　　東京都世田谷区若葉台1丁目3番3号
　　　　　商号（名称）　　甲不動産株式会社
　　　　　代表者氏名　　　代表取締役　甲野　三郎　㊞
　　　　　宅地建物取引主任者　登録番号　東京都知事第123456号
　　　　　　　　　　　　　　　氏名　乙野　次郎　㊞

契約条項の解説

> （売買対象面積）
> 第2条　売主と買主は、本物件の標記の面積（A）と実測面積との間に差異があっても、互いに異議を述べず、また、売買代金の増減を請求しないものとする。

・公簿売買

　本条は、標記の売買対象面積に公簿面積（登記記録の面積）を記載することで、本物件を、公簿面積により売買することを定めています。このように、公簿面積の地積を売買対象面積とし、売買代金を決定する方法を、一般に「公簿売買」や「登記簿売買」と呼んでいます。

　「公簿売買」の場合、契約締結後に測量を実施して、その結果判明した実測面積と、売買代金を決定するための重要な根拠となった公簿面積とに差異が生じたとしても、売買代金の増減は一切できないことを定めています。

　したがって、公簿売買を行う場合、不動産取引を媒介する不動産業者は、売主・買主にその趣旨をよく説明して、双方の十分な理解を得ておくことが必要です。

　なお、公簿売買は、主に山林や農地等のように面積が比較的広大で、費用をかけてまで測量する必要性があまりなく、単価も低廉であるといった事情がある取引に利用すべきとされています。

　しかし、現実には、市街地の住宅地にある土地や一戸建の売買においても、公簿売買が多く利用されています。そのため、市街地の物件等を公簿にて売買する場合の留意点としては、売買物件には、公簿面積にほぼ等しい面積があるかないかを、契約締結前に検証する（仮測量の実施や、地形の周囲にメジャーをあてて得られた数値を基に概算の面積を算出する等）ことが必要です。もし、検証の結果、売買対象面積を公簿面積とすることに疑念が生じたら、実測売買で契約するような慎重な対応が望まれます。

売買編

③ 土地・建物売買契約書（土地実測・建物公簿用）

収入印紙

土地・建物売買契約書（土地実測・建物公簿用）

(A) 売買の目的物の表示（登記記録の記載による）（第1条）

		所　　在	地　番	地　目	地　積	
土地	①	東京都多摩市桜台1丁目	1番1	宅地	120.00	m²
	②					m²
	③					m²
	合計				120.00	m²
建物	所　在	東京都多摩市桜台1丁目1番地1		家屋番号	1番1	
	種　類	居宅	構造	木造　スレート葺　2階建		
	床面積	1階　52.00m²　2階　52.00m²				
					合計　104.00	m²
特記事項	以下余白					

(B) 売買代金、手付金の額および支払日（第1条）（第2条）（第5条）

売買代金（B1）	総額	金48,000,000円
	（うち消費税）	─────円
	（土地）	金42,000,000円(b)
	（建物）	金6,000,000円
手付金（B2）	本契約締結時に	金4,800,000円
中間金（B3）	第1回平成―年―月―日までに	─────円
	第2回平成―年―月―日までに	─────円
残代金（B4）	平成＊＊年6月30日までに	金43,200,000円

(C) 土地の実測（第3条）

実測清算の対象となる土地（契約時の算出面積をいずれかに記入）	
（私道負担のない場合）（＝登記記録記載面積）	120.00 m²(c)
（私道負担のある場合、それを除く有効宅地部分）	―――― m²(c)
（―――――――――――――――――――――――――――）	(c)

(D) 土地代金清算の単価（第6条）

売買代金清算の場合の土地単価（第6条の単価（b）／(c)）	
1m²当たり	金350,000円

(E～I) その他約定事項

(E) 所有権移転・引渡し・登記手続きの日 　　　（第7条）（第8条）（第9条）	平成＊＊年6月30日
(F) 平成（＊＊）年度公租・公課分担の起算日 　　　　　　　　　　　　　　　（第13条）	平成＊＊年1月1日
(G) 手付解除の期限　　　　　　　（第15条）	平成＊＊年4月30日
(H) 違約金の額　　　　　　　　　（第17条）	金4,800,000円
(I) 融資利用の場合　　　　　　　（第18条）	

融資機関名・取扱支店名	融資承認予定日	融資金額
ABC銀行多摩支店	平成＊＊年5月15日	金20,000,000円
――――――――――	平成――年―月―日	―――――――円
融資未承認の場合の契約解除期限		平成＊＊年5月22日

契約条項

（売買の目的物および売買代金）
第1条　売主は、標記の物件（A）（以下「本物件」という。）を標記の代金（B1）をもって買主に売り渡し、買主はこれを買い受けた。

（手付）
第2条　買主は、売主に手付として、この契約締結と同時に標記の金額(B2)を支払う。
　　2　手付金は、残代金支払いのときに、売買代金の一部に充当する。

（境界の明示および実測図の作成）
第3条　売主は、買主に本物件引渡しのときまでに、現地において隣地との

　　　　境界を明示する。
　　２　売主は、その責任と負担において、隣地所有者等の立会いを得て、測量士または土地家屋調査士に標記の土地（C）について実測図を作成させ、引渡しのときまでに買主に交付する。
（地積更正登記）
第4条　第3条第2項の実測の結果、実測図の面積と登記記録記載の面積との間に相違が生じても、売主は、地積更正登記の責を負わないものとする。
（売買代金の支払時期およびその方法）
第5条　買主は、売主に売買代金を標記の期日（B3）、（B4）までに現金または預金小切手で支払う。
（売買代金の清算）
第6条　土地については、第3条第2項の実測図の面積と標記の面積（C）が異なる場合には、その異なる面積に1㎡当たり標記の単価（D）を乗じた額を残代金支払時に清算する。
　　２　建物については、実測による売買代金の清算を行わないものとする。
（所有権移転の時期）
第7条　本物件の所有権は、買主が売買代金の全額を支払い、売主がこれを受領したときに、売主から買主に移転する。
（引渡し）
第8条　売主は、買主に本物件を売買代金全額の受領と同時に引き渡す。
　　２　買主は、売主に引渡確認書を交付して、前項の引渡しの確認を行うものとする。
（所有権移転登記の申請）
第9条　売主は、売買代金全額の受領と同時に、買主の名義にするために、本物件の所有権移転登記の申請手続きをしなければならない。
　　２　所有権移転登記の申請手続きに要する費用は、買主の負担とする。
（付帯設備の引渡し）
第10条　売主は、別紙付帯設備一覧表のうち「有」と記したものを、本物件引渡しと同時に買主に引き渡す。
　　２　前項の付帯設備については、第19条（瑕疵担保責任）の規定は適用

されないものとする。

（負担の消除）
第11条　売主は、本物件の所有権移転の時期までに、抵当権等の担保権および賃借権等の用益権その他買主の完全な所有権の行使を阻害する一切の負担を消除する。

（印紙代の負担）
第12条　この契約書に貼付する収入印紙は、売主・買主が平等に負担するものとする。

（公租・公課の分担）
第13条　本物件に対して賦課される公租・公課は、引渡日の前日までの分を売主が、引渡日以降の分を買主が、それぞれ負担する。
　2　公租・公課納付分担の起算日は、標記期日（F）とする。
　3　公租・公課の分担金の清算は、残代金支払時に行う。

（収益の帰属・負担金の分担）
第14条　本物件から生ずる収益の帰属および各種負担金の分担については、前条第1項および第3項を準用する。

（手付解除）
第15条　売主は、買主に受領済みの手付金の倍額を支払い、また買主は、売主に支払済みの手付金を放棄して、それぞれこの契約を解除することができる。
　2　前項による解除は、標記の期日（G）を経過したとき以降は、できないものとする。

（引渡し前の滅失・毀損）
第16条　本物件の引渡し前に、天災地変その他売主または買主のいずれの責にも帰すことのできない事由によって本物件が滅失したときは、買主は、この契約を解除することができる。
　2　本物件の引渡し前に、前項の事由によって本物件が毀損したときは、売主は、本物件を修復して買主に引き渡すものとする。この場合、修復によって引渡しが標記の期日（E）を超えても、買主は、売主に対し、その引渡し延期について異議を述べることはできない。
　3　売主は、前項の修復が著しく困難なとき、または過大な費用を要す

るときは、この契約を解除することができるものとし、買主は、本物件の毀損により契約の目的が達せられないときは、この契約を解除することができる。

 4　第1項または前項によって、この契約が解除された場合、売主は、受領済みの金員を無利息で遅滞なく買主に返還しなければならない。

（契約違反による解除）

第17条　売主または買主がこの契約に定める債務を履行しないとき、その相手方は、自己の債務の履行を提供し、かつ、相当の期間を定めて催告したうえ、この契約を解除することができる。

 2　前項の契約解除に伴う損害賠償は、標記の違約金（H）によるものとする。

 3　違約金の支払いは、次のとおり、遅滞なくこれを行う。

  ①　売主の債務不履行により買主が解除したときは、売主は、受領済みの金員に違約金を付加して買主に支払う。

  ②　買主の債務不履行により売主が解除したときは、売主は、受領済みの金員から違約金を控除した残額を無利息で買主に返還する。この場合において、違約金の額が支払済みの金員を上回るときは、買主は、売主にその差額を支払うものとする。

 4　買主が本物件の所有権移転登記を受け、または本物件の引渡しを受けているときは、前項の支払いを受けるのと引換えに、その登記の抹消登記手続き、または本物件の返還をしなければならない。

（融資利用の場合）

第18条　買主は、この契約締結後すみやかに、標記の融資（I）のために必要な書類を揃え、その申込手続きをしなければならない。

 2　標記の融資承認予定日（I）のうち最終の予定日までに、前項の融資の全部または一部について承認を得られないとき、買主は、標記の契約解除期日（I）まではこの契約を解除することができる。

 3　前項によって、この契約が解除された場合、売主は、受領済みの金員を無利息で遅滞なく買主に返還しなければならない。

 4　本条による解除の場合は、第15条（手付解除）および第17条（契約違反による解除）の規定は適用されないものとする。

（瑕疵担保責任）
第19条　買主は、本物件に隠れた瑕疵があり、この契約を締結した目的が達せられない場合は契約の解除を、その他の場合は損害賠償の請求を、売主に対してすることができる。
　　2　建物については、買主は、売主に対して、前項の損害賠償に代え、またはこれとともに修補の請求をすることができる。
　　3　本条による解除または請求は、本物件の引渡し後3ヶ月を経過したときはできないものとする。
（諸規定の承継）
第20条　売主は、買主に対し、環境の維持または管理の必要上定められた規約等に基づく売主の権利・義務を承継させ、買主はこれを承継する。
（協議事項）
第21条　この契約に定めがない事項、またはこの契約条項に解釈上疑義を生じた事項については、民法その他関係法規および不動産取引の慣行に従い、売主および買主が、誠意をもって協議し、定めるものとする。
（特約条項）
第22条　別記特約条項のとおりとする。

特約条項
1．売主は、本契約に関する債権を共同して行使し、債務についてはその共有持分にかかわらず連帯して履行するものとします。 以下余白

下記売主と下記買主は標記の物件の売買契約を締結し、この契約を証するため契約書2通を作成、売主および買主が署(記)名押印のうえ各自その1通を保有する。

平成＊＊年3月1日

（売主）　住所　　東京都多摩市富士見台3丁目4番5号
　　　　　氏名　　多摩　一朗　㊞　　　　　　　　　　　　　　　　印
　　　　　住所　　東京都多摩市富士見台3丁目4番5号
　　　　　氏名　　多摩　愛子　㊞　　　　　　　　　　　　　　　　印

（買主）　住所　　神奈川県川崎市麻生区多摩川4丁目5番6号
　　　　　氏名　　川崎　太郎　㊞　　　　　　　　　　　　　　　　印
　　　　　住所
　　　　　氏名　　　　　　　　　　　　　　　　　　　　　　　　　印

媒介業者　免許番号　　　東京都知事（3）第＊＊＊＊号
　　　　　事務所所在地　東京都世田谷区若葉台1丁目3番3号
　　　　　商号（名称）　甲不動産株式会社
　　　　　代表者氏名　　代表取締役　甲野　三郎　㊞
　　　　　宅地建物取引主任者　登録番号　東京都知事第123456号
　　　　　　　　　　　　　　　氏名　乙野　次郎　㊞

・**売買対象となる建物が未登記の場合**

　土地・建物売買契約において、建物登記が未登記の場合があります。その場合は、建築確認通知書（確認済証）や固定資産評価証明書等の記載に基づき、売買対象となる建物について以下のように記載します。

```
＜上記省略＞
```

建物	所　在	東京都多摩市桜台1丁目1番地1		家屋番号	未登記
	種　類	居宅	構造	木造　スレート葺　2階建	
	床面積	1階　52.00m²　2階　52.00m²			
				合計　104.00m²	
特記事項	1．建物は未登記であり、上記建物の表示は、固定資産評価証明書に基づく記載です。 以下余白				

　また、売買対象の建物が未登記の場合、売主の責任と負担で、表示登記・保存登記を、買主への所有権移転までに完了させることが原則必要であり、そのために次のような特約を記載します。

特約条項
1．売主は、本物件の所有権移転の時期までに、自己の責任と負担で本物件建物の表示・保存登記を完了するものとします。 以下余白

　また、売買対象の建物に未登記部分がある場合も、契約書の標記に未登記部分があることを記載し、かつ特約で売主は未登記部分の表示登記を買主への所有権移転までに完了させること定めます。記載例は次のとおりです。

```
＜上記省略＞
```

建物	所　在	東京都多摩市桜台1丁目1番地1		家屋番号	1番1
	種　類	居宅	構造	木造　スレート葺　2階建	
	床面積	1階　52.00m²　2階　52.00m²			
				合計　104.00m²	

特記事項	1．上記の記載以外に１階の北側洋室部分が未登記であり、固定資産評価証明書によれば、１階全体の床面積は68.25㎡となっています。 以下余白

【建物未登記部分の表示登記の特約】

特約条項
１．売主は、本物件の所有権移転の時期までに、自己の責任と負担で本物件建物の未登記部分の表示登記を完了するものとします。 以下余白

○ 契約条項の解説

（付帯設備の引渡し）
第10条　売主は、別紙付帯設備一覧表のうち「有」と記したものを、本物件引渡しと同時に買主に引き渡す。
　　2　前項の付帯設備については、第19条（瑕疵担保責任）の規定は適用されないものとする。

　本条は、土地建物と一体となっているもので、売主から買主に本物件と一緒に引き渡すことになる設備の有無についての取扱いを定めています。売主が買主に引き渡す設備の明細を、本条第１項の中で記載がある、「設備表」に記載し、売買契約書の付属書類として買主に交付することになります。

① **設備表の記載・交付にあたっての留意点**

　売主は、別紙「設備表」に「有」と記載した設備については、買主に引き渡す義務があります。そのため、売主が売買をするにあたり、引渡しまでに取り外して買主へは引き渡さないものについては、「撤去」と記載することが必要です。
　中古の建物の設備については、使用に伴う機能低下があります。しかし、買主は、設備表に「有」と記載があった設備は、当然通常使用ができると推定して契約を締結します。そのため、買主が物件の引渡しを受けた後に、「設備の調子が悪いから修理してほしい」という請求が、売主に対してなされることがよくあります。

このような契約後の設備に関するトラブルを防止するため、売主は、設備表に「有」と記載する設備のうち、故障や不具合があるものについては、その旨のコメントを記載することが必要です。

なお、設備表にただ「有」とだけ記載した設備については、契約締結時の当該設備は通常使用はできるということを確約していることになるので、もし契約締結時と異なる状況で引き渡した場合は、その点について売主の契約不履行になるので、売主は買主に対して修理等の対応をする必要があります。

なお、本条第2項では、設備表に「有」と記載した設備について、「隠れた瑕疵」があっても、売主に「瑕疵担保責任」はないことを定めています。そのため、売主が知らなかった設備の瑕疵が、本物件引渡し後に発覚しても、売主は設備の「瑕疵担保責任」は負わなくてよいこととしています。

② 設備の修復義務免除の特約

設備に機能低下があるため、売主が買主に引き渡すすべての設備について、その修復義務を負わないことを条件に契約することを希望し、買主がこれを了解した場合は、売主の設備の修復義務を免除する特約をつけて契約することがあります。その場合は、次のような特約を記載します。

特約条項

1．売主は、第10条に定める「設備表」の設備に「有」と記したものを、本物件引渡しと同時に買主に引き渡しますが、買主が引渡しを受けた後に、故障や不具合が生じたとしても、売主は買主に対し、その修復義務や損害賠償義務等を負わないこととします。

以下余白

○ 契約条項の解説

（引渡し前の滅失・毀損）

第16条　本物件の引渡し前に、天災地変その他売主または買主のいずれの責にも帰すことのできない事由によって本物件が滅失したときは、買主は、この契約を解除することができる。

2　本物件の引渡し前に、前項の事由によって本物件が毀損したときは、

売買編　土地・建物（土地実測・建物公簿用）

売主は、本物件を修復して買主に引き渡すものとする。この場合、修復によって引渡しが標記の期日（E）を超えても、買主は、売主に対し、その引渡し延期について異議を述べることはできない。
3　売主は、前項の修復が著しく困難なとき、または過大な費用を要するときは、この契約を解除することができるものとし、買主は、本物件の毀損により契約の目的が達せられないときは、この契約を解除することができる。
4　第1項または前項によって、この契約が解除された場合、売主は、受領済みの金員を無利息で遅滞なく買主に返還しなければならない。

① **土地建物売買契約書と土地売買契約書の危険負担の定めの相違点**

　土地・建物売買契約書の（引渡し前の滅失・毀損）の条文と、土地売買契約書の（引渡し前の毀損）の条文は、定めている内容はほぼ一緒です。土地の場合は、天災地変等があったとしても、滅失することは考えられないため、毀損の場合の対応についてのみ定めています。それに対し、土地建物の場合は、滅失・毀損の両方の場合について定めています。

② **契約の解除と契約の続行について**

　土地建物売買契約の場合、地震により建物が倒壊したことや、隣家からの火災で軒の一部が焦げたこともあります。

　本条では、売買物件が滅失したときや、毀損が著しい等の事情があるときは、売主から、あるいは買主からそれぞれ契約を解除することができる旨が定められています。

　この解除することができるという意味は、例えば、買主が建物を毀損した状況で引渡しを受けることを容認するのであれば、あえて解除権を行使せずに、契約を続行することもできるということです。あまりケースとしてはないかもしれませんが、建物がもともと古く、買主としては引渡しを受けた後に、取壊しを予定していたような場合や、建物は主な売買の目的ではなかった時などが、該当するかもしれません。

契約条項の解説

> （瑕疵担保責任）
> 第19条　買主は、本物件に隠れた瑕疵があり、この契約を締結した目的が達せられない場合は契約の解除を、その他の場合は損害賠償の請求を、売主に対してすることができる。
> 2　建物については、買主は、売主に対して、前項の損害賠償に代え、またはこれとともに修補の請求をすることができる。
> 3　本条による解除または請求は、本物件の引渡し後3ヶ月を経過したときはできないものとする。

① 建物の瑕疵の場合の修補の請求

　土地建物売買契約の場合は、土地売買契約に比べて、建物の瑕疵が問題となることが多いとされています。特に、中古の建物の場合は、雨漏り、シロアリの害や給排水管の故障といった物的なトラブルが発生することがあります。そのため、建物の瑕疵の解決方法の選択肢を広げる目的で、買主は売主に対し、損害賠償の請求に代えて「修補（修理）」の請求もできることを定めています。

　民法の定めでは、買主は売主に対し、契約の解除か損害賠償の請求しかできませんが、本条第2項は民法の定めと異なる「特約」として、「修補（修理）」の請求もできるようにしています。なお、買主は、修補請求以外に、引渡しを受けた建物を利用できないこと等による損害が発生することも考慮し、損害賠償も併せて請求できることも、本条第2項では定めています。

② 瑕疵担保責任免除の特約

　建物が老朽化している等の事情で、売主が建物の瑕疵担保責任を負わないことを条件に契約することを希望し、買主がこれを了解した場合は、売主の建物の瑕疵担保責任を免除する特約をつけて契約することがあります。その場合は、次のような特約を記載します。

> 特約条項
> 1．売主は、第19条の定めにかかわらず、建物の隠れたる瑕疵について一切瑕疵担保責任を負わないものとします。
> 以下余白

付帯設備一覧表

平成＊＊年3月1日

買主　川崎　太郎　殿

売主　多摩　一郎㊞　多摩　愛子㊞

NO.	設備名	付帯状況と取扱い	数量	備考
1	台所セット	有・無・撤去	1	
2	レンヂフード	有・無・撤去	1	音がうるさい
3	ガスレンジ	有・無・撤去	1	グリルは故障
4	換気扇	有・無・撤去	2	
5	湯沸し器	有・無・撤去	1	点火不良
6	シャワー	有・無・撤去	1	水漏れ有り
7	ドアチャイム	有・無・撤去	1	
8	インターホン	有・無・撤去	1	
9	エアコン	有・無・撤去	1	リビングのエアコンを残す。冷房のききが悪い
10	ヒーター	有・無・撤去		
11	照明器具	有・無・撤去	2	リビングと洋室の照明を残す
12	TVアンテナ	有・無・撤去	1	
13	電話	有・無・撤去		
14	電気温水器	有・無・撤去		
15	風呂一式	有・無・撤去	1	
16	吊戸棚	有・無・撤去	2	
17	洗面器具	有・無・撤去	1	
18	下駄箱	有・無・撤去	1	
19	ジュータン	有・無・撤去		
20	カーペット	有・無・撤去		

21	カーテン	有・無・[撤去]		
22	カーテン・レール	[有]・無・撤去	省略	
23	網戸	[有]・無・撤去	10	一部に破れ有り
24	門塀一式	[有]・無・撤去	1	
25	植栽	[有]・無・[撤去]	省略	松の木を撤去
26	庭石	有・[無]・撤去		
27	池一式	有・[無]・撤去		
28	カーポート一式	[有]・無・撤去	1	
29	物置	[有]・無・撤去	1	
30		有・無・撤去		
31		有・無・撤去		
32		有・無・撤去		
33		有・無・撤去		
34		有・無・撤去		
35		有・無・撤去		
36		有・無・撤去		

付帯状況と取扱い

　有——該当の設備有り

　無——該当の設備無し

　撤去——売主が撤去する（あるいは別途有償で譲渡する）。

売買編

④ 土地・建物売買契約書（土地公簿・建物公簿用）

収入印紙

土地・建物売買契約書（土地公簿・建物公簿用）

（A）売買の目的物の表示（登記記録の記載による）（第１条）

<table>
<tr><th rowspan="5">土地</th><th></th><th>所　在</th><th>地番</th><th>地目</th><th>地積</th></tr>
<tr><td>①</td><td>東京都多摩市桜台１丁目</td><td>１番１</td><td>宅地</td><td>120.00 m²</td></tr>
<tr><td>②</td><td>東京都多摩市桜台１丁目</td><td>１番２</td><td>公衆用道路</td><td>20 m²</td></tr>
<tr><td>③</td><td></td><td></td><td></td><td>m²</td></tr>
<tr><td colspan="2">合計</td><td colspan="3">120.00m² ＋ 20m² のうち持分４分の１</td></tr>
</table>

<table>
<tr><th rowspan="3">建物</th><th>所　在</th><td colspan="2">東京都多摩市桜台１丁目１番地１</td><th>家屋番号</th><td>１番１</td></tr>
<tr><th>種　類</th><td>居宅</td><th>構造</th><td colspan="2">木造　スレート葺　２階建</td></tr>
<tr><th>床面積</th><td colspan="2">１階　52.00m²　２階　52.00m²</td><td colspan="2">合計　104.00m²</td></tr>
</table>

特記事項	１．上記②の土地は私道部分です。 以下余白

（B）売買代金、手付金の額および支払日（第１条）（第３条）（第５条）

売買代金（B1）	総額	金48,000,000円
	（うち消費税）	────円
	（土地）	金42,000,000円
	（建物）	金6,000,000円
手付金（B2）	本契約締結時に	金4,800,000円
中間金（B3）	第１回平成―年―月―日までに	────円
	第２回平成―年―月―日までに	────円
残代金（B4）	平成＊＊年６月30日までに	金43,200,000円

（C～G）その他約定事項

(C) 所有権移転・引渡し・登記手続きの日 　　　　（第6条）（第7条）（第8条）	平成＊＊年6月30日
(D) 平成（＊＊）年度公租・公課分担の起算日 　　　　　　　　　　　　　　　　（第12条）	平成＊＊年1月1日
(E) 手付解除の期限　　　　　　　　　（第14条）	平成＊＊年4月30日
(F) 違約金の額　　　　　　　　　　　（第16条）	金4,800,000円
(G) 融資利用の場合　　　　　　　　　（第17条）	

融資機関名・取扱支店名	融資承認予定日	融資金額
ABC銀行多摩支店	平成＊＊年5月15日	金20,000,000円
――――――	平成――年―月―日	――――円
融資未承認の場合の契約解除期限		平成＊＊年5月22日

契約条項

（売買の目的物および売買代金）

第1条　売主は、標記の物件（A）（以下「本物件」という。）を標記の代金（B1）をもって買主に売り渡し、買主はこれを買い受けた。

（売買対象面積）

第2条　売主と買主は、本物件の標記の面積（A）と実測面積との間に差異があっても、互いに異議を述べず、また、売買代金の増減を請求しないものとする。

（手付）

第3条　買主は、売主に手付として、この契約締結と同時に標記の金額(B2)を支払う。

　　2　手付金は、残代金支払いのときに、売買代金の一部に充当する。

（境界の明示）

第4条　売主は、買主に本物件引渡しのときまでに、現地において隣地との境界を明示する。

（売買代金の支払時期およびその方法）

第5条　買主は、売主に売買代金を標記の期日（B3）、（B4）までに現金または預金小切手で支払う。

（所有権移転の時期）
第6条　本物件の所有権は、買主が売買代金の全額を支払い、売主がこれを受領したときに、売主から買主に移転する。

（引渡し）
第7条　売主は、買主に本物件を売買代金全額の受領と同時に引き渡す。
　　2　買主は、売主に引渡確認書を交付して、前項の引渡しの確認を行うものとする。

（所有権移転登記の申請）
第8条　売主は、売買代金全額の受領と同時に、買主の名義にするために、本物件の所有権移転登記の申請手続きをしなければならない。
　　2　所有権移転登記の申請手続きに要する費用は、買主の負担とする。

（付帯設備の引渡し）
第9条　売主は、別紙付帯設備一覧表のうち「有」と記したものを、本物件引渡しと同時に買主に引き渡す。
　　2　前項の付帯設備については、第18条（瑕疵担保責任）の規定は適用されないものとする。

（負担の消除）
第10条　売主は、本物件の所有権移転の時期までに、抵当権等の担保権および賃借権等の用益権その他買主の完全な所有権の行使を阻害する一切の負担を消除する。

（印紙代の負担）
第11条　この契約書に貼付する収入印紙は、売主・買主が平等に負担するものとする。

（公租・公課の分担）
第12条　本物件に対して賦課される公租・公課は、引渡日の前日までの分を売主が、引渡日以降の分を買主が、それぞれ負担する。
　　2　公租・公課納付分担の起算日は、標記期日（D）とする。
　　3　公租・公課の分担金の清算は、残代金支払時に行う。

（収益の帰属・負担金の分担）
第13条　本物件から生ずる収益の帰属および各種負担金の分担については、前条第1項および第3項を準用する。

（手付解除）
第14条　売主は、買主に受領済みの手付金の倍額を支払い、また買主は、売主に支払済みの手付金を放棄して、それぞれこの契約を解除することができる。
　2　前項による解除は、標記の期日（E）を経過したとき以降は、できないものとする。

（引渡し前の滅失・毀損）
第15条　本物件の引渡し前に、天災地変その他売主または買主のいずれの責にも帰すことのできない事由によって本物件が滅失したときは、買主は、この契約を解除することができる。
　2　本物件の引渡し前に、前項の事由によって本物件が毀損したときは、売主は、本物件を修復して買主に引き渡すものとする。この場合、修復によって引渡しが標記の期日（C）を超えても、買主は、売主に対し、その引渡し延期について異議を述べることはできない。
　3　売主は、前項の修復が著しく困難なとき、または過大な費用を要するときは、この契約を解除することができるものとし、買主は、本物件の毀損により契約の目的が達せられないときは、この契約を解除することができる。
　4　第1項または前項によって、この契約が解除された場合、売主は、受領済みの金員を無利息で遅滞なく買主に返還しなければならない。

（契約違反による解除）
第16条　売主または買主がこの契約に定める債務を履行しないとき、その相手方は、自己の債務の履行を提供し、かつ、相当の期間を定めて催告したうえ、この契約を解除することができる。
　2　前項の契約解除に伴う損害賠償は、標記の違約金（F）によるものとする。
　3　違約金の支払いは、次のとおり、遅滞なくこれを行う。
　　①　売主の債務不履行により買主が解除したときは、売主は、受領済みの金員に違約金を付加して買主に支払う。
　　②　買主の債務不履行により売主が解除したときは、売主は、受領済みの金員から違約金を控除した残額を無利息で買主に返還する。こ

の場合において、違約金の額が支払済みの金員を上回るときは、買主は、売主にその差額を支払うものとする。

　4　買主が本物件の所有権移転登記を受け、または本物件の引渡しを受けているときは、前項の支払いを受けるのと引換えに、その登記の抹消登記手続き、または本物件の返還をしなければならない。

（融資利用の場合）

第17条　買主は、この契約締結後すみやかに、標記の融資（G）のために必要な書類を揃え、その申込手続きをしなければならない。

　2　標記の融資承認予定日（G）のうち最終の予定日までに、前項の融資の全部または一部について承認を得られないとき、買主は、標記の契約解除期日（G）まではこの契約を解除することができる。

　3　前項によって、この契約が解除された場合、売主は、受領済みの金員を無利息で遅滞なく買主に返還しなければならない。

　4　本条による解除の場合は、第14条（手付解除）および第16条（契約違反による解除）の規定は適用されないものとする。

（瑕疵担保責任）

第18条　買主は、本物件に隠れた瑕疵があり、この契約を締結した目的が達せられない場合は契約の解除を、その他の場合は損害賠償の請求を、売主に対してすることができる。

　2　建物については、買主は、売主に対して、前項の損害賠償に代え、またはこれとともに修補の請求をすることができる。

　3　本条による解除または請求は、本物件の引渡し後3ヶ月を経過したときはできないものとする。

（諸規定の承継）

第19条　売主は、買主に対し、環境の維持または管理の必要上定められた規約等に基づく売主の権利・義務を承継させ、買主はこれを承継する。

（協議事項）

第20条　この契約に定めがない事項、またはこの契約条項に解釈上疑義を生じた事項については、民法その他関係法規および不動産取引の慣行に従い、売主および買主が、誠意をもって協議し、定めるものとする。

（特約条項）
第21条　別記特約条項のとおりとする。

特約条項
１．売主は、本契約に関する債権を共同して行使し、債務についてはその共有持分にかかわらず連帯して履行するものとします。 以下余白

　下記売主と下記買主は標記の物件の売買契約を締結し、この契約を証するため契約書２通を作成、売主および買主が署(記)名押印のうえ各自その１通を保有する。

平成＊＊年３月１日

（売主）　住所　東京都多摩市富士見台３丁目４番５号
　　　　　氏名　多摩　一朗　㊞　　　　　　　　　　　　　　　印
　　　　　住所　東京都多摩市富士見台３丁目４番５号
　　　　　氏名　多摩　愛子　㊞　　　　　　　　　　　　　　　印

（買主）　住所　神奈川県川崎市麻生区多摩川４丁目５番６号
　　　　　氏名　川崎　太郎　㊞　　　　　　　　　　　　　　　印
　　　　　住所
　　　　　氏名　　　　　　　　　　　　　　　　　　　　　　　印

媒介業者　免許番号　　　東京都知事（３）第＊＊＊＊号
　　　　　事務所所在地　東京都世田谷区若葉台１丁目３番３号
　　　　　商号（名称）　甲不動産株式会社
　　　　　代表者氏名　　代表取締役　甲野　三郎　㊞
　　　　　宅地建物取引主任者　登録番号　東京都知事第123456号
　　　　　　　　　　　　　　　氏名　乙野　次郎　㊞

売買編

⑤ 借地権付建物売買契約書（建物公簿用）

|収入印紙|

借地権付建物売買契約書（建物公簿用）

（A）売買の目的物の表示（第1条）

<table>
<tr><td rowspan="4">建物</td><td colspan="5">登記記録の記載による</td></tr>
<tr><td>所　在</td><td colspan="2">東京都多摩市桜台1丁目1番地1</td><td>家屋番号</td><td>1番1の2</td></tr>
<tr><td>種　類</td><td>居宅</td><td>構造</td><td colspan="2">木造　スレート葺　2階建</td></tr>
<tr><td>床面積</td><td colspan="4">1階　52.00m²　2階　52.00m²　　　　合計　104.00　m²</td></tr>
</table>

<table>
<tr><td rowspan="8">借地権</td><td rowspan="4">借地権の存する土地</td><td colspan="4">登記記録の記載による</td></tr>
<tr><td>所在</td><td>地番</td><td>地目</td><td>地積</td></tr>
<tr><td>① 東京都多摩市桜台1丁目</td><td>1番1</td><td>宅地</td><td>500.00m²</td></tr>
<tr><td>②</td><td></td><td></td><td>m²</td></tr>
<tr><td colspan="5">③　　　　　　　　　　　　　　　　　　　　　　　　m²</td></tr>
<tr><td colspan="2">借地面積</td><td colspan="3">120.00　m²</td></tr>
<tr><td colspan="2">借地権の種類</td><td>地上権・借地権</td><td>登記の有無</td><td>有・無</td></tr>
<tr><td colspan="2">土地の賃貸人
（所有者）</td><td colspan="3">住所　東京都多摩市桜台2丁目3番地1
氏名　山田　一</td></tr>
</table>

現行・予定目的	非堅固・堅固　建物所有	現行・予定地代	月額18,000円
現行・予定期間	平成＊＊年10月1日から平成＊＊年9月30日まで		

特記事項
1．借地部分は、別添測量図色塗り部分です。
2．上記借地権は、旧借地法に基づき設定されたものです。
以下余白

(B) 売買代金、手付金の額および支払日（第1条）（第3条）（第5条）

売買代金（B1）	総額		金34,000,000円
		（うち消費税）	――――円
		（借地権）	金28,000,000円
		（建物）	金6,000,000円
手付金（B2）	本契約締結時に		金3,000,000円
中間金（B3）	第1回平成―年―月―日までに		――――円
	第2回平成―年―月―日までに		――――円
残代金（B4）	平成＊＊年6月30日までに		金31,000,000円

（C～H）その他約定事項

(C) 借地権譲渡承諾書等取得期限 （第6条）	平成＊＊年5月31日
(D) 所有権等移転・引渡し・登記手続きの日 （第7条）（第8条）（第9条）	平成＊＊年6月30日
(E) 平成（＊＊）年度建物公租・公課分担の起算日 （第13条）	平成＊＊年1月1日
(F) 手付解除の期限 （第15条）	平成＊＊年4月30日
(G) 違約金の額 （第17条）	金3,000,000円
(H) 融資利用の場合 （第18条）	

融資機関名・取扱支店名	融資承認予定日	融資金額
ABC銀行多摩支店	平成＊＊年5月15日	金20,000,000円
――――――――	平成――年―月―日	――――円
融資未承認の場合の契約解除期限		平成＊＊年5月22日

売買編　借地権付建物（建物公簿用）

契約条項

(売買の目的物および売買代金)
第1条　売主は、標記の物件(A)(以下「本物件」という。)を標記の代金(B1)をもって買主に売り渡し、買主はこれを買い受けた。

(売買対象面積)
第2条　本物件の売買対象面積は、建物については標記床面積、借地については標記借地面積とし、それぞれ実測面積との間に差異があっても、互いに異議を述べず、また、売買代金の増減を請求しないものとする。

(手付)
第3条　買主は、売主に手付として、この契約締結と同時に標記の金額(B2)を支払う。
　　2　手付金は、残代金支払いのときに、売買代金の一部に充当する。

(借地権の範囲の明示)
第4条　売主は、買主に本物件引渡しのときまでに、現地において借地権の範囲を明示する。

(売買代金の支払時期およびその方法)
第5条　買主は、売主に売買代金を標記の期日(B3)、(B4)までに現金または預金小切手で支払う。

(土地賃貸人の承諾)
第6条　売主は、本物件の借地権を買主に譲渡するにつき、あらかじめ土地賃貸人の承諾を得ていない場合は、標記の期日(C)までにその責任と負担において、土地賃貸人の書面等による承諾を得なければならない。
　　2　前項の承諾が得られた場合、この契約は、締結の日に遡ってその効力を生ずるものとする。
　　3　第1項の承諾が得られなかった場合、売主は、受領済みの金員を無利息で遅滞なく買主に返還しなければならない。

(所有権等移転の時期)
第7条　本物件の建物所有権および借地権は、買主が売買代金の全額を支払い、売主がこれを受領したときに、売主から買主に移転する。

(引渡し)

第8条　売主は、買主に本物件を売買代金全額の受領と同時に引き渡す。
　　２　買主は、売主に引渡確認書を交付して、前項の引渡しの確認を行うものとする。
（所有権等移転登記の申請）
第9条　売主は、売買代金全額の受領と同時に、買主の名義にするために、本物件の建物の所有権移転登記の申請手続きをしなければならない。借地権について登記がある場合は、併せて、その移転の登記申請手続きを行うものとする。
　　２　権利移転の登記申請手続きに要する費用は、買主の負担とする。
（付帯設備の引渡し）
第10条　売主は、別紙付帯設備一覧表のうち「有」と記したものを、本物件引渡しと同時に買主に引き渡す。
　　２　前項の付帯設備については、第19条（瑕疵担保責任）の規定は適用されないものとする。
（負担の消除）
第11条　売主は、本物件の建物所有権および借地権の移転の時期までに、抵当権等の担保権および賃借権等の用益権その他買主の完全な所有権等の行使を阻害する一切の負担を消除する。
（印紙代の負担）
第12条　この契約書に貼付する収入印紙は、売主・買主が平等に負担するものとする。
（公租・公課の分担）
第13条　本物件の建物に対して賦課される公租・公課は、引渡日の前日までの分を売主が、引渡日以降の分を買主が、それぞれ負担する。
　　２　公租・公課納付分担の起算日は、標記期日（E）とする。
　　３　公租・公課の分担金の清算は、残代金支払時に行う。
（収益の帰属・負担金の分担）
第14条　本物件から生ずる収益の帰属および各種負担金の分担については、前条第1項および第3項を準用する。
（手付解除）
第15条　売主は、買主に受領済みの手付金の倍額を支払い、また買主は、売

主に支払済みの手付金を放棄して、それぞれこの契約を解除することができる。
　２　前項による解除は、標記の期日（F）を経過したとき以降はできないものとする。

（引渡し前の滅失・毀損）
第16条　本物件の引渡し前に、天災地変その他売主または買主のいずれの責にも帰すことのできない事由によって本物件が滅失したときは、買主は、この契約を解除することができる。
　２　本物件の引渡し前に、前項の事由によって本物件が毀損したときは、売主は、本物件を修復して買主に引き渡すものとする。この場合、修復によって引渡しが標記の期日（D）を超えても、買主は、売主に対し、その引渡し延期について異議を述べることはできない。
　３　売主は、前項の修復が著しく困難なとき、または過大な費用を要するときは、この契約を解除することができるものとし、買主は、本物件の毀損により契約の目的が達せられないときは、この契約を解除することができる。
　４　第１項または前項によって、この契約が解除された場合、売主は、受領済みの金員を無利息で遅滞なく買主に返還しなければならない。

（契約違反による解除）
第17条　売主または買主がこの契約に定める債務を履行しないとき、その相手方は、自己の債務の履行を提供し、かつ、相当の期間を定めて催告したうえ、この契約を解除することができる。
　２　前項の契約解除に伴う損害賠償は、標記の違約金（G）によるものとする。
　３　違約金の支払いは、次のとおり、遅滞なくこれを行う。
　　①　売主の債務不履行により買主が解除したときは、売主は、受領済みの金員に違約金を付加して買主に支払う。
　　②　買主の債務不履行により売主が解除したときは、売主は、受領済みの金員から違約金を控除した残額を無利息で買主に返還する。この場合において、違約金の額が支払済みの金員を上回るときは、買主は、売主にその差額を支払うものとする。

4　買主が本物件権利の移転登記を受け、または本物件の引渡しを受けているときは、前項の支払いを受けるのと引換えに、その登記の抹消登記手続き、または本物件の返還をしなければならない。

（融資利用の場合）
第18条　買主は、この契約締結後すみやかに、標記の融資（H）のために必要な書類を揃え、その申込手続きをしなければならない。
　　2　標記の融資承認予定日（H）のうち最終の予定日までに、前項の融資の全部または一部について承認を得られないとき、買主は、標記の契約解除期日（H）まではこの契約を解除することができる。
　　3　前項によって、この契約が解除された場合、売主は、受領済みの金員を無利息で遅滞なく買主に返還しなければならない。
　　4　本条による解除の場合は、第15条（手付解除）および第17条（契約違反による解除）の規定は適用されないものとする。

（瑕疵担保責任）
第19条　買主は、本物件に隠れた瑕疵があり、この契約を締結した目的が達せられない場合は契約の解除を、その他の場合は損害賠償の請求を、売主に対してすることができる。
　　2　建物については、買主は、売主に対して、前項の損害賠償に代え、またはこれとともに修補の請求をすることができる。
　　3　本条による解除または請求は、本物件の引渡し後3ヶ月を経過したときはできないものとする。

（諸規定の承継）
第20条　売主は、買主に対し、環境の維持または管理の必要上定められた規約等に基づく売主の権利・義務を承継させ、買主はこれを承継する。

（協議事項）
第21条　この契約に定めがない事項、またはこの契約条項に解釈上疑義を生じた事項については、民法その他関係法規および不動産取引の慣行に従い、売主および買主が、誠意をもって協議し、定めるものとする。

（特約条項）
第22条　別記特約条項のとおりとする。

特約条項
1．売主は、本契約に関する債権を共同して行使し、債務についてはその共有持分にかかわらず連帯して履行するものとします。 2．売主は、本物件の買替え先として、世田谷区本町二丁目１番地所在の不動産（以下「買替物件」という）を購入する契約を締結済みですが、売主の責に帰すべからざる事由により、買替物件の購入契約が解除された場合、本物件所有権移転の時期までであれば、本契約を無条件で解除できるものとします。この場合、売主は、受領済みの金員全額を買主に返還するものとし、第17条（契約違反による解除）は適用しないものとします。 以下余白

　下記売主と下記買主は標記の物件の売買契約を締結し、この契約を証するため契約書２通を作成、売主および買主が署(記)名押印のうえ各自その１通を保有する。

平成＊＊年３月１日

（売主）　住所　東京都多摩市富士見台３丁目４番５号
　　　　　氏名　多摩　一朗　㊞　　　　　　　　　　　　　　　　　　　㊞
　　　　　住所　東京都多摩市富士見台３丁目４番５号
　　　　　氏名　多摩　愛子　㊞　　　　　　　　　　　　　　　　　　　㊞

（買主）　住所　神奈川県川崎市麻生区多摩川４丁目５番６号
　　　　　氏名　川崎　太郎　㊞　　　　　　　　　　　　　　　　　　　㊞
　　　　　住所
　　　　　氏名　　　　　　　　　　　　　　　　　　　　　　　　　　　㊞

媒介業者　免許番号　　　　東京都知事（３）第＊＊＊＊号
　　　　　事務所所在地　　東京都世田谷区若葉台１丁目３番３号
　　　　　商号（名称）　　甲不動産株式会社
　　　　　代表者氏名　　　代表取締役　甲野　三郎　㊞
　　　　　宅地建物取引主任者　登録番号　東京都知事第123456号
　　　　　　　　　　　　　　氏名　乙野　次郎　㊞

○ 契約条項の解説

　借地に関する法律については、平成4年8月1日に「借地借家法」が施行されました。ただし、借地借家法施行前に設定された借地契約の更新については、旧借地法が適用されます。実際、借地権付建物売買契約は、その多くが旧借地法に基づき設定された借地契約に関する契約です。

　この契約書は、旧借地法に基づき設定された借地権の場合の契約に使用する書式になっています。

　借地借家法の普通借地の場合は、「堅固・非堅固」の区別がないので、契約書の標記の記載を次のように訂正して使用してください。

現行・予定目的	建物所有	現行・予定地代	月額18,000円

　なお、借地借家法の施行に伴い、契約の更新がない定期借地権付建物売買契約もできるようになりましたが、その場合は、この契約書ではなく、定期借地契約の内容に応じた契約書を別途作成することが必要です。

○ 契約条項の解説

> （借地権の範囲の明示）
> 第4条　売主は、買主に本物件引渡しのときまでに、現地において借地権の範囲を明示する。

① 借地権の範囲の明示

　借地権の範囲について、土地が分筆されていて、登記記録記載の筆と一致していることもありますが、借地の多くは、ある筆の一部ということが多いようです。そのため、借地権の範囲についてはどこかを示すため、測量図等の資料を添付して、借地の範囲を示す必要があります（☞P70、標記「特記事項」の記載例を参照）。

② 借地権の範囲の明示

　本条では、売主が本物件引渡しまでに、現地にて借地権の範囲を明示することを定めています。本来は、土地所有者（土地賃貸人）立会いのもと、借地権の範囲を明示することが望ましいでしょう。土地所有者（土地賃貸人）の立会いのもと、借地権の範囲を明示する場合は、次のような特約を記載します。

> **特約条項**
>
> 1．第4条の定めにかかわらず、売主は、買主に対し、本物件引渡しのときまでに、現地において標記（A）の土地賃貸人の立会いのもとで、借地権の範囲を明示するものとします。
>
> 以下余白

契約条項の解説

> （土地賃貸人の承諾）
> 第6条　売主は、本物件の借地権を買主に譲渡するにつき、あらかじめ土地賃貸人の承諾を得ていない場合は、標記の期日（C）までにその責任と負担において、土地賃貸人の書面等による承諾を得なければならない。
> 2　前項の承諾が得られた場合、この契約は、締結の日に遡ってその効力を生ずるものとする。
> 3　第1項の承諾が得られなかった場合、売主は、受領済みの金員を無利息で買主に返還しなければならない。

① 土地賃貸人の承諾

借地権付建物売買契約の場合、原則として、借地権の譲渡について、土地所有者（土地賃貸人）の承諾が必要です。土地賃貸人の承諾なしに借地権を譲渡すると、借地権の譲渡は認められず、借地契約が解除されることになります。

そのため、本条第1項では、借地権の買主への譲渡についてあらかじめ土地賃貸人の承諾を得ていない場合は、標記の期日（C）までに、売主はその責任と負担において、土地賃貸人の書面等による承諾を得ることを定めています。

土地賃貸人から売主が承諾を得る際に使用する書面について、例を掲載したので参考にしてください（☞P80「借地権譲渡承諾書」参照）。

② 承諾料等の負担

本条第1項に記載の売主の負担としては、土地賃貸人から譲渡承諾を得るために土地賃貸人に支払う承諾料等があります。承諾料の中には、名義書換料と言われるものがあります。これは、買主が、売主と土地賃貸人との間で締結済みの借地契約

の内容（地代、期間、目的等）をそのまま引継ぐ場合の承諾の対価として、土地賃貸人に支払う承諾料です。本条第1項は、特に売主・買主に特別な合意がなければ、名義書換料の負担は、売主が負担することを定めています。

　なお、名義書換料以外の承諾料として、借地期間を売主の借地契約の残存期間ではなく、土地賃貸人と買主で借地期間を再度設定する場合の承諾料や、建物の建替えを承諾してもらうための承諾料の支払いを、借地権の譲渡承諾と併せて土地賃貸人から得るために支払うということもあります。そのため、売主と買主は、借地権付建物売買契約にあたり、土地賃貸人からの譲渡承諾において、名義書換えの承諾のみ得ればいいのか、それと併せて別の承諾もこの際もらうのか、そして名義書換料やその他の承諾料について、どちらがどれだけ負担するのか、契約締結前に十分打合せが必要になります。承諾料の負担と内容を確認する際に記載する特約例は、次のとおりです。

> **特約条項**
> 1．売主、買主は、第6条に定めに基づき、土地賃貸人の承諾を得るために土地賃貸人に支払う承諾料について、売主が名義書換えの承諾料を、買主が期間変更と建替え承諾に係る承諾料を、それぞれ負担することについて合意しました。
> 以下余白

借地権譲渡承諾書

平成＊＊年5月31日

賃借人　多摩　一郎　殿
　　　　多摩　愛子　殿

　　　　　　　　　賃貸人住所　東京都多摩市桜台2丁目3番地1
　　　　　　　　　　氏名　山田　一　　　㊞

　私は、私の所有に係る後記表示の土地について貴殿に賃貸中でありますが、該土地の賃借権を下記条件にて譲渡することに承諾します。

記

① 譲受人　　　住所　神奈川県川崎市麻生区多摩川4丁目5番6号
　　　　　　　氏名　川崎　太郎

② 借地条件　　目的　　　 非堅固 ・堅固　建物所有
　〔譲受人と　地代　　　月額　18,000円
　　の新条件〕期間　　　平成＊＊年10月1日から
　　　　　　　　　　　　平成＊＊年9月30日まで
　　　　　　　登記の有無　　有 ・ 無

③ 承諾料の支払い　私に対し、平成＊＊年6月14日までに
　　　　　　　　　金1,400,000円を支払う。

④ その他特記事項　特に無し

土地の表示

　所在・地番：東京都多摩市桜台1丁目1番1の一部
　　　　地目：宅地
　　　　地積：500.00m²のうち112.00m²

以上

売買編

⑥ 区分所有建物売買契約書(敷地権用)

土地売買契約書(敷地権用)

収入印紙

(A) 売買の目的物の表示(登記記録の記載による)(第1条)

<table>
<tr><td rowspan="7">建物</td><td colspan="3">一棟の建物の表示</td><td colspan="2"></td><td colspan="2"></td></tr>
<tr><td>名称</td><td colspan="6">世田谷朝日町マンション</td></tr>
<tr><td>所在</td><td colspan="6">世田谷区朝日町3丁目3番地3</td></tr>
<tr><td>構造</td><td colspan="3">鉄筋コンクリート造陸屋根5階建</td><td>延床面積</td><td colspan="2">4567.88m²</td></tr>
<tr><td colspan="7">専有部分の表示(　　3階　　301号室)</td></tr>
<tr><td>家屋番号</td><td colspan="2">朝日町3丁目3番地3の301</td><td>建物の名称</td><td>301</td><td>種類</td><td>居宅</td></tr>
<tr><td>構造</td><td colspan="3">鉄筋コンクリート造1階建</td><td>床面積</td><td colspan="2">66.55m²</td></tr>
<tr><td></td><td>附属建物</td><td colspan="6">種類:倉庫　構造:鉄筋コンクリート造　1階建1階部分
床面積:2.00m²</td></tr>
<tr><td rowspan="10">土地</td><td colspan="4">敷地権の目的たる土地の表示</td><td colspan="3">敷地権の表示</td></tr>
<tr><td>符号</td><td>所在および地番</td><td>地目</td><td>地積</td><td>敷地権の種類</td><td colspan="2">敷地権の割合
〈(準)共有持分〉</td></tr>
<tr><td>1</td><td>世田谷区朝日町3丁目3番3</td><td>宅地</td><td>3987.66m²</td><td>所有権</td><td colspan="2">123/1000</td></tr>
<tr><td>2</td><td></td><td></td><td>m²</td><td></td><td colspan="2"></td></tr>
<tr><td>3</td><td></td><td></td><td>m²</td><td></td><td colspan="2"></td></tr>
<tr><td>4</td><td></td><td></td><td>m²</td><td></td><td colspan="2"></td></tr>
<tr><td colspan="4">合計(1筆)</td><td colspan="3">3987.66m²のうち123/1000</td></tr>
<tr><td rowspan="4">敷地権の種類が借地権(地上権、賃借権)の場合</td><td rowspan="2">敷地の賃貸人</td><td colspan="2">住所</td><td colspan="3"></td></tr>
<tr><td colspan="2">氏名</td><td colspan="3"></td></tr>
<tr><td>現行・予定目的</td><td colspan="2">堅固建物の所有</td><td>各戸の現行・予定地代</td><td colspan="2">円</td></tr>
<tr><td>現行・予定期間</td><td colspan="5">平成　年　月　日から平成　年　月　日まで</td></tr>
</table>

特記事項	以下余白

(B) 売買代金、手付金の額および支払日 （第1条）（第3条）（第4条）

売買代金（B1）	総額	金30,000,000円
	（うち消費税）	————円
	（土地）	金20,000,000円
	（建物）	金10,000,000円
手付金（B2）	本契約締結時に	金3,000,000円
中間金（B3）	第1回平成—年—月—日までに	————円
	第2回平成—年—月—日までに	————円
残代金（B4）	平成＊＊年6月30日までに	金27,000,000円

(C〜H) その他約定事項

(C) 所有権等移転・引渡し・登記手続きの日 （第5条）（第6条）（第7条）	平成＊＊年6月30日
(D) 平成（＊＊）年度公租・公課分担の起算日 （第11条）	平成＊＊年1月1日
(E) 手付解除の期限 （第13条）	平成＊＊年4月30日
(F) 違約金の額 （第15条）	金3,000,000円
(G) 融資利用の場合 （第16条）	

融資機関名・取扱支店名	融資承認予定日	融資金額
ABC銀行世田谷支店	平成＊＊年5月15日	金20,000,000円
	平成——年—月—日	————円
融資未承認の場合の契約解除期限		平成＊＊年5月22日
(H) 借地権譲渡承諾書等取得期限　（第18条）		平成——年—月—日

契約条項

（売買の目的物および売買代金）
第1条　売主は、標記の物件（A）（以下「本物件」という。）を標記の代金（B1）をもって買主に売り渡し、買主はこれを買い受けた。

（売買対象面積）
第2条　売主と買主は、本物件の標記の面積（A）と実測面積との間に差異があっても、互いに異議を述べず、また、売買代金の増減を請求しないものとする。

（手付）
第3条　買主は、売主に手付として、この契約締結と同時に標記の金額(B2)を支払う。
　　2　手付金は、残代金支払いのときに、売買代金の一部に充当する。

（売買代金の支払時期およびその方法）
第4条　買主は、売主に売買代金を標記の期日（B3）、（B4）までに現金または預金小切手で支払う。

（所有権等移転の時期）
第5条　本物件の所有権（敷地権の種類が借地権のときは、建物の所有権と敷地に関する借地権）は、買主が売買代金の全額を支払い、売主がこれを受領したときに、売主から買主に移転する。

（引渡し）
第6条　売主は、買主に本物件を売買代金全額の受領と同時に引き渡す。
　　2　買主は、売主に引渡確認書を交付して、前項の引渡しの確認を行うものとする。

（所有権等移転登記の申請）
第7条　売主は、売買代金全額の受領と同時に、買主の名義にするために、本物件の所有権等移転登記の申請手続きをしなければならない。
　　2　所有権等移転登記の申請手続きに要する費用は、買主の負担とする。

（付帯設備の引渡し）
第8条　売主は、別紙付帯設備一覧表のうち「有」と記したものを、本物件引渡しと同時に買主に引き渡す。
　　2　前項の付帯設備については、第17条（瑕疵担保責任）の規定は適用

されないものとする。
(負担の消除)
第9条　売主は、本物件の所有権等移転の時期までに、抵当権等の担保権および賃借権等の用益権その他買主の完全な所有権等の行使を阻害する一切の負担を消除する。
(印紙代の負担)
第10条　この契約書に貼付する収入印紙は、売主・買主が平等に負担するものとする。
(公租・公課の分担)
第11条　本物件に対して賦課される公租・公課は、引渡し日の前日までの分を売主が、引渡し日以降の分を買主が、それぞれ負担する。
　　2　公租・公課納付分担の起算日は、標記期日(D)とする。
　　3　公租・公課の分担金の清算は、残代金支払時に行う。
(収益の帰属・負担金の分担)
第12条　本物件から生ずる収益の帰属および各種負担金の分担については、前条第1項および第3項を準用する。
(手付解除)
第13条　売主は、買主に受領済みの手付金の倍額を支払い、また買主は、売主に支払済みの手付金を放棄して、それぞれこの契約を解除することができる。
　　2　前項による解除は、標記の期日(E)を経過したとき以降は、できないものとする。
(引渡し前の滅失・毀損)
第14条　本物件の引渡し前に、天災地変その他売主または買主のいずれの責にも帰すことのできない事由によって本物件が滅失したときは、買主は、この契約を解除することができる。
　　2　本物件の引渡し前に、前項の事由によって本物件が毀損したときは、売主は、本物件を修復して買主に引き渡すものとする。この場合、修復によって引渡しが標記の期日(C)を超えても、買主は、売主に対し、その引渡し延期について異議を述べることはできない。
　　3　売主は、前項の修復が著しく困難なとき、または過大な費用を要す

るときは、この契約を解除することができるものとし、買主は、本物件の毀損により契約の目的が達せられないときは、この契約を解除することができる。
　4　第1項または前項によって、この契約が解除された場合、売主は、受領済みの金員を無利息で遅滞なく買主に返還しなければならない。

（契約違反による解除）
第15条　売主または買主がこの契約に定める債務を履行しないとき、その相手方は、自己の債務の履行を提供し、かつ、相当の期間を定めて催告したうえ、この契約を解除することができる。
　2　前項の契約解除に伴う損害賠償は、標記の違約金（F）によるものとする。
　3　違約金の支払いは、次のとおり、遅滞なくこれを行う。
　　①　売主の債務不履行により買主が解除したときは、売主は、受領済みの金員に違約金を付加して買主に支払う。
　　②　買主の債務不履行により売主が解除したときは、売主は、受領済みの金員から違約金を控除した残額を無利息で買主に返還する。この場合において、違約金の額が支払済みの金員を上回るときは、買主は、売主にその差額を支払うものとする。
　4　買主が本物件の所有権等移転登記を受け、または本物件の引渡しを受けているときは、前項の支払いを受けるのと引換えに、その登記の抹消登記手続き、または本物件の返還をしなければならない。

（融資利用の場合）
第16条　買主は、この契約締結後すみやかに、標記の融資（G）のために必要な書類を揃え、その申込手続きをしなければならない。
　2　標記の融資承認予定日（G）のうち最終の予定日までに、前項の融資の全部または一部について承認を得られないとき、買主は、標記の契約解除期日（G）まではこの契約を解除することができる。
　3　前項によって、この契約が解除された場合、売主は、受領済みの金員を無利息で遅滞なく買主に返還しなければならない。
　4　本条による解除の場合は、第13条（手付解除）および第15条（契約違反による解除）の規定は適用されないものとする。

（瑕疵担保責任）
第17条　買主は、本物件中、専有部分に隠れた瑕疵があり、この契約を締結した目的が達せられない場合は契約の解除を、その他の場合は損害賠償の請求を、売主に対してすることができる。
　　2　買主は、売主に対して、前項の損害賠償に代え、またはこれとともに修補の請求をすることができる。
　　3　本条による解除または請求は、本物件の引渡し後3ヶ月を経過したときはできないものとする。

（敷地賃貸人の承諾）
第18条　売主は、本物件の借地権を買主に譲渡するにつき、あらかじめ敷地賃貸人の承諾を得ていない場合は、標記の期日（H）までにその責任と負担において、敷地賃貸人の書面等による承諾を得なければならない。
　　2　前項の承諾が得られた場合、この契約は、締結の日に遡ってその効力を生ずるものとする。
　　3　第1項の承諾が得られなかった場合、売主は、受領済みの金員を無利息で遅滞なく買主に返還しなければならない。

（諸規定の承継）
第19条　売主は、買主に対し、環境の維持または管理の必要上定められた規約等に基づく売主の権利・義務を承継させ、買主はこれを承継する。

（協議事項）
第20条　この契約に定めがない事項、またはこの契約条項に解釈上疑義を生じた事項については、民法その他関係法規および不動産取引の慣行に従い、売主および買主が、誠意をもって協議し、定めるものとする。

（特約条項）
第21条　別記特約条項のとおりとする。

売買編　区分所有建物（敷地権用）

```
                    特約条項
1．本契約において第18条は適用されないものとします。
2．売主は、本契約に関する債権を共同して行使し、債務についてはその
　共有持分にかかわらず連帯して履行するものとします。
以下余白
```

　下記売主と下記買主は標記の物件の売買契約を締結し、この契約を証するため契約書2通を作成、売主および買主が署（記）名押印のうえ各自その1通を保有する。

平成＊＊年3月1日

　（売主）　住所　　東京都世田谷区朝日町3丁目3番3―301号
　　　　　　氏名　　松原　一朗　㊞　　　　　　　　　　　　　印
　　　　　　住所　　東京都世田谷区朝日町3丁目3番3―301号
　　　　　　氏名　　松原　愛子　㊞　　　　　　　　　　　　　印

　（買主）　住所　　神奈川県川崎市麻生区多摩川4丁目5番6号
　　　　　　氏名　　川崎　太郎　㊞　　　　　　　　　　　　　印
　　　　　　住所
　　　　　　氏名　　　　　　　　　　　　　　　　　　　　　　印

媒介業者　免許番号　　　　東京都知事（3）第＊＊＊＊号
　　　　　事務所所在地　　東京都世田谷区若葉台1丁目3番3号
　　　　　商号（名称）　　甲不動産株式会社
　　　　　代表者氏名　　　代表取締役　甲野　三郎　㊞
　　　　　宅地建物取引主任者　登録番号　東京都知事第123456号
　　　　　　　　　　　　　　　氏名　乙野　次郎　㊞

契約条項の解説

> （売買の目的物および売買代金）
> 第1条　売主は、標記の物件（A）（以下「本物件」という。）を標記の代金（B1）をもって買主に売り渡し、買主はこれを買い受けた。

・**売買の目的物**

　この契約書は、敷地権登記がされている区分所有建物の売買契約書の参考書式です。

　売買の目的物は、区分所有建物と敷地権の目的たる土地の（準）共有持分です。土地が所有権の場合が共有持分で、土地が借地権の場合が準共有持分になります。

契約条項の解説

> （売買対象面積）
> 第2条　売主と買主は、本物件の標記の面積（A）と実測面積との間に差異があっても、互いに異議を述べず、また、売買代金の増減を請求しないものとする。

・**建物の面積**

　専有部分の面積は、登記記録の面積を記載します。登記記録の面積は、壁の内法により計算された面積が表示されています。これに対し、新築マンション分譲時のパンフレットの専有部分の床面積は、壁芯面積で計算された面積で表示されるため、登記記録に記載された面積は、パンフレット表示の面積より多少小さく表示されることになります。

　なお、区分所有建物の土地については、測量を条件とする契約、および境界明示を条件とする契約は行いません。

○ 契約条項の解説

> （所有権等移転の時期）
> 第5条　本物件の所有権（敷地権の種類が借地権のときは、建物の所有権と敷地に関する借地権）は、買主が売買代金の全額を支払い、売主がこれを受領したときに、売主から買主に移転する。

・**所有権等移転**

　本条は、区分所有建物の所有権と敷地権の種類が所有権の場合は、それら所有権を移転します。また、区分所有建物の所有権と敷地権の種類が借地権（地上権、賃借権）の場合は、建物については所有権を、敷地権については借地権を譲渡することになります。区分所有建物の売買契約においては、敷地が借地権の場合もこの契約書を使用するため、買主に移転する権利の記載を、「所有権等」と記載しています。

○ 契約条項の解説

> （収益の帰属・負担金の分担）
> 第12条　本物件から生ずる収益の帰属および各種負担金の分担については、前条第1項および第3項を準用する。

・**管理費、修繕積立金等の清算**

　区分所有建物の売買契約の場合、公租公課等の清算以外に、通常であれば「管理費」「修繕積立金」等の清算が必要となります。

　建物の区分所有等に関する法律第8条では、売主の滞納管理費や修繕積立金については、管理組合は買主にも請求することが認められています。したがって、媒介する不動産業者は、管理会社に売主の管理費等の滞納がないか確認し、もし滞納があれば売主にて滞納分を清算のうえ、買主に対し物件を引き渡すようにして下さい。

契約条項の解説

> （瑕疵担保責任）
> 第17条　買主は、本物件中、専有部分に隠れた瑕疵があり、この契約を締結した目的が達せられない場合は契約の解除を、その他の場合は損害賠償の請求を、売主に対してすることができる。
> 　2　買主は、売主に対して、前項の損害賠償に代え、またはこれとともに修補の請求をすることができる。
> 　3　本条による解除または請求は、本物件の引渡し後3ヶ月を経過したときはできないものとする。

・瑕疵担保責任の範囲

　区分所有建物の売買契約において、売主が瑕疵担保責任を負うべき責任の範囲を考慮した結果、本条では、売主は専有部分の瑕疵担保責任についてのみ、その責任を負うことを定めました。したがって、土地や専有部分以外の建物の部分（いわゆる共用部分）の隠れた瑕疵については、売主の瑕疵担保責任の範囲とはせず、免責としています。

　なお、区分所有建物で物的な瑕疵（雨漏り、給排水管の故障等）が発生した場合は、それが専有部分なのか共用部分で発生した瑕疵なのか、原因の特定が難しいケースが多くあります。物的瑕疵が発生した場合は、管理組合や管理会社等の第三者の判断を参考に、解決を図ることが必要です。

契約条項の解説

> （敷地賃貸人の承諾）
> 第18条　売主は、本物件の借地権を買主に譲渡するにつき、あらかじめ敷地賃貸人の承諾を得ていない場合は、標記の期日（H）までにその責任と負担において、敷地賃貸人の書面等による承諾を得なければならない。
> 　2　前項の承諾が得られた場合、この契約は、締結の日に遡ってその効力を生じるものとする。
> 　3　第1項の承諾が得られなかった場合、売主は、受領済みの金員を無利息で遅滞なく買主に返還しなければならない。

・**敷地賃貸人の承諾**

　敷地権の種類が賃借権の場合、敷地賃貸人の譲渡承諾が必要です。そのため、本条第１項に定めるように、売主は、標記の期日（H）までに、その責任と負担において、敷地賃貸人の書面等による承諾を得ることが必要です。

　一方、敷地権の種類が地上権の場合は、土地所有者の承諾は不要です。

　なお、本条は、敷地権が賃借権の場合に必要となる定めであり、敷地権が所有権や地上権の場合は不要の条項なので、本条項は適用されない旨の特約を記載するようにして下さい。

【建物未登記部分の表示登記の特約】

特約条項
１．本契約において第18条は適用されないものとします。 以下余白

売買編

⑦ 区分所有建物売買契約書（非敷地権用）

収入印紙

区分所有建物売買契約書（非敷地権用）

（A）売買の目的物の表示（登記記録の記載による）（第1条）

建物	一棟の建物の表示						
	名称	世田谷夕陽丘マンション					
	所在	世田谷区夕陽丘4丁目4番地4					
	構造	鉄筋コンクリート造陸屋根5階建		延床面積		16787.77㎡	
	専有部分の表示（　　5階　　501号室）						
	家屋番号	夕陽丘4丁目4番地4の501		建物の名称	501	種類	居宅
	構造	鉄筋コンクリート造1階建		床面積		87.22㎡	
	附属建物						

土地		所在	地番	地目	地積	（準）共有持分
	1.	世田谷区夕陽丘4丁目	4番4	宅地	4555.66㎡	8722/765422
	2.				㎡	
	3.				㎡	
	4.				㎡	
	合計（　1筆）				4555.66㎡のうち8722/765422	
	権利の種類	所有権 ・ 借地権（地上権・賃借権）				
	権利の種類が借地権の場合	敷地の賃貸人	住所			
			氏名			
		登記の有無	有・無	種類	旧借地法による借地権・普通借地権	
		現行・予定目的	堅固建物の所有	各戸の現行・予定地代		円
		現行・予定期間	平成　年　月　日から平成　年　月　日まで			

特記事項	以下余白		

(B) 売買代金、手付金の額および支払日 (第1条)(第3条)(第4条)

売買代金 (B1)	総額		金25,000,000円
	(うち消費税)		―
		(土地)	金18,000,000円
		(建物)	金7,000,000円
手付金 (B2)	本契約締結時に		金2,500,000円
中間金 (B3)	第1回平成―年―月―日までに		―円
	第2回平成―年―月―日までに		―円
残代金 (B4)	平成＊＊年6月30日までに		金22,500,000円

(C〜H) その他約定事項

(C) 所有権等移転・引渡し・登記手続きの日 (第5条)(第6条)(第7条)	平成＊＊年6月30日
(D) 平成（＊＊）年度公租・公課分担の起算日 (第11条)	平成＊＊年1月1日
(E) 手付解除の期限 (第13条)	平成＊＊年4月30日
(F) 違約金の額 (第15条)	金2,500,000円
(G) 融資利用の場合 (第16条)	

融資機関名・取扱支店名	融資承認予定日	融資金額
ABC銀行世田谷支店	平成＊＊年5月15日	金20,000,000円
	平成――年―月―日	―円
融資未承認の場合の契約解除期限		平成＊＊年5月22日
(H) 借地権譲渡承諾書等取得期限 (第18条)		平成――年―月―日

売買編　区分所有建物（非敷地権用）

契約条項

（売買の目的物および売買代金）
第1条　売主は、標記の物件（A）（以下「本物件」という。）を標記の代金（B1）をもって買主に売り渡し、買主はこれを買い受けた。

（売買対象面積）
第2条　売主と買主は、本物件の標記の面積（A）と実測面積との間に差異があっても、互いに異議を述べず、また、売買代金の増減を請求しないものとする。

（手付）
第3条　買主は、売主に手付として、この契約締結と同時に標記の金額(B2)を支払う。
　　2　手付金は、残代金支払いのときに、売買代金の一部に充当する。

（売買代金の支払時期およびその方法）
第4条　買主は、売主に売買代金を標記の期日（B3）、（B4）までに現金または預金小切手で支払う。

（所有権等移転の時期）
第5条　本物件の所有権（土地の権利の種類が借地権のときは、建物の所有権と敷地に関する借地権）は、買主が売買代金の全額を支払い、売主がこれを受領したときに、売主から買主に移転する。

（引渡し）
第6条　売主は、買主に本物件を売買代金全額の受領と同時に引き渡す。
　　2　買主は、売主に引渡確認書を交付して、前項の引渡しの確認を行うものとする。

（所有権等移転登記の申請）
第7条　売主は、売買代金全額の受領と同時に、買主の名義にするために、本物件の所有権等移転登記の申請手続きをしなければならない。なお、借地権の登記が未登記のとき、売主は借地権の登記を行わない。
　　2　所有権等移転登記の申請手続きに要する費用は、買主の負担とする。

（付帯設備の引渡し）
第8条　売主は、別紙付帯設備一覧表のうち「有」と記したものを、本物件引渡しと同時に買主に引き渡す。

2　前項の付帯設備については、第17条（瑕疵担保責任）の規定は適用されないものとする。

（負担の消除）
第9条　売主は、本物件の所有権等移転の時期までに、抵当権等の担保権および賃借権等の用益権その他買主の完全な所有権等の行使を阻害する一切の負担を消除する。

（印紙代の負担）
第10条　この契約書に貼付する収入印紙は、売主・買主が平等に負担するものとする。

（公租・公課の分担）
第11条　本物件に対して賦課される公租・公課は、引渡日の前日までの分を売主が、引渡日以降の分を買主が、それぞれ負担する。
2　公租・公課納付分担の起算日は、標記期日（D）とする。
3　公租・公課の分担金の清算は、残代金支払時に行う。

（収益の帰属・負担金の分担）
第12条　本物件から生ずる収益の帰属および各種負担金の分担については、前条第1項および第3項を準用する。

（手付解除）
第13条　売主は、買主に受領済の手付金の倍額を支払い、また買主は、売主に支払済みの手付金を放棄して、それぞれこの契約を解除することができる。
2　前項による解除は、標記の期日（E）を経過したとき以降は、できないものとする。

（引渡し前の滅失・毀損）
第14条　本物件の引渡し前に、天災地変その他売主または買主のいずれの責にも帰すことのできない事由によって本物件が滅失したときは、買主は、この契約を解除することができる。
2　本物件の引渡し前に、前項の事由によって本物件が毀損したときは、売主は、本物件を修復して買主に引き渡すものとする。この場合、修復によって引渡しが標記の期日（C）を超えても、買主は、売主に対し、その引渡し延期について異議を述べることはできない。

売買編　区分所有建物（非敷地権用）

3　売主は、前項の修復が著しく困難なとき、または過大な費用を要するときは、この契約を解除することができるものとし、買主は、本物件の毀損により契約の目的が達せられないときは、この契約を解除することができる。

    4　第1項または前項によって、この契約が解除された場合、売主は、受領済みの金員を無利息で遅滞なく買主に返還しなければならない。

（契約違反による解除）

第15条　売主または買主がこの契約に定める債務を履行しないとき、その相手方は、自己の債務の履行を提供し、かつ、相当の期間を定めて催告したうえ、この契約を解除することができる。

    2　前項の契約解除に伴う損害賠償は、標記の違約金（F）によるものとする。

    3　違約金の支払いは、次のとおり、遅滞なくこれを行う。

    ①　売主の債務不履行により買主が解除したときは、売主は、受領済みの金員に違約金を付加して買主に支払う。

    ②　買主の債務不履行により売主が解除したときは、売主は、受領済みの金員から違約金を控除した残額を無利息で買主に返還する。この場合において、違約金の額が支払済みの金員を上回るときは、買主は、売主にその差額を支払うものとする。

    4　買主が本物件の所有権等移転登記を受け、または本物件の引渡しを受けているときは、前項の支払いを受けるのと引換えに、その登記の抹消登記手続き、または本物件の返還をしなければならない。

（融資利用の場合）

第16条　買主は、この契約締結後すみやかに、標記の融資（G）のために必要な書類を揃え、その申込手続きをしなければならない。

    2　標記の融資承認予定日（G）のうち最終の予定日までに、前項の融資の全部または一部について承認を得られないとき、買主は、標記の契約解除期日（G）まではこの契約を解除することができる。

    3　前項によって、この契約が解除された場合、売主は、受領済みの金員を無利息で遅滞なく買主に返還しなければならない。

    4　本条による解除の場合は、第13条（手付解除）および第15条（契約

違反による解除）の規定は適用されないものとする。
（瑕疵担保責任）
第17条　買主は、本物件中、専有部分に隠れた瑕疵があり、この契約を締結した目的が達せられない場合は契約の解除を、その他の場合は損害賠償の請求を、売主に対してすることができる。
　　2　買主は、売主に対して、前項の損害賠償に代え、またはこれとともに修補の請求をすることができる。
　　3　本条による解除または請求は、本物件の引渡し後3ヶ月を経過したときはできないものとする。
（敷地賃貸人の承諾）
第18条　売主は、本物件の借地権を買主に譲渡するにつき、あらかじめ敷地賃貸人の承諾を得ていない場合は、標記の期日（H）までにその責任と負担において、敷地賃貸人の書面等による承諾を得なければならない。
　　2　前項の承諾が得られた場合、この契約は、締結の日に遡ってその効力を生ずるものとする。
　　3　第1項の承諾が得られなかった場合、売主は、受領済みの金員を無利息で遅滞なく買主に返還しなければならない。
（諸規定の承継）
第19条　売主は、買主に対し、環境の維持または管理の必要上定められた規約等に基づく売主の権利・義務を承継させ、買主はこれを承継する。
（協議事項）
第20条　この契約に定めがない事項、またはこの契約条項に解釈上疑義を生じた事項については、民法その他関係法規および不動産取引の慣行に従い、売主および買主が、誠意をもって協議し、定めるものとする。
（特約条項）
第21条　別記特約条項のとおりとする。

特約条項

1. 本契約において第18条は適用されないものとします。
2. 売主は、本契約に関する債権を共同して行使し、債務についてはその共有持分にかかわらず連帯して履行するものとします。

以下余白

　下記売主と下記買主は標記の物件の売買契約を締結し、この契約を証するため契約書2通を作成、売主および買主が署(記)名押印のうえ各自その1通を保有する。

平成＊＊年3月1日

（売主）	住所	東京都世田谷夕陽丘4丁目4番4─501号
	氏名	深沢 達也　㊞　　　　　　　　　　㊞
	住所	東京都世田谷区夕陽丘4丁目4番4─501号
	氏名	深沢 慶子　㊞　　　　　　　　　　㊞
（買主）	住所	神奈川県川崎市麻生区多摩川4丁目5番6号
	氏名	川崎 太郎　㊞　　　　　　　　　　㊞
	住所	
	氏名	㊞

媒介業者　免許番号　　　　東京都知事（3）第＊＊＊＊号
　　　　　事務所所在地　　東京都世田谷区若葉台1丁目3番3号
　　　　　商号（名称）　　甲不動産株式会社
　　　　　代表者氏名　　　代表取締役　甲野 三郎　㊞
　　　　　宅地建物取引主任者　登録番号　東京都知事第123456号
　　　　　　　　　　　　　氏名　乙野 次郎　㊞

🔑 契約条項の解説

> （売買の目的物および売買代金）
> 第1条　売主は、標記の物件（A）（以下「本物件」という。）を標記の代金（B1）をもって買主に売り渡し、買主はこれを買い受けた。

・**売買の目的物**

　この契約書は、敷地権の登記がされていない区分所有建物の売買契約書（「非敷地権用」）の参考書式です。

　売買の目的物は、区分所有建物と土地の（準）共有持分です。土地が所有権の場合が共有持分で、土地が借地権の場合が準共有持分になります。

🔑 契約条項の解説

> （所有権等移転の時期）
> 第5条　本物件の所有権（土地の権利の種類が借地権のときは、建物の所有権と敷地に関する借地権）は、買主が売買代金の全額を支払い、売主がこれを受領したときに、売主から買主に移転する。

・**所有権等移転**

　本条は、区分所有建物の所有権と土地の権利の種類が所有権の場合は、それら所有権（ただし、土地は共有持分）を移転します。また、区分所有建物の所有権と土地の権利の種類が借地権（地上権、賃借権）の場合は、建物については所有権を、土地については借地権（準共有持分）を譲渡することになります。区分所有建物の売買契約においては、敷地が借地権の場合もこの契約書を使用するため、買主に移転する権利の記載を、「所有権等」と記載しています。

○ 契約条項の解説

> （所有権等移転登記の申請）
> 第7条　売主は、売買代金全額の受領と同時に、買主の名義にするために、本物件の所有権等移転登記の申請手続きをしなければならない。なお、借地権の登記が未登記のとき、売主は借地権の登記を行わない。
> 2　所有権等移転登記の申請手続きに要する費用は、買主の負担とする。

・**借地権の場合の登記**

　本条第1項なお書で、借地権の登記が未登記のときは、売主は借地権の登記を行わないことを定めています。

売買編

⑧ 消費者契約法の適用がある場合の対応

1．消費者契約法とは

　消費者と事業者の間で締結される契約には、消費者契約法の適用があります。そのため、不動産売買契約においても、売主・買主の一方が事業者で、その相手方が消費者である場合は、消費者契約法が適用されることになります。なお、売主・買主双方が事業者の契約や、売主・買主双方が消費者の契約は、消費者契約法の適用はありません。

2．「消費者」と「事業者」

　消費者契約法でいう「消費者」というのは、主に「個人」（個人事業者を除く）を指します。一方、「事業者」というのは、「法人その他の団体及び事業として又は事業のために契約者となる個人」をいうと定められています。宅建業者である法人や個人（個人事業者）は、消費者契約法の「事業者」に当たりますし、すべての法人が「事業者」とされます。また、公益法人、財団法人、宗教法人、国および地方自治体も、消費者契約法の「事業者」とされます。

3．不当条項の無効

　消費者契約法では、消費者の利益を保護するため、一定の不当条項を無効とすることが定められています。不動産売買契約書の条項で無効とされる定めとしては、①事業者である売主の買主に対する損害賠償を免除する条項、②事業者である売主が瑕疵担保責任を負わないとする条項、③消費者が遅延損害金について年14.6％を超える遅延損害金を支払うとする条項（14.6％を超える部分が無効）、④消費者の利益を一方的に害する条項、が該当します。

4．消費者契約法用の条項

　消費者契約法の適用がある契約に利用する契約書式には、前頁までに掲載した契約書式の条項のうち「瑕疵担保責任」の条項について、特約で内容の修正をすることが必要です。修正する内容は、「瑕疵担保責任」の条項で定める、損害賠償・修補の請求および契約解除の行使期限3ヶ月を、1年以上にする特約です。

　なぜなら、瑕疵担保責任の行使期限を3ヶ月とした場合、前掲の不当条項の無効の定めの類型のうちの、「④消費者の利益を一方的に害する条項」に該当するおそれが強いとされるためです。

　瑕疵担保責任の行使期限を、どのくらいの期間確保すれば、消費者契約法で無効とならず有効となるかについては、現在のところ判例等もないため、一概に何ヶ月

とか何年とかは明確に決められないのが実態です。しかし、この件に関する不動産業界関係者および弁護士等の専門家の意見を総合すると、「瑕疵担保責任」の行使期限を「1年以上」確保する定めをすれば、消費者契約法の不当条項には当たらないだろうと言われています。

5．区分所有建物売買契約の契約書式の消費者契約法用の条項

　区分所有建物売買契約の契約書式の場合は、瑕疵担保責任の行使期限を3ヶ月に修正することに加えて、瑕疵担保責任の対象部位を専有部分だけに限定する内容を修正することが必要です。具体的には、売主が買主に対して瑕疵担保責任を負う範囲を、売買物件として、その範囲に制限を設けないようにすることが必要になります。

　そうする理由は、消費者契約法の不当条項の定めの適用について慎重な判断をすべきとの考え方があるからです。区分所有建物の瑕疵担保責任について、売主が事業者だからといって、専有部分以外も瑕疵担保責任を売主に負わせることが本当に妥当かどうかは、今後議論が必要ではありますが、本書では、事業者が売主の場合の瑕疵担保責任の条項は、瑕疵の範囲を限定する定めは避けています。

6．消費者契約法と宅建業法が競合する場合の適用

　消費者契約法と宅建業法の両方の適用がある場合は、宅建業法が優先適用されますので、売主が宅建業者の売買契約については、後記掲載の売主業者用の契約書式を利用することになります。

7．瑕疵担保責任の修正条項

　消費者契約法に基づく契約書式については、前頁までに記載の契約書式における「瑕疵担保責任」の条項を、以下のように差し替えて使用してください。

【土地売買契約書の修正条項】

（瑕疵担保責任）
第○条　買主は、本物件に隠れた瑕疵があり、この契約を締結した目的が達せられない場合は契約の解除を、その他の場合は損害賠償の請求を、売主に対してすることができる。ただし、契約の解除・損害賠償の請求は、本物件の引渡し後1年を経過したときはできないものとする。

【土地・建物売買契約書、借地権付建物売買契約書の修正条項】
【区分所有建物売買契約書の修正条項】

(瑕疵担保責任)
第○条　買主は、本物件に隠れた瑕疵があり、この契約を締結した目的が達せられない場合は契約の解除を、その他の場合は損害賠償の請求を、売主に対してすることができる。
　2　建物については、買主は、売主に対して、前項の損害賠償に代え、またはこれとともに修補の請求をすることができる。
　3　本条による解除または請求は、本物件の引渡し後1年を経過したときはできないものとする。

売買編

⑨ 売主が宅建業者の場合の契約書式

　売主が宅建業者の場合、宅建業法の定めにより、契約条項を定める場合、各種制限があります。

１．損害賠償額の予定等の制限（宅建業法38条）

　損害賠償額の予定は、売主が宅建業者ではない契約では自由に定めることができますが、宅建業者が自ら売主となる売買契約を締結する場合は、「損害賠償額の予定と違約金の合計額が、売買代金の10分の２を超える定めをしてはならない」と定められています。また、10分の２を超える定めをした場合は、その限度を超える部分については無効とされます。

２．手付の額の制限（宅建業法39条）

　宅建業者が自ら売主となる売買契約を締結する場合、「売買代金の10分の２を超える手付金は受領してはならない」と定められています。また、売主が宅建業者の場合、売主が受領した手付金は、その手付が証約手付、解約手付、違約手付等いかなる性質のものであっても「解約手付」とされます。そのため、手付の条項では、売主・買主の一方が契約の履行に着手するまでは、買主は手付を放棄して、売主である宅建業者はその倍額を償還して、契約を解除できるという定めのみ有効とされ、この定めに反する特約で、買主に不利な定めは無効となります。そのため、手付解除の行使期限を特定の期日とする定めは、宅建業者が自ら売主となる売買契約を締結する場合は、定めることができません。

３．瑕疵担保責任についての特約の制限（宅建業法40条）

　宅建業者が自ら売主となる売買契約を締結する場合、瑕疵担保責任についてこれを負う期間を売買物件の引渡しの日から２年以上とする特約以外、民法の定めより買主に不利な定めはできません。

　民法に定める瑕疵担保責任は、契約解除と損害賠償の請求を定めているため、売主が宅建業者のときの契約では、瑕疵担保責任の条項において修補請求を定めることはできません。また、瑕疵の箇所を特定して、「特定の箇所の瑕疵以外は、売主業者は瑕疵担保責任を負わない」とする定めもできません。当然、「瑕疵担保責任を売主は一切負わない」とする定めはできません。

　また、瑕疵担保責任の期間は最低２年以上負うことが必要であり、そのためほとんどすべての業者が、自ら売主となって売買する場合は、最短の２年を瑕疵担保責任の期間と約定して契約することになります。瑕疵担保責任の買主の行使期限を、

3ヶ月や1年と定めることは当然できません。

4．手付金等の保全（宅建業法41条、41条の2）

宅建業者が自ら売主となる売買契約を締結する場合、売買契約締結以降、売買物件を買主に引き渡す等するまでの間は、手付金等の保全措置を講じなければ、手付金や中間金を受領することができません。宅建業法では、売主業者が手付金等の保全措置が必要な場合について定めていますが、実務上は、手付金等の保全措置を講じないケースが多いため、手付金等の保全措置を講じなくてよいケースについて以下に説明します。

> ① 未完成物件の売買で、売主業者が受領する手付金や中間金の額の合計が売買代金の100分の5以下かつ1,000万円以下の場合
> ② 完成物件の売買で、売主業者が受領する手付金や中間金の額の合計が売買代金の100分の10以下かつ1,000万円以下の場合
> ③ 買主への所有権等移転登記がされた場合

なお、売主業者が所定の金額を超える手付金や中間金を受領する場合は、手付金等の保全措置を講じないと、それら金員を売買物件引渡し前に受領することができません。手付金等の保全措置の制度としては、「銀行等による保全措置」「保険事業者による保全措置」「指定保管機関による保全措置」の3つがありますが、制度が利用しにくいことや、第三者に保証を依頼するために、保証料の支払いが生ずること等から、いわゆる「大手」と呼ばれる不動産会社以外は、それら制度の利用実績はあまりありません。

5．割賦販売契約の解除等の制限

宅建業者が自ら売主となる売買契約を割賦販売にて行う場合は、一定の制限があります。

宅建業法では、割賦金の支払いが遅れた場合に、売主業者は30日以上の期間を定めて買主に対し書面で催告し、それでも買主がその期間内に支払わないときでなければ、契約の解除または支払期限がきていない割賦金の支払いを請求できないと定められており、これに反する定めは無効とされます。

現在、割賦販売方式で不動産売買契約を行うことは事実上なくなったため、実務では気にかけなくてもよい制限です。

売買編

⑩ 土地売買契約書（実測・売主業者用）

収入印紙

土地売買契約書（実測・売主業者用）

（A）売買の目的物の表示（登記記録の記載による）（第1条）

	所　　在	地　番	地　目	地　積	
土地	① 東京都多摩市桜台1丁目	1番1	宅地	120.00	m²
	②				m²
	③				m²
	合計			120.00	m²
特記事項	以下余白				

（B）売買代金、手付金の額および支払日（第1条）（第2条）（第5条）

売買代金	(B1)		金42,000,000円(b)
手付金	(B2)	本契約締結時に	金4,000,000円
中間金	(B3)	第1回平成—年—月—日までに	————円
		第2回平成—年—月—日までに	————円
残代金	(B4)	平成＊＊年6月30日までに	金38,000,000円

（C）土地の実測（第3条）

実測清算の対象となる土地（契約時の算出面積をいずれかに記入）	
（私道負担のない場合）（＝登記記録記載面積）	120.00 m²(c)
（私道負担のある場合、それを除く有効宅地部分	——— m²(c)
（	——— m²(c)

(D) 代金清算の単価（第6条）

売買代金清算の場合の土地単価（第6条の単価 (b)／(c)）
1 m² 当たり　金350,000円

(E〜H) その他約定事項

(E) 所有権移転・引渡し・登記手続きの日 　　　（第7条）（第8条）（第9条）	平成＊＊年6月30日
(F) 平成（＊＊）年度公租・公課分担の起算日 　　　　　　　　　　　　　　　　（第12条）	平成＊＊年1月1日
(G) 違約金の額　　　　　　　　　　（第16条）	金4,000,000円
(H) 融資利用の場合　　　　　　　　（第17条）	

融資機関名・取扱支店名	融資承認予定日	融資金額
ABC銀行多摩支店	平成＊＊年5月15日	金20,000,000円
────────	平成――年―月―日	───────円
融資未承認の場合の契約解除期限		平成＊＊年5月22日

契約条項

（売買の目的物および売買代金）

第1条　売主は、標記の物件（A）（以下「本物件」という。）を標記の代金（B1）をもって買主に売り渡し、買主はこれを買い受けた。

（手付）

第2条　買主は、売主に手付として、この契約締結と同時に標記の金額(B2)を支払う。

　　2　手付金は、残代金支払いのときに、売買代金の一部に充当する。

（境界の明示および実測図の作成）

第3条　売主は、買主に本物件引渡しのときまでに、現地において隣地との境界を明示する。

　　2　売主は、その責任と負担において、隣地所有者等の立会を得て、測量士または土地家屋調査士に標記の土地（C）について実測図を作成させ、引渡しのときまでに買主に交付する。

（地積更正登記）
第4条　第3条第2項の実測の結果、実測図の面積と登記記録記載の面積との間に相違が生じても、売主は、地積更正登記の責を負わないものとする。

（売買代金の支払時期およびその方法）
第5条　買主は、売主に売買代金を標記の期日（B3）、（B4）までに現金または預金小切手で支払う。

（売買代金の清算）
第6条　第3条第2項の実測図の面積と標記の面積（C）が異なる場合には、その異なる面積に1m²当たり標記の単価（D）を乗じた額を残代金支払時に清算する。

（所有権移転の時期）
第7条　本物件の所有権は、買主が売買代金の全額を支払い、売主がこれを受領したときに、売主から買主に移転する。

（引渡し）
第8条　売主は、買主に本物件を売買代金全額の受領と同時に引き渡す。
　　2　買主は、売主に引渡確認書を交付して、前項の引渡しの確認を行うものとする。

（所有権移転登記の申請）
第9条　売主は、売買代金全額の受領と同時に、買主の名義にするために、本物件の所有権移転登記の申請手続きをしなければならない。
　　2　所有権移転登記の申請手続きに要する費用は、買主の負担とする。

（負担の消除）
第10条　売主は、本物件の所有権移転の時期までに、抵当権等の担保権および賃借権等の用益権その他買主の完全な所有権の行使を阻害する一切の負担を消除する。

（印紙代の負担）
第11条　この契約書に貼付する収入印紙は、売主・買主が平等に負担するものとする。

（公租・公課の分担）
第12条　本物件に対して賦課される公租・公課は、引渡し日の前日までの分

を売主が、引渡し日以降の分を買主が、それぞれ負担する。
  2　公租・公課納付分担の起算日は、標記期日（F）とする。
  3　公租・公課の分担金の清算は、残代金支払時に行う。
（収益の帰属・負担金の分担）
第13条　本物件から生ずる収益の帰属および各種負担金の分担については、前条第1項および第3項を準用する。
（手付解除）
第14条　売主は、買主に受領済みの手付金の倍額を支払い、また買主は、売主に支払済みの手付金を放棄して、それぞれこの契約を解除することができる。
  2　前項による解除は、相手方がこの契約の履行に着手したとき以降は、できないものとする。
（引渡し前の毀損）
第15条　本物件の引渡し前に、天災地変その他売主または買主のいずれの責にも帰すことのできない事由によって本物件が毀損したときは、売主は、本物件を修復して買主に引き渡すものとする。この場合、修復によって引渡しが標記の期日（E）を超えても、買主は、売主に対し、その引渡延期について異議を述べることはできない。
  2　売主は、前項の修復が著しく困難なとき、または過大な費用を要するときは、この契約を解除することができるものとし、買主は、本物件の毀損により契約の目的が達せられないときは、この契約を解除することができる。
  3　前項によって、この契約が解除された場合、売主は、受領済みの金員を無利息で遅滞なく買主に返還しなければならない。
（契約違反による解除）
第16条　売主または買主がこの契約に定める債務を履行しないとき、その相手方は、自己の債務の履行を提供し、かつ、相当の期間を定めて催告したうえ、この契約を解除することができる。
  2　前項の契約解除に伴う損害賠償は、標記の違約金（G）によるものとする。
  3　違約金の支払いは、次のとおり、遅滞なくこれを行う。

① 売主の債務不履行により買主が解除したときは、売主は、受領済みの金員に違約金を付加して買主に支払う。
　　　② 買主の債務不履行により売主が解除したときは、売主は、受領済みの金員から違約金を控除した残額を無利息で買主に返還する。この場合において、違約金の額が支払済みの金員を上回るときは、買主は、売主にその差額を支払うものとする。
　　4　買主が本物件の所有権移転登記を受け、または本物件の引渡しを受けているときは、前項の支払いを受けるのと引換えに、その登記の抹消登記手続き、または本物件の返還をしなければならない。

（融資利用の場合）
第17条　買主は、この契約締結後すみやかに、標記の融資（H）のために必要な書類を揃え、その申込手続きをしなければならない。
　　2　標記の融資承認予定日（H）のうち最終の予定日までに、前項の融資の全部または一部について承認を得られないとき、買主は、標記の契約解除期日（H）まではこの契約を解除することができる。
　　3　前項によって、この契約が解除された場合、売主は、受領済の金員を無利息で遅滞なく買主に返還しなければならない。
　　4　本条による解除の場合は、第14条（手付解除）および第16条（契約違反による解除）の規定は適用されないものとする。

（瑕疵担保責任）
第18条　買主は、本物件に隠れた瑕疵があり、この契約を締結した目的が達せられない場合は契約の解除を、その他の場合は損害賠償の請求を、売主に対してすることができる。ただし、契約の解除・損害賠償の請求は、本物件の引渡し後2年を経過したときはできないものとする。

（諸規定の承継）
第19条　売主は、買主に対し、環境の維持または管理の必要上定められた規約等に基づく売主の権利・義務を承継させ、買主はこれを承継する。

（協議事項）
第20条　この契約に定めがない事項、またはこの契約条項に解釈上疑義を生じた事項については、民法その他関係法規および不動産取引の慣行に従い、売主および買主が、誠意をもって協議し、定めるものとする。

（特約条項）

第21条　別記特約条項のとおりとする。

特約条項
1．第6条の定めにかかわらず、測量の結果得られた面積と標記（C）の面積との相違が1㎡未満の場合は、売買代金の清算は行わないこととします。 2．第4条の定めにかかわらず、測量の結果得られた面積と登記記録記載の面積との相違が1㎡を超える場合、売主は平成＊＊年5月30日までに、その責任と負担において、地積更正登記を完了するものとします。 3．売主は、前項の期日までに売主の責に帰すべからざる事由により地積更正登記を完了できないときは、平成＊＊年6月14日までであれば、本契約を無条件で解除できるものとします。 4．前項によって、この契約が解除された場合、売主は受領済みの金員を買主に返還するものとします。 5．第3項による解除の場合は、第17条（契約違反による解除）の規定は適用されないものとします。 以下余白

下記売主と下記買主は標記の物件の売買契約を締結し、この契約を証するため契約書2通を作成、売主および買主が署(記)名押印のうえ各自その1通を保有する。

平成＊＊年3月1日

（売主）	住所	東京都杉並区杉並3丁目4番5号	
	氏名	東京都知事（5）第＊＊＊号　　　宅地建物取引主任者	
		新報不動産株式会社　　　　　　　東京都知事第345678号	
		代表取締役　新報 晋三　㊞　　　　　　遠藤 剛　㊞	
（買主）	住所	神奈川県川崎市麻生区多摩川4丁目5番6号	
	氏名	川崎 太郎　㊞　　　　　　　　　　　　　　　　　　印	
	住所		
	氏名	印	
媒介業者	免許番号	東京都知事（3）第＊＊＊＊号	
	事務所所在地	東京都世田谷区若葉台1丁目3番3号	
	商号（名称）	甲不動産株式会社	
	代表者氏名	代表取締役　甲野 三郎　㊞	
	宅地建物取引主任者	登録番号　東京都知事第123456号	
		氏名　乙野 次郎　㊞	

売買編

① 土地売買契約書（公簿・売主業者用）

収入印紙

土地売買契約書（公簿・売主業者用）

（A）売買の目的物の表示（登記記録の記載による）（第1条）

	所　在	地番	地目	地積	
土地	① 東京都八王子市本町1丁目	1番1	宅地	120	m²
	② 東京都八王子市本町1丁目	1番2	雑種地	5.00	m²
	③				m²
合計				120.00m²＋5.00	m²
特記事項	以下余白				

（B）売買代金、手付金の額および支払日（第1条）（第3条）（第5条）

売買代金	(B1)		金20,000,000円
手付金	(B2)	本契約締結時に	金2,000,000円
中間金	(B3)	第1回平成―年―月―日までに	―――円
		第2回平成―年―月―日までに	―――円
残代金	(B4)	平成＊＊年6月30日までに	金18,000,000円

（C～F）その他約定事項

(C) 所有権移転・引渡し・登記手続きの日 （第6条）（第7条）（第8条）	平成＊＊年6月30日
(D) 平成（＊＊）年度公租・公課分担の起算日 （第11条）	平成＊＊年1月1日
(E) 違約金の額　　　　　　　　　（第15条）	金1,000,000円

(F) 融資利用の場合	（第16条）	
融資機関名・取扱支店名	融資承認予定日	融資金額
ZY銀行八王子支店	平成＊＊年4月24日	金10,000,000円
————————	平成——年—月—日	————円
融資未承認の場合の契約解除期限		平成＊＊年4月30日

契約条項

（売買の目的物および売買代金）

第1条　売主は、標記の物件（A）（以下「本物件」という。）を標記の代金（B1）をもって買主に売り渡し、買主はこれを買い受けた。

（売買対象面積）

第2条　売主と買主は、本物件の標記の面積（A）と実測面積との間に差異があっても、互いに異議を述べず、また、売買代金の増減を請求しないものとする。

（手付）

第3条　買主は、売主に手付として、この契約締結と同時に標記の金額(B2)を支払う。

　　2　手付金は、残代金支払いのときに、売買代金の一部に充当する。

（境界の明示）

第4条　売主は、買主に本物件引渡しのときまでに、現地において隣地との境界を明示する。

（売買代金の支払時期およびその方法）

第5条　買主は、売主に売買代金を標記の期日（B3）、（B4）までに現金または預金小切手で支払う。

（所有権移転の時期）

第6条　本物件の所有権は、買主が売買代金の全額を支払い、売主がこれを受領したときに、売主から買主に移転する。

（引渡し）

第7条　売主は、買主に本物件を売買代金全額の受領と同時に引き渡す。

　　2　買主は、売主に引渡確認書を交付して、前項の引渡しの確認を行う

ものとする。

（所有権移転登記の申請）
第8条　売主は、売買代金全額の受領と同時に、買主の名義にするために、本物件の所有権移転登記の申請手続きをしなければならない。
　　2　所有権移転登記の申請手続きに要する費用は、買主の負担とする。

（負担の消除）
第9条　売主は、本物件の所有権移転の時期までに、抵当権等の担保権および賃借権等の用益権その他買主の完全な所有権の行使を阻害する一切の負担を消除する。

（印紙代の負担）
第10条　この契約書に貼付する収入印紙は、売主・買主が平等に負担するものとする。

（公租・公課の分担）
第11条　本物件に対して賦課される公租・公課は、引渡日の前日までの分を売主が、引渡日以降の分を買主が、それぞれ負担する。
　　2　公租・公課納付分担の起算日は、標記期日（D）とする。
　　3　公租・公課の分担金の清算は、残代金支払時に行う。

（収益の帰属・負担金の分担）
第12条　本物件から生ずる収益の帰属および各種負担金の分担については、前条第1項および第3項を準用する。

（手付解除）
第13条　売主は、買主に受領済みの手付金の倍額を支払い、また買主は、売主に支払済みの手付金を放棄して、それぞれこの契約を解除することができる。
　　2　前項による解除は、相手方がこの契約の履行に着手したとき以降は、できないものとする。

（引渡し前の毀損）
第14条　本物件の引渡し前に、天災地変その他売主または買主のいずれの責にも帰すことのできない事由によって本物件が毀損したときは、売主は、本物件を修復して買主に引き渡すものとする。この場合、修復によって引渡しが標記の期日（C）を超えても、買主は、売主に対し、

その引渡し延期について異議を述べることはできない。
　　2　売主は、前項の修復が著しく困難なとき、または過大な費用を要するときは、この契約を解除することができるものとし、買主は、本物件の毀損により契約の目的が達せられないときは、この契約を解除することができる。
　　3　前項によって、この契約が解除された場合、売主は、受領済みの金員を無利息で遅滞なく買主に返還しなければならない。
（契約違反による解除）
第15条　売主または買主がこの契約に定める債務を履行しないとき、その相手方は、自己の債務の履行を提供し、かつ、相当の期間を定めて催告したうえ、この契約を解除することができる。
　　2　前項の契約解除に伴う損害賠償は、標記の違約金（E）によるものとする。
　　3　違約金の支払いは、次のとおり、遅滞なくこれを行う。
　　　①　売主の債務不履行により買主が解除したときは、売主は、受領済みの金員に違約金を付加して買主に支払う。
　　　②　買主の債務不履行により売主が解除したときは、売主は、受領済みの金員から違約金を控除した残額を無利息で買主に返還する。この場合において、違約金の額が支払済みの金員を上回るときは、買主は、売主にその差額を支払うものとする。
　　4　買主が本物件の所有権移転登記を受け、または本物件の引渡しを受けているときは、前項の支払いを受けるのと引換えに、その登記の抹消登記手続き、または本物件の返還をしなければならない。
（融資利用の場合）
第16条　買主は、この契約締結後すみやかに、標記の融資（F）のために必要な書類を揃え、その申込手続きをしなければならない。
　　2　標記の融資承認予定日（F）のうち最終の予定日までに、前項の融資の全部または一部について承認を得られないとき、買主は、標記の契約解除期日（F）まではこの契約を解除することができる。
　　3　前項によって、この契約が解除された場合、売主は、受領済みの金員を無利息で遅滞なく買主に返還しなければならない。

4　本条による解除の場合は、第13条（手付解除）および第15条（契約違反による解除）の規定は適用されないものとする。

（瑕疵担保責任）
第17条　買主は、本物件に隠れた瑕疵があり、この契約を締結した目的が達せられない場合は契約の解除を、その他の場合は損害賠償の請求を、売主に対してすることができる。ただし、契約の解除・損害賠償の請求は、本物件の引渡し後2年を経過したときはできないものとする。

（諸規定の承継）
第18条　売主は、買主に対し、環境の維持または管理の必要上定められた規約等に基づく売主の権利・義務を承継させ、買主はこれを承継する。

（協議事項）
第19条　この契約に定めがない事項、またはこの契約条項に解釈上疑義が生じた事項については、民法その他関係法規および不動産取引の慣行に従い、売主および買主が、誠意をもって協議し、定めるものとする。

（特約条項）
第20条　別記特約条項のとおりとする。

特約条項

1．この契約は、平成＊＊年3月30日までに〇〇〇〇〇〇〇〇〇〇が受理されることを条件とし、売主および買主は、この契約締結後直ちに協力して同届出を行うものとします。

2．前項の条件不成就の確定により売買契約の効力が生じないこととなった場合、売主は、受領済の金員全額を無利息にて遅滞なく買主に返還するものとします。

3．前項による解除の場合は、第13条（手付解除）および第15条（契約違反による解除）の規定は適用されないものとします。

以下余白

下記売主と下記買主は標記の物件の売買契約を締結し、この契約を証するため契約書2通を作成、売主および買主が署(記)名押印のうえ各自その1通を保有する。

平成＊＊年3月1日

（売主）	住所	東京都杉並区杉並3丁目4番5号	
	氏名	東京都知事（5）第＊＊＊号	宅地建物取引主任者
		新報不動産株式会社	東京都知事第345678号
		代表取締役　新報　晋三　㊞	遠藤　剛　㊞

（買主）	住所	神奈川県川崎市麻生区多摩川4丁目5番6号	
	氏名	川崎　太郎　㊞	印
	住所		
	氏名		印

媒介業者	免許番号	東京都知事（3）第＊＊＊＊号	
	事務所所在地	東京都世田谷区若葉台1丁目3番3号	
	商号（名称）	甲不動産株式会社	
	代表者氏名	代表取締役　甲野　三郎　㊞	
	宅地建物取引主任者　登録番号	東京都知事第123456号	
		氏名　乙野　次郎　㊞	

売買編

② 土地・建物売買契約書（土地実測・建物公簿・売主業者用）

<u>収入印紙</u> **土地・建物売買契約書**（土地実測・建物公簿・売主業者用）

（A）売買の目的物の表示（登記記録の記載による）（第1条）

	所　在	地　番	地　目	地　積
土地	① 東京都多摩市桜台1丁目	1番1	畑	120 m²
	②			m²
	③			m²
	合計			120 m²

建物	所　在	東京都多摩市桜台1丁目1番地1	家屋番号	1番1の3
	種　類	居宅	構造	木造　スレート葺　2階建
	床面積	1階　52.00m²　2階　52.00m²	合計	104.00 m²
特記事項	以下余白			

（B）売買代金、手付金の額および支払日（第1条）（第2条）（第5条）

売買代金	(B1)	総額	金48,000,000円
		（うち消費税）　金25,000円	
		（土地）	金47,475,000円（b）
		（建物）	金500,000円
手付金	(B2)	本契約締結時に	金4,800,000円
中間金	(B3)	第1回平成―年―月―日までに	―――円
		第2回平成―年―月―日までに	―――円
残代金	(B4)	平成＊＊年6月30日までに	金43,200,000円

(C) 土地の実測（第3条）

実測清算の対象となる土地（契約時の算出面積をいずれかに記入）		
（私道負担のない場合（＝登記記録記載面積）	120.00	m² (c))
（私道負担のある場合、それを除く有効宅地部分	———	m² (c))
（	———	m² (c))

(D) 土地代金清算の単価（第6条）

売買代金清算の場合の土地単価（第6条の単価 (b)／(c)）	
1 m² 当たり	金395,625円

(E〜H) その他約定事項

(E) 所有権移転・引渡し・登記手続きの日 　　（第7条）（第8条）（第9条）	平成＊＊年6月30日
(F) 平成（＊＊）年度公租・公課分担の起算日 　　　　　　　　　　　　　　　　（第13条）	平成＊＊年1月1日
(G) 違約金の額　　　　　　　　　　　（第17条）	金4,800,000円
(H) 融資利用の場合　　　　　　　　　（第18条）	

融資機関名・取扱支店名	融資承認予定日	融資金額
ABC銀行多摩支店	平成＊＊年5月15日	金70,000,000円
———	平成——年—月—日	———円
融資未承認の場合の契約解除期限		平成＊＊年5月22日

契約条項

（売買の目的物および売買代金）

第1条　売主は、標記の物件（A）（以下「本物件」という。）を標記の代金（B1）をもって買主に売り渡し、買主はこれを買い受けた。

（手付）

第2条　買主は、売主に手付として、この契約締結と同時に標記の金額(B2)を支払う。

　　2　手付金は、残代金支払いのときに、売買代金の一部に充当する。

（境界の明示および実測図の作成）

第3条　売主は、買主に本物件引渡しのときまでに、現地において隣地との境界を明示する。
　　2　売主は、その責任と負担において、隣地所有者等の立会を得て、測量士または土地家屋調査士に標記の土地（C）について実測図を作成させ、引渡しのときまでに買主に交付する。
（地積更正登記）
第4条　第3条第2項の実測の結果、実測図の面積と登記記録記載の面積との間に相違が生じても、売主は、地積更正登記の責を負わないものとする。
（売買代金の支払時期およびその方法）
第5条　買主は、売主に売買代金を標記の期日（B3）、（B4）までに現金または預金小切手で支払う。
（売買代金の清算）
第6条　土地については、第3条第2項の実測図の面積と標記の面積（C）が異なる場合には、その異なる面積に1㎡当たり標記の単価（D）を乗じた額を残代金支払時に清算する。
　　2　建物については、実測による売買代金の清算を行わないものとする。
（所有権移転の時期）
第7条　本物件の所有権は、買主が売買代金の全額を支払い、売主がこれを受領したときに、売主から買主に移転する。
（引渡し）
第8条　売主は、買主に本物件を売買代金全額の受領と同時に引き渡す。
　　2　買主は、売主に引渡確認書を交付して、前項の引渡しの確認を行うものとする。
（所有権移転登記の申請）
第9条　売主は、売買代金全額の受領と同時に、買主の名義にするために、本物件の所有権移転登記の申請手続きをしなければならない。
　　2　所有権移転登記の申請手続きに要する費用は、買主の負担とする。
（付帯設備の引渡し）
第10条　売主は、別紙付帯設備一覧表のうち「有」と記したものを、本物件引渡しと同時に買主に引き渡す。

売買編　土地・建物（土地実測・建物公簿・売主業者用）

（負担の消除）
第11条　売主は、本物件の所有権移転の時期までに、抵当権等の担保権および賃借権等の用益権その他買主の完全な所有権の行使を阻害する一切の負担を消除する。

（印紙代の負担）
第12条　この契約書に貼付する収入印紙は、売主・買主が平等に負担するものとする。

（公租・公課の分担）
第13条　本物件に対して賦課される公租・公課は、引渡日の前日までの分を売主が、引渡日以降の分を買主が、それぞれ負担する。
　2　公租・公課納付分担の起算日は、標記期日（F）とする。
　3　公租・公課の分担金の清算は、残代金支払時に行う。

（収益の帰属・負担金の分担）
第14条　本物件から生ずる収益の帰属および各種負担金の分担については、前条第1項および第3項を準用する。

（手付解除）
第15条　売主は、買主に受領済みの手付金の倍額を支払い、また買主は、売主に支払済みの手付金を放棄して、それぞれこの契約を解除することができる。
　2　前項による解除は、相手方がこの契約の履行に着手したとき以降は、できないものとする。

（引渡し前の滅失・毀損）
第16条　本物件の引渡し前に、天災地変その他売主または買主のいずれの責にも帰すことのできない事由によって本物件が滅失したときは、買主は、この契約を解除することができる。
　2　本物件の引渡し前に、前項の事由によって本物件が毀損したときは、売主は、本物件を修復して買主に引き渡すものとする。この場合、修復によって引渡しが標記の期日（E）を超えても、買主は、売主に対し、その引渡し延期について異議を述べることはできない。
　3　売主は、前項の修復が著しく困難なとき、または過大な費用を要するときは、この契約を解除することができるものとし、買主は、本物

件の毀損により契約の目的が達せられないときは、この契約を解除することができる。
　4　第1項または前項によって、この契約が解除された場合、売主は、受領済みの金員を無利息で遅滞なく買主に返還しなければならない。
（契約違反による解除）
第17条　売主または買主がこの契約に定める債務を履行しないとき、その相手方は、自己の債務の履行を提供し、かつ、相当の期間を定めて催告したうえ、この契約を解除することができる。
　2　前項の契約解除に伴う損害賠償は、標記の違約金（G）によるものとする。
　3　違約金の支払いは、次のとおり、遅滞なくこれを行う。
　①　売主の債務不履行により買主が解除したときは、売主は、受領済みの金員に違約金を付加して買主に支払う。
　②　買主の債務不履行により売主が解除したときは、売主は、受領済みの金員から違約金を控除した残額を無利息で買主に返還する。この場合において、違約金の額が支払済みの金員を上回るときは、買主は、売主にその差額を支払うものとする。
　4　買主が本物件の所有権移転登記を受け、または本物件の引渡しを受けているときは、前項の支払いを受けるのと引換えに、その登記の抹消登記手続き、または本物件の返還をしなければならない。
（融資利用の場合）
第18条　買主は、この契約締結後すみやかに、標記の融資（H）のために必要な書類を揃え、その申込手続きをしなければならない。
　2　標記の融資承認予定日（H）のうち最終の予定日までに、前項の融資の全部または一部について承認を得られないとき、買主は、標記の契約解除期日（H）まではこの契約を解除することができる。
　3　前項によって、この契約が解除された場合、売主は、受領済みの金員を無利息で遅滞なく買主に返還しなければならない。
　4　本条による解除の場合は、第15条（手付解除）および第17条（契約違反による解除）の規定は適用されないものとする。
（瑕疵担保責任）

第19条　買主は、本物件に隠れた瑕疵があり、この契約を締結した目的が達せられない場合は契約の解除を、その他の場合は損害賠償の請求を、売主に対してすることができる。ただし、契約の解除・損害賠償の請求は、本物件の引渡し後2年を経過したときはできないものとする。

（諸規定の承継）

第20条　売主は、買主に対し、環境の維持または管理の必要上定められた規約等に基づく売主の権利・義務を承継させ、買主はこれを承継する。

（協議事項）

第21条　この契約に定めがない事項、またはこの契約条項に解釈上疑義を生じた事項については、民法その他関係法規および不動産取引の慣行に従い、売主および買主が、誠意をもって協議し、定めるものとする。

（特約条項）

第22条　別記特約条項のとおりとする。

特約条項
1．第9条の定めにかかわらず、売主および買主は、本物件建物の所有権移転登記の申請手続きは行わず、それに代えて建物の滅失登記を行うものとします。建物の取壊しは、買主が本物件の引渡しを受けた後、直ちに自らの責任と負担で行うものとします。そして、建物の取壊し完了後直ちに、売主および買主は協力して、建物の滅失登記を行うものとします。なお、その滅失登記に要する費用は買主の負担とします。
2．売主は、本物件所有権移転の時期までに、自らの責任と負担で、本物件の土地上には存在しない家屋番号1番1の2の建物の滅失登記を行うものとします。
3．売主は、本物件所有権移転の時期までに、自らの責任と負担で、本物件土地の登記の地目を宅地とする、地目変更登記を行うものとします。
4．売主および買主は、標記の融資（H）の融資金額には、買主が本物件引渡しを受けた後に建築予定の建物建築代の一部も含まれた融資金額であることを互いに確認しました。
5．買主は、本物件土地上に別添図面の内容の建物（以下、「予定建築物」という。）を建築する目的でこの契約を締結しました。そのため、買主は、この契約締結後直ちに予定建築物の建築確認申請手続を行うものとし、平成＊＊年4月30日までに同確認が受けられなかった場合、買主は

平成＊＊年5月10日までは、この契約を無条件で解除することができるものとします。
6．前項に基づいてこの契約が解除された場合、売主は受領済みの金員全額を無利息にて買主に返還するものとします。
7．第5項による解除の場合、第15条（手付解除）および第17条（契約違反による解除）の規定は適用されないものとします。
以下余白

　下記売主と下記買主は標記の物件の売買契約を締結し、この契約を証するため契約書2通を作成、売主および買主が署(記)名押印のうえ各自その1通を保有する。

平成＊＊年3月1日

（売主）　住所　東京都杉並区杉並3丁目4番5号
　　　　　氏名　東京都知事（5）第＊＊＊号　　　宅地建物取引主任者
　　　　　　　　新報不動産株式会社　　　　　　東京都知事第345678号
　　　　　　　　代表取締役　新報　晋三　㊞　　　遠藤　剛　㊞

（買主）　住所　神奈川県川崎市麻生区多摩川4丁目5番6号
　　　　　氏名　川崎　太郎　㊞　　　　　　　　　　　　　　　　　　印
　　　　　住所
　　　　　氏名　　　　　　　　　　　　　　　　　　　　　　　　　　印

媒介業者　免許番号　　　　東京都知事（3）第＊＊＊＊号
　　　　　事務所所在地　　東京都世田谷区若葉台1丁目3番3号
　　　　　商号（名称）　　甲不動産株式会社
　　　　　代表者氏名　　　代表取締役　甲野　三郎　㊞
　　　　　宅地建物取引主任者　登録番号　東京都知事第123456号
　　　　　　　　　　　　　　　氏名　乙野　次郎　㊞

売買編

⑬ 土地・建物売買契約書（土地公簿・建物公簿・売主業者用）

収入印紙	

土地・建物売買契約書（土地公簿・建物公簿・売主業者用）

（A）売買の目的物の表示（登記記録の記載による）（第1条）

		所　在	地　番	地　目	地　積
土地	①	東京都多摩市桜台1丁目	1番1	宅地	120.00 m²
	②	東京都多摩市桜台1丁目	1番2	公衆用道路	20 m²
	③				m²
	合計		120.00m²＋20m²のうち持分4分の1		
建物	所　在	東京都多摩市桜台1丁目1番地1		家屋番号	1番1
	種　類	居宅	構造	木造　スレート葺　2階建	
	床面積	1階　52.00m²　2階　52.00m²			
				合計　104.00 m²	
特記事項	1．上記②の土地は私道部分です。 以下余白				

（B）売買代金、手付金の額および支払日（第1条）（第3条）（第5条）

売買代金	（B1）	総額	金48,300,000円
		（うち消費税）	金300,000円
		（土地）	金42,000,000円
		（建物）	金6,000,000円
手付金	（B2）	本契約締結時に	金4,830,000円
中間金	（B3）	第1回平成―年―月―日までに	―円
		第2回平成―年―月―日までに	―円
残代金	（B4）	平成＊＊年6月30日までに	金43,470,000円

(C〜F) その他約定事項

(C) 所有権移転・引渡し・登記手続きの日 　　　　　　　　　　（第6条）（第7条）（第8条）	平成＊＊年6月30日
(D) 平成（＊＊）年度公租・公課分担の起算日 　　　　　　　　　　　　　　　　　　（第12条）	平成＊＊年1月1日
(E) 違約金の額　　　　　　　　　　　　（第16条）	金4,800,000円
(F) 融資利用の場合　　　　　　　　　　（第17条）	

融資機関名・取扱支店名	融資承認予定日	融資金額
ABC銀行多摩支店	平成＊＊年5月15日	金20,000,000円
────────	平成──年─月─日	────円
融資未承認の場合の契約解除期限		平成＊＊年5月22日

契約条項

（売買の目的物および売買代金）

第1条　売主は、標記の物件（A）（以下「本物件」という。）を標記の代金（B1）をもって買主に売り渡し、買主はこれを買い受けた。

（売買対象面積）

第2条　売主と買主は、本物件の標記の面積（A）と実測面積との間に差異があっても、互いに異議を述べず、また、売買代金の増減を請求しないものとする。

（手付）

第3条　買主は、売主に手付として、この契約締結と同時に標記の金額（B2）を支払う。

　　　2　手付金は、残代金支払いのときに、売買代金の一部に充当する。

（境界の明示）

第4条　売主は、買主に本物件引渡しのときまでに、現地において隣地との境界を明示する。

（売買代金の支払時期およびその方法）

第5条　買主は、売主に売買代金を標記の期日（B3）、（B4）までに現金ま

たは預金小切手で支払う。
（所有権移転の時期）
第6条　本物件の所有権は、買主が売買代金の全額を支払い、売主がこれを受領したときに、売主から買主に移転する。
（引渡し）
第7条　売主は、買主に本物件を売買代金全額の受領と同時に引き渡す。
　　　2　買主は、売主に引渡確認書を交付して、前項の引渡しの確認を行うものとする。
（所有権移転登記の申請）
第8条　売主は、売買代金全額の受領と同時に、買主の名義にするために、本物件の所有権移転登記の申請手続きをしなければならない。
　　　2　所有権移転登記の申請手続きに要する費用は、買主の負担とする。
（付帯設備の引渡し）
第9条　売主は、別紙付帯設備一覧表のうち「有」と記したものを、本物件引渡しと同時に買主に引き渡す。
（負担の消除）
第10条　売主は、本物件の所有権移転の時期までに、抵当権等の担保権および賃借権等の用益権その他買主の完全な所有権の行使を阻害する一切の負担を消除する。
（印紙代の負担）
第11条　この契約書に貼付する収入印紙は、売主・買主が平等に負担するものとする。
（公租・公課の分担）
第12条　本物件に対して賦課される公租・公課は、引渡日の前日までの分を売主が、引渡日以降の分を買主が、それぞれ負担する。
　　　2　公租・公課納付分担の起算日は、標記期日（D）とする。
　　　3　公租・公課の分担金の清算は、残代金支払時に行う。
（収益の帰属・負担金の分担）
第13条　本物件から生ずる収益の帰属および各種負担金の分担については、前条第1項および第3項を準用する。
（手付解除）

第14条　売主は、買主に受領済みの手付金の倍額を支払い、また買主は、売主に支払済みの手付金を放棄して、それぞれこの契約を解除することができる。
　2　前項による解除は、相手方がこの契約の履行に着手したとき以降は、できないものとする。
（引渡し前の滅失・毀損）
第15条　本物件の引渡し前に、天災地変その他売主または買主のいずれの責にも帰すことのできない事由によって本物件が滅失したときは、買主は、この契約を解除することができる。
　2　本物件の引渡し前に、前項の事由によって本物件が毀損したときは、売主は、本物件を修復して買主に引き渡すものとする。この場合、修復によって引渡しが標記の期日（C）を超えても、買主は、売主に対し、その引渡し延期について異議を述べることはできない。
　3　売主は、前項の修復が著しく困難なとき、または過大な費用を要するときは、この契約を解除することができるものとし、買主は、本物件の毀損により契約の目的が達せられないときは、この契約を解除することができる。
　4　第1項または前項によって、この契約が解除された場合、売主は、受領済みの金員を無利息で遅滞なく買主に返還しなければならない。
（契約違反による解除）
第16条　売主または買主がこの契約に定める債務を履行しないとき、その相手方は、自己の債務の履行を提供し、かつ、相当の期間を定めて催告したうえ、この契約を解除することができる。
　2　前項の契約解除に伴う損害賠償は、標記の違約金（E）によるものとする。
　3　違約金の支払いは、次のとおり、遅滞なくこれを行う。
　　①　売主の債務不履行により買主が解除したときは、売主は、受領済みの金員に違約金を付加して買主に支払う。
　　②　買主の債務不履行により売主が解除したときは、売主は、受領済みの金員から違約金を控除した残額を無利息で買主に返還する。この場合において、違約金の額が支払済みの金員を上回るときは、買

　　　　主は、売主にその差額を支払うものとする。
　　4　買主が本物件の所有権移転登記を受け、または本物件の引渡しを受けているときは、前項の支払いを受けるのと引換えに、その登記の抹消登記手続き、または本物件の返還をしなければならない。
（融資利用の場合）
第17条　買主は、この契約締結後すみやかに、標記の融資（F）のために必要な書類を揃え、その申込手続きをしなければならない。
　　2　標記の融資承認予定日（F）のうち最終の予定日までに、前項の融資の全部または一部について承認を得られないとき、買主は、標記の契約解除期日（F）まではこの契約を解除することができる。
　　3　前項によって、この契約が解除された場合、売主は、受領済みの金員を無利息で遅滞なく買主に返還しなければならない。
　　4　本条による解除の場合は、第14条（手付解除）および第16条（契約違反による解除）の規定は適用されないものとする。
（瑕疵担保責任）
第18条　買主は、本物件に隠れた瑕疵があり、この契約を締結した目的が達せられない場合は契約の解除を、その他の場合は損害賠償の請求を、売主に対してすることができる。ただし、契約の解除・損害賠償の請求は、本物件の引渡し後2年を経過したときはできないものとする。
（諸規定の承継）
第19条　売主は、買主に対し、環境の維持または管理の必要上定められた規約等に基づく売主の権利・義務を承継させ、買主はこれを承継する。
（協議事項）
第20条　この契約に定めがない事項、またはこの契約条項に解釈上疑義を生じた事項については、民法その他関係法規および不動産取引の慣行に従い、売主および買主が、誠意をもって協議し、定めるものとする。

（特約条項）
第21条　別記特約条項のとおりとする。

特約条項
1．売主は、現在本物件建物を賃貸中ですが、自らの責任と負担で同賃貸借契約を解除し、本物件所有権移転の時期までに、賃借人の立退きを完了するものとします。 2．買主は、買主のうち川崎太郎が所有する川崎市麻生区多摩川4丁目11番1所在の土地建物（以下「買替物件」という。）の売却代金をもって本物件を購入するものとします。そのため、買主は、平成＊＊年3月31日までに買替物件が金4,000万円以上で売却する契約が締結できなかったとき、またはその売買代金が平成＊＊年6月14日までに受領できなかったときには、本物件の所有権移転の時期までであればこの契約を解除できるものとします。 3．前項によってこの契約が解除された場合、売主は受領済みの金員を全額無利息で買主に返還するものとします。 4．第2項による解除の場合、第14条（手付解除）および第16条（契約違反による解除）の規定は適用されないものとします。 5．買主は、本契約に関する債権を共同して行使し、債務についてはその共有持分にかかわらず連帯して履行するものとします。 以下余白

下記売主と下記買主は標記の物件の売買契約を締結し、この契約を証するため契約書2通を作成、売主および買主が署(記)名押印のうえ各自その1通を保有する。

平成＊＊年3月1日

（売主）　住所　東京都杉並区杉並3丁目4番5号
　　　　　氏名　東京都知事（5）第＊＊＊号　　　宅地建物取引主任者
　　　　　　　　新報不動産株式会社　　　　　　　東京都知事第345678号
　　　　　　　　代表取締役　新報　晋三　㊞　　　　　遠藤　剛　㊞

（買主）　住所　神奈川県川崎市麻生区多摩川4丁目5番6号
　　　　　氏名　川崎　太郎　㊞　　　　　　　　　　　　　　　　印
　　　　　住所　東京都文京区本町1丁目2番3号
　　　　　氏名　川崎　一郎　㊞　　　　　　　　　　　　　　　　印

媒介業者　免許番号　　　東京都知事（3）第＊＊＊＊号
　　　　　事務所所在地　東京都世田谷区若葉台1丁目3番3号
　　　　　商号（名称）　甲不動産株式会社
　　　　　代表者氏名　　代表取締役　甲野　三郎　㊞
　　　　　宅地建物取引主任者　登録番号　東京都知事第123456号
　　　　　　　　　　　　氏名　乙野　次郎　㊞

売買編

⓮ 区分所有建物売買契約書（敷地権・売主業者用）

収入印紙

区分所有建物売買契約書（敷地権・売主業者用）

（A）売買の目的物の表示（登記記録の記載による）（第1条）

	一棟の建物の表示						
建物	名　　称	世田谷朝日町マンション					
	所　　在	世田谷区朝日町3丁目3番地3					
	構　　造	鉄筋コンクリート造陸屋根5階建			延床面積	4567.88㎡	
	専有部分の表示（A棟　　3階　　301号室）						
	家屋番号	朝日町3丁目3番地3の301		建物の名称	301	種類	居宅
	構　　造	鉄筋コンクリート造1階建			床面積	66.55㎡	
	附属建物	種類：倉庫　構造：鉄筋コンクリート造　1階建1階部分 床面積：2.00　㎡					

	敷地権の目的たる土地の表示				敷地権の表示	
土地	符号	所在および地番	地目	地積	敷地権の種類	敷地権の割合〈(準)共有持分〉
	1	世田谷区朝日町3丁目3番3	宅地	8987.66㎡	所有権	223／10000
	2			㎡		
	3			㎡		
	4			㎡		
	合計（　1筆）			8987.66㎡のうち223／10000		
敷地権の種類が借地権（地上権、賃借権）の場合	敷地の賃貸人	住所				
		氏名				
	現行・予定目的	堅固建物の所有	各戸の現行・予定地代			円
	現行・予定期間	平成　年　月　日から平成　年　月　日まで				

特記事項	上記以外に次の建物（共有持分）も売買対象となります。 所在：世田谷区朝日町3丁目3番地3 家屋番号：朝日町3丁目3番地3の1 種類：集会所 持分：223／10000

(B) 売買代金、手付金の額および支払日（第1条）（第3条）（第4条）

売買代金	(B1)	総額	金30,500,000円
		（うち消費税）	金500,000円
		（土地）	金20,000,000円
		（建物）	金10,000,000円
手付金	(B2)	本契約締結時に	金3,000,000円
中間金	(B3)	第1回平成—年—月—日までに	—————円
		第2回平成—年—月—日までに	—————円
残代金	(B4)	平成＊＊年6月30日までに	金27,500,000円

(C～G) その他約定事項

(C) 所有権等移転・引渡し・登記手続きの日 　　（第5条）（第6条）（第7条）	平成＊＊年6月30日
(D) 平成（＊＊）年度公租・公課分担の起算日 　　（第11条）	平成＊＊年1月1日
(E) 違約金の額　　　　　　　　　　　　（第15条）	金3,000,000円
(F) 融資利用の場合　　　　　　　　　　（第16条）	

融資機関名・取扱支店名	融資承認予定日	融資金額
ABC銀行府中支店	平成＊＊年5月15日	金20,000,000円
	平成——年—月—日	—————円
融資未承認の場合の契約解除期限		平成＊＊年5月22日
(G) 借地権譲渡承諾書等取得期限　　（第18条）		平成——年—月—日

契約条項

（売買の目的物および売買代金）
第1条　売主は、標記の物件（A）（以下「本物件」という。）を標記の代金(B1)をもって買主に売り渡し、買主はこれを買い受けた。

（売買対象面積）
第2条　売主と買主は、本物件の標記の面積（A）と実測面積との間に差異があっても、互いに異議を述べず、また、売買代金の増減を請求しないものとする。

（手付）
第3条　買主は、売主に手付として、この契約締結と同時に標記の金額(B2)を支払う。
　　2　手付金は、残代金支払いのときに、売買代金の一部に充当する。

（売買代金の支払時期およびその方法）
第4条　買主は、売主に売買代金を標記の期日（B3）、（B4）までに現金または預金小切手で支払う。

（所有権等移転の時期）
第5条　本物件の所有権（敷地権の種類が借地権のときは、建物の所有権と敷地に関する借地権）は、買主が売買代金の全額を支払い、売主がこれを受領したときに、売主から買主に移転する。

（引渡し）
第6条　売主は、買主に本物件を売買代金全額の受領と同時に引き渡す。
　　2　買主は、売主に引渡確認書を交付して、前項の引渡しの確認を行うものとする。

（所有権等移転登記の申請）
第7条　売主は、売買代金全額の受領と同時に、買主の名義にするために、本物件の所有権等移転登記の申請手続きをしなければならない。
　　2　所有権等移転登記の申請手続きに要する費用は、買主の負担とする。

（付帯設備の引渡し）
第8条　売主は、別紙付帯設備一覧表のうち「有」と記したものを、本物件引渡しと同時に買主に引き渡す。

（負担の消除）

第9条　売主は、本物件の所有権等移転の時期までに、抵当権等の担保権および賃借権等の用益権その他買主の完全な所有権等の行使を阻害する一切の負担を消除する。

（印紙代の負担）
第10条　この契約書に貼付する収入印紙は、売主・買主が平等に負担するものとする。

（公租・公課の分担）
第11条　本物件に対して賦課される公租・公課は、引渡し日の前日までの分を売主が、引渡し日以降の分を買主が、それぞれ負担する。
　2　公租・公課納付分担の起算日は、標記期日（D）とする。
　3　公租・公課の分担金の清算は、残代金支払時に行う。

（収益の帰属・負担金の分担）
第12条　本物件から生ずる収益の帰属および各種負担金の分担については、前条第1項および第3項を準用する。

（手付解除）
第13条　売主は、買主に受領済みの手付金の倍額を支払い、また買主は、売主に支払済みの手付金を放棄して、それぞれこの契約を解除することができる。
　2　前項による解除は、相手方がこの契約の履行に着手したとき以降は、できないものとする。

（引渡し前の滅失・毀損）
第14条　本物件の引渡し前に、天災地変その他売主または買主のいずれの責にも帰すことのできない事由によって本物件が滅失したときは、買主は、この契約を解除することができる。
　2　本物件の引渡し前に、前項の事由によって本物件が毀損したときは、売主は、本物件を修復して買主に引き渡すものとする。この場合、修復によって引渡しが標記の期日（C）を超えても、買主は、売主に対し、その引渡し延期について異議を述べることはできない。
　3　売主は、前項の修復が著しく困難なとき、または過大な費用を要するときは、この契約を解除することができるものとし、買主は、本物件の毀損により契約の目的が達せられないときは、この契約を解除す

ることができる。
　4　第1項または前項によって、この契約が解除された場合、売主は、受領済みの金員を無利息で遅滞なく買主に返還しなければならない。

（契約違反による解除）

第15条　売主または買主がこの契約に定める債務を履行しないとき、その相手方は、自己の債務の履行を提供し、かつ、相当の期間を定めて催告したうえ、この契約を解除することができる。
　2　前項の契約解除に伴う損害賠償は、標記の違約金（E）によるものとする。
　3　違約金の支払いは、次のとおり、遅滞なくこれを行う。
　　① 売主の債務不履行により買主が解除したときは、売主は、受領済みの金員に違約金を付加して買主に支払う。
　　② 買主の債務不履行により売主が解除したときは、売主は、受領済みの金員から違約金を控除した残額を無利息で買主に返還する。この場合において、違約金の額が支払済みの金員を上回るときは、買主は、売主にその差額を支払うものとする。
　4　買主が本物件の所有権等移転登記を受け、または本物件の引渡しを受けているときは、前項の支払いを受けるのと引換えに、その登記の抹消登記手続き、または本物件の返還をしなければならない。

（融資利用の場合）

第16条　買主は、この契約締結後すみやかに、標記の融資（F）のために必要な書類を揃え、その申込手続きをしなければならない。
　2　標記の融資承認予定日（F）のうち最終の予定日までに、前項の融資の全部または一部について承認を得られないとき、買主は、標記の契約解除期日（F）まではこの契約を解除することができる。
　3　前項によって、この契約が解除された場合、売主は、受領済みの金員を無利息で遅滞なく買主に返還しなければならない。
　4　本条による解除の場合は、第13条（手付解除）および第15条（契約違反による解除）の規定は適用されないものとする。

（瑕疵担保責任）

第17条　買主は、本物件に隠れた瑕疵があり、この契約を締結した目的が達

せられない場合は契約の解除を、その他の場合は損害賠償の請求を、売主に対してすることができる。ただし、契約の解除・損害賠償の請求は、本物件の引渡し後2年を経過したときはできないものとする。

（敷地賃貸人の承諾）
第18条　売主は、本物件の借地権を買主に譲渡するにつき、あらかじめ敷地賃貸人の承諾を得ていない場合は、標記の期日（G）までにその責任と負担において、敷地賃貸人の書面等による承諾を得なければならない。

　　2　前項の承諾が得られた場合、この契約は、締結の日に遡ってその効力を生ずるものとする。

　　3　第1項の承諾が得られなかった場合、売主は、受領済みの金員を無利息で遅滞なく買主に返還しなければならない。

（諸規定の承継）
第19条　売主は、買主に対し、環境の維持または管理の必要上定められた規約等に基づく売主の権利・義務を承継させ、買主はこれを承継する。

（協議事項）
第20条　この契約に定めがない事項、またはこの契約条項に解釈上疑義を生じた事項については、民法その他関係法規および不動産取引の慣行に従い、売主および買主が、誠意をもって協議し、定めるものとする。

（特約条項）
第21条　別記特約条項のとおりとする。

特約条項

1．本契約において第18条は適用されないものとします。
2．売主は、本物件の現在の所有者との間で、本物件を取得する契約を締結済みであり、所有権移転の時期までに自らの責任と負担において本物件を取得のうえ、買主に引き渡すものとします。
3．売主は、所有権移転の時期までに自らの責任と負担において管理費と修繕積立金の滞納分を、清算するものとします。
4．買主は、川崎市麻生区多摩川4丁目5番6号所在不動産を売却する契約（以下「買替契約」という。）を締結済みですが、この契約締結後、買主の責めに帰さない事由により買替契約が解除となった場合、本物件

の所有権移転の時期まででであれば、この契約を無条件で解除することができるものとします。
5．前条によりこの契約が解除されたとき、売主は、受領済みの金員全額を無利息にて買主に返還するものとします。
6．第4項による解除の場合は、第13条（手付解除）および第15条（契約違反による解除）の規定は適用されないものとします。
以下余白

下記売主と下記買主は標記の物件の売買契約を締結し、この契約を証するため契約書2通を作成、売主および買主が署（記）名押印のうえ各自その1通を保有する。

平成＊＊年3月1日

（売主）　住所　東京都杉並区杉並3丁目4番5号
　　　　　氏名　東京都知事（5）第＊＊＊号　　宅地建物取引主任者
　　　　　　　　新報不動産株式会社　　　　　　東京都知事第345678号
　　　　　　　　代表取締役　新報　晋三　㊞　　　遠藤　剛　㊞

（買主）　住所　神奈川県川崎市麻生区多摩川4丁目5番6号
　　　　　氏名　川崎　太郎　㊞　　　　　　　　　　　　　　㊞
　　　　　住所
　　　　　氏名　　　　　　　　　　　　　　　　　　　　　　㊞

媒介業者　免許番号　　　東京都知事（3）第＊＊＊＊号
　　　　　事務所所在地　東京都世田谷区若葉台1丁目3番3号
　　　　　商号（名称）　甲不動産株式会社
　　　　　代表者氏名　　代表取締役　甲野　三郎　㊞
　　　　　宅地建物取引主任者　登録番号　東京都知事第123456号
　　　　　　　　　　　　　　　氏名　乙野　次郎　㊞

売買編　区分所有建物（敷地権・売主業者用）

売買編

⑮ 区分所有建物売買契約書（非敷地権・売主業者用）

[収入印紙]

区分所有建物売買契約書（非敷地権・売主業者用）

（A）売買の目的物の表示（登記記録の記載による）（第1条）

<table>
<tr><td rowspan="7">建物</td><td colspan="6" style="text-align:center">一棟の建物の表示</td></tr>
<tr><td>名　　称</td><td colspan="5">世田谷富士見坂マンション</td></tr>
<tr><td>所　　在</td><td colspan="5">世田谷区緑町3丁目4番地5</td></tr>
<tr><td>構　　造</td><td colspan="2">鉄筋コンクリート造陸屋根7階建</td><td>延床面積</td><td colspan="2">4567.77㎡</td></tr>
<tr><td colspan="5">専有部分の表示（　　5階　　201号室）</td></tr>
<tr><td>家屋番号</td><td colspan="2">緑町3丁目4番地5の701</td><td>建物の名称</td><td>201</td><td>種類</td><td>居宅</td></tr>
<tr><td>構　　造</td><td colspan="2">鉄筋コンクリート造1階建</td><td>床面積</td><td colspan="2">48.42㎡</td></tr>
<tr><td>附属建物</td><td colspan="5"></td></tr>
</table>

<table>
<tr><td rowspan="12">土地</td><td></td><td>所在</td><td>地番</td><td>地目</td><td>地積</td><td>（準）共有持分</td></tr>
<tr><td>1.</td><td>世田谷区夕陽丘4丁目</td><td>4番4</td><td>宅地</td><td>1555.66㎡</td><td>4842／465422</td></tr>
<tr><td>2.</td><td></td><td></td><td></td><td>㎡</td><td></td></tr>
<tr><td>3.</td><td></td><td></td><td></td><td>㎡</td><td></td></tr>
<tr><td>4.</td><td></td><td></td><td></td><td>㎡</td><td></td></tr>
<tr><td colspan="2">合計（　1筆）</td><td colspan="2"></td><td colspan="2">1555.66㎡のうち4842／465422</td></tr>
<tr><td colspan="2">権利の種類</td><td colspan="4">所有権・|借地権|（地上権・|賃借権|）</td></tr>
<tr><td rowspan="5">権利の種類が借地権の場合</td><td rowspan="2">敷地の賃貸人</td><td>住所</td><td colspan="3">世田谷区緑町3丁目1番1号</td></tr>
<tr><td>氏名</td><td colspan="3">斎藤　庄吉</td></tr>
<tr><td colspan="2">登記の有無</td><td>有・|無|　種類</td><td colspan="2">|旧借地法による借地権|・普通借地権</td></tr>
<tr><td colspan="2">現行・予定目的</td><td>堅固建物の所有</td><td>各戸の現行・予定地代</td><td>月額8,200円</td></tr>
<tr><td colspan="2">現行・予定期間</td><td colspan="4">昭和＊＊年4月1日から平成＊＊年3月31日まで</td></tr>
</table>

売買編　区分所有建物（非敷地権・売主業者用）

特記事項	以下余白

(B) 売買代金、手付金の額および支払日 （第1条）（第3条）（第4条）

売買代金	(B1)	総額	金19,500,000円
		（うち消費税）	金500,000円
		（土地）	金9,000,000円
		（建物）	金10,000,000円
手付金	(B2)	本契約締結時に	金1,500,000円
中間金	(B3)	第1回平成―年―月―日までに	――――円
		第2回平成―年―月―日までに	――――円
残代金	(B4)	平成＊＊年6月30日までに	金18,000,000円

(C～G) その他約定事項

(C)	所有権等移転・引渡し・登記手続きの日　　　（第5条）（第6条）（第7条）	平成＊＊年6月30日
(D)	平成（＊＊）年度公租・公課分担の起算日　　　　　　　　　　（第11条）	平成＊＊年1月1日
(E)	違約金の額　　　　　　　　　　（第15条）	金2,500,000円
(F)	融資利用の場合　　　　　　　　（第16条）	

融資機関名・取扱支店名	融資承認予定日	融資金額
ABC銀行世田谷支店	平成＊＊年5月15日	金10,000,000円
―――――――	平成――年―月―日	――――円
融資未承認の場合の契約解除期限		平成＊＊年5月22日
(G) 借地権譲渡承諾書等取得期限　（第18条）		平成＊＊年4月30日

契約条項

（売買の目的物および売買代金）

第1条　売主は、標記の物件（A）（以下「本物件」という。）を標記の代金（B1）をもって買主に売り渡し、買主はこれを買い受けた。

（売買対象面積）

第2条　売主と買主は、本物件の標記の面積（A）と実測面積との間に差異があっても、互いに異議を述べず、また、売買代金の増減を請求しないものとする。

（手付）

第3条　買主は、売主に手付として、この契約締結と同時に標記の金額(B2)を支払う。

　　2　手付金は、残代金支払いのときに、売買代金の一部に充当する。

（売買代金の支払時期およびその方法）

第4条　買主は、売主に売買代金を標記の期日（B3）、（B4）までに現金または預金小切手で支払う。

（所有権等移転の時期）

第5条　本物件の所有権（土地の権利の種類が借地権のときは、建物の所有権と敷地に関する借地権）は、買主が売買代金の全額を支払い、売主がこれを受領したときに、売主から買主に移転する。

（引渡し）

第6条　売主は、買主に本物件を売買代金全額の受領と同時に引き渡す。

　　2　買主は、売主に引渡確認書を交付して、前項の引渡しの確認を行うものとする。

（所有権等移転登記の申請）

第7条　売主は、売買代金全額の受領と同時に、買主の名義にするために、本物件の所有権等移転登記の申請手続きをしなければならない。なお、借地権の登記が未登記のとき、売主は借地権の登記を行わない。

　　2　所有権等移転登記の申請手続きに要する費用は、買主の負担とする。

（付帯設備の引渡し）

第8条　売主は、別紙付帯設備一覧表のうち「有」と記したものを、本物件引渡しと同時に買主に引き渡す。

（負担の消除）
第9条　売主は、本物件の所有権等移転の時期までに、抵当権等の担保権および賃借権等の用益権その他買主の完全な所有権等の行使を阻害する一切の負担を消除する。

（印紙代の負担）
第10条　この契約書に貼付する収入印紙は、売主・買主が平等に負担するものとする。

（公租・公課の分担）
第11条　本物件に対して賦課される公租・公課は、引渡し日の前日までの分を売主が、引渡し日以降の分を買主が、それぞれ負担する。
　2　公租・公課納付分担の起算日は、標記期日（D）とする。
　3　公租・公課の分担金の清算は、残代金支払時に行う。

（収益の帰属・負担金の分担）
第12条　本物件から生ずる収益の帰属および各種負担金の分担については、前条第1項および第3項を準用する。

（手付解除）
第13条　売主は、買主に受領済みの手付金の倍額を支払い、また買主は、売主に支払済みの手付金を放棄して、それぞれこの契約を解除することができる。
　2　前項による解除は、相手方がこの契約の履行に着手したとき以降は、できないものとする。

（引渡し前の滅失・毀損）
第14条　本物件の引渡し前に、天災地変その他売主または買主のいずれの責にも帰すことのできない事由によって本物件が滅失したときは、買主は、この契約を解除することができる。
　2　本物件の引渡し前に、前項の事由によって本物件が毀損したときは、売主は、本物件を修復して買主に引き渡すものとする。この場合、修復によって引渡しが標記の期日（C）を超えても、買主は、売主に対し、その引渡し延期について異議を述べることはできない。
　3　売主は、前項の修復が著しく困難なとき、または過大な費用を要するときは、この契約を解除することができるものとし、買主は、本物

件の毀損により契約の目的が達せられないときは、この契約を解除することができる。

　4　第1項または前項によって、この契約が解除された場合、売主は、受領済みの金員を無利息で遅滞なく買主に返還しなければならない。

（契約違反による解除）

第15条　売主または買主がこの契約に定める債務を履行しないとき、その相手方は、自己の債務の履行を提供し、かつ、相当の期間を定めて催告したうえ、この契約を解除することができる。

　2　前項の契約解除に伴う損害賠償は、標記の違約金（E）によるものとする。

　3　違約金の支払いは、次のとおり、遅滞なくこれを行う。

　　①　売主の債務不履行により買主が解除したときは、売主は、受領済みの金員に違約金を付加して買主に支払う。

　　②　買主の債務不履行により売主が解除したときは、売主は、受領済みの金員から違約金を控除した残額を無利息で買主に返還する。この場合において、違約金の額が支払済みの金員を上回るときは、買主は、売主にその差額を支払うものとする。

　4　買主が本物件の所有権等移転登記を受け、または本物件の引渡しを受けているときは、前項の支払いを受けるのと引換えに、その登記の抹消登記手続き、または本物件の返還をしなければならない。

（融資利用の場合）

第16条　買主は、この契約締結後すみやかに、標記の融資（F）のために必要な書類を揃え、その申込手続きをしなければならない。

　2　標記の融資承認予定日（F）のうち最終の予定日までに、前項の融資の全部または一部について承認を得られないとき、買主は、標記の契約解除期日（F）まではこの契約を解除することができる。

　3　前項によって、この契約が解除された場合、売主は、受領済みの金員を無利息で遅滞なく買主に返還しなければならない。

　4　本条による解除の場合は、第13条（手付解除）および第15条（契約違反による解除）の規定は適用されないものとする。

（瑕疵担保責任）
第17条　買主は、本物件に隠れた瑕疵があり、この契約を締結した目的が達せられない場合は契約の解除を、その他の場合は損害賠償の請求を、売主に対してすることができる。ただし、契約の解除・損害賠償の請求は、本物件の引渡し後2年を経過したときはできないものとする。

（敷地賃貸人の承諾）
第18条　売主は、本物件の借地権を買主に譲渡するにつき、あらかじめ敷地賃貸人の承諾を得ていない場合は、標記の期日（G）までにその責任と負担において、敷地賃貸人の書面等による承諾を得なければならない。

　2　前項の承諾が得られた場合、この契約は、締結の日に遡ってその効力を生ずるものとする。

　3　第1項の承諾が得られなかった場合、売主は、受領済みの金員を無利息で遅滞なく買主に返還しなければならない。

（諸規定の承継）
第19条　売主は、買主に対し、環境の維持または管理の必要上定められた規約等に基づく売主の権利・義務を承継させ、買主はこれを承継する。

（協議事項）
第20条　この契約に定めがない事項、またはこの契約条項に解釈上疑義を生じた事項については、民法その他関係法規および不動産取引の慣行に従い、売主および買主が、誠意をもって協議し、定めるものとする。

（特約条項）
第21条　別記特約条項のとおりとする。

特約条項

1. 売主は、現在本物件が別紙賃貸借契約書のとおり佐藤博氏に賃貸中であり、その賃貸借契約の貸主の地位を本物件所有権移転と同時に、買主に承継するものとします。
2. 買主は、前項にもとづく貸主の地位の承継に伴い、賃借人に対する敷金210,000円の返還債務を承継するものとし、売主は残代金支払時に敷金相当額金210,000円を買主に支払うものとします。
3. 売主および買主は、残代金支払日以降すみやかに、賃貸人が買主に変更したことを賃借人に書面で通知するものとします。
4. 本物件は賃貸中のため、室内の確認および設備の有無やその状況が確認できないことを、買主は了承しました。
5. 第8条（付帯設備の引渡し）の定めにかかわらず、別紙付帯設備一覧表の売主から買主への交付は行わないこととします。
6. 買主は、本物件マンションで大規模修繕計画の予定があることを確認し、同計画に伴い修繕積立金の値上げおよび一時金の負担の予定があることを容認し、本件につき売主に対し一切の異議苦情を申し述べないものとします。
7. 買主は、本物件マンションが現行の建築基準法および都市計画法に定める容積率制限に抵触していることを了承のうえ本物件を買い受けるものであり、将来、同規模の建物が建築できないことを容認し、本件につき売主に対し一切の異議苦情を申し述べないものとします。

以下余白

下記売主と下記買主は標記の物件の売買契約を締結し、この契約を証するため契約書2通を作成、売主および買主が署(記)名押印のうえ各自その1通を保有する。

平成＊＊年3月1日

（売主）	住所	東京都杉並区杉並3丁目4番5号
	氏名	東京都知事（5）第＊＊＊号　　宅地建物取引主任者
		新報不動産株式会社　　　　　　東京都知事第345678号
		代表取締役　新報　晋三　㊞　　　遠藤　剛　㊞
（買主）	住所	神奈川県川崎市麻生区多摩川4丁目5番6号
	氏名	川崎　太郎　㊞　　　　　　　　　　　　　　　印
	住所	
	氏名	印
媒介業者	免許番号	東京都知事（3）第＊＊＊＊号
	事務所所在地	東京都世田谷区若葉台1丁目3番3号
	商号（名称）	甲不動産株式会社
	代表者氏名	代表取締役　甲野　三郎　㊞
	宅地建物取引主任者　登録番号　東京都知事第123456号	
		氏名　乙野　次郎　㊞

売買編

区分所有建物（非敷地権・売主業者用）

売買編

⑯ 借地権付建物売買契約書（建物公簿・売主業者用）

収入印紙

借地権付建物売買契約書（建物公簿・売主業者用）

（A）売買の目的物の表示（第1条）

建物	登記記録の記載による			
	所　在	東京都多摩市桜台1丁目1番地1	家屋番号	1番1の2
	種　類	居宅	構造	木造　スレート葺　2階建
	床面積	1階　52.00m² 　2階　52.00m²		合計　104.00　m²

借地権	借地権の存する土地	登記記録の記載による			
			所在	地番	地目	地積
		①	東京都多摩市桜台1丁目	1番1	宅地	500.00m²
		②				
		③				
	借地面積	120.00　m²				
	借地権の種類	地上権・|借地権| 　　登記の有無　　有・|無|				
	土地の賃貸人（所有者）	住所　東京都多摩市桜台2丁目3番地1				
		氏名　山田　一				
	現行・予定目的	|非堅固|・堅固　建物所有　現行・予定地代　月額18,000円				
	現行・予定期間	平成＊＊年10月1日から平成＊＊年9月30日まで				

特記事項	1．借地部分は、別添測量図色塗り部分です。 2．上記借地権は、旧借地法に基づき設定されたものです。 以下余白

(B) 売買代金、手付金の額および支払日 (第1条)(第3条)(第5条)

売買代金	(B1)	総額	金28,400,000円
		（うち消費税）	金400,000円
		（借地権）	金20,000,000円
		（建物）	金8,000,000円
手付金	(B2)	本契約締結時に	金1,420,000円
中間金	(B3)	第1回平成―年―月―日までに	―円
		第2回平成―年―月―日までに	―円
残代金	(B4)	平成＊＊年6月30日までに	金26,980,000円

(C〜G) その他約定事項

(C) 借地権譲渡承諾書等取得期限　　（第6条）	平成＊＊年5月31日
(D) 所有権等移転・引渡し・登記手続きの日 　　　　　　　　　（第7条）（第8条）（第9条）	平成＊＊年6月30日
(E) 平成（＊＊）年度建物公租・公課分担の起算日 　　　　　　　　　　　　　　　　　　（第13条）	平成＊＊年1月1日
(F) 違約金の額　　　　　　　　　　　　（第17条）	金3,000,000円
(G) 融資利用の場合　　　　　　　　　　（第18条）	

融資機関名・取扱支店名	融資承認予定日	融資金額
ABC銀行多摩支店	平成＊＊年5月15日	金20,000,000円
――――――――――	平成――年―月―日	金―――円
融資未承認の場合の契約解除期限		平成＊＊年5月22日

売買編

借地権付建物（建物公簿・売主業者用）

契約条項

（売買の目的物および売買代金）
第1条　売主は、標記の物件（A）（以下「本物件」という。）を標記の代金（B1）をもって買主に売り渡し、買主はこれを買い受けた。

（売買対象面積）
第2条　本物件の売買対象面積は、建物については標記床面積、借地については標記借地面積とし、それぞれ実測面積との間に差異があっても、互いに異議を述べず、また、売買代金の増減を請求しないものとする。

（手付）
第3条　買主は、売主に手付として、この契約締結と同時に標記の金額(B2)を支払う。
　　2　手付金は、残代金支払いのときに、売買代金の一部に充当する。

（借地権の範囲の明示）
第4条　売主は、買主に本物件引渡しのときまでに、現地において借地権の範囲を明示する。

（売買代金の支払時期およびその方法）
第5条　買主は、売主に売買代金を標記の期日（B3）、（B4）までに現金または預金小切手で支払う。

（土地賃貸人の承諾）
第6条　売主は、本物件の借地権を買主に譲渡するにつき、あらかじめ土地賃貸人の承諾を得ていない場合は、標記の期日（C）までにその責任と負担において、土地賃貸人の書面等による承諾を得なければならない。
　　2　前項の承諾が得られた場合、この契約は、締結の日に遡ってその効力を生ずるものとする。
　　3　第1項の承諾が得られなかった場合、売主は、受領済みの金員を無利息で遅滞なく買主に返還しなければならない。

（所有権等移転の時期）
第7条　本物件の建物所有権および借地権は、買主が売買代金の全額を支払い、売主がこれを受領したときに、売主から買主に移転する。

（引渡し）

第8条　売主は、買主に本物件を売買代金全額の受領と同時に引き渡す。
　　2　買主は、売主に引渡確認書を交付して、前項の引渡しの確認を行うものとする。

（所有権等移転登記の申請）
第9条　売主は、売買代金全額の受領と同時に、買主の名義にするために、本物件の建物の所有権移転登記の申請手続きをしなければならない。借地権について登記がある場合は、併せて、その移転の登記申請手続きを行うものとする。
　　2　権利移転の登記申請手続きに要する費用は、買主の負担とする。

（付帯設備の引渡し）
第10条　売主は、別紙付帯設備一覧表のうち「有」と記したものを、本物件引渡しと同時に買主に引き渡す。

（負担の消除）
第11条　売主は、本物件の建物所有権および借地権の移転の時期までに、抵当権等の担保権および賃借権等の用益権その他買主の完全な所得権等の行使を阻害する一切の負担を消除する。

（印紙代の負担）
第12条　この契約書に貼付する収入印紙は、売主・買主が平等に負担するものとする。

（公租・公課の分担）
第13条　本物件の建物に対して賦課される公租・公課は、引渡日の前日までの分を売主が、引渡日以降の分を買主が、それぞれ負担する。
　　2　公租・公課納付分担の起算日は、標記期日（E）とする。
　　3　公租・公課の分担金の清算は、残代金支払時に行う。

（収益の帰属・負担金の分担）
第14条　本物件から生ずる収益の帰属および各種負担金の分担については、前条第1項および第3項を準用する。

（手付解除）
第15条　売主は、買主に受領済みの手付金の倍額を支払い、また買主は、売主に支払済みの手付金を放棄して、それぞれこの契約を解除することができる。

売買編　借地権付建物（建物公簿・売主業者用）

2　前項による解除は、相手方がこの契約の履行に着手したとき以降は、できないものとする。

（引渡し前の滅失・毀損）
第16条　本物件の引渡し前に、天災地変その他売主または買主のいずれの責にも帰すことのできない事由によって本物件が滅失したときは、買主は、この契約を解除することができる。

　　2　本物件の引渡し前に、前項の事由によって本物件が毀損したときは、売主は、本物件を修復して買主に引き渡すものとする。この場合、修復によって引渡しが標記の期日（D）を超えても、買主は、売主に対し、その引渡し延期について異議を述べることはできない。

　　3　売主は、前項の修復が著しく困難なとき、または過大な費用を要するときは、この契約を解除することができるものとし、買主は、本物件の毀損により契約の目的が達せられないときは、この契約を解除することができる。

　　4　第1項または前項によって、この契約が解除された場合、売主は、受領済の金員を無利息で遅滞なく買主に返還しなければならない。

（契約違反による解除）
第17条　売主または買主がこの契約に定める債務を履行しないとき、その相手方は、自己の債務の履行を提供し、かつ、相当の期間を定めて催告したうえ、この契約を解除することができる。

　　2　前項の契約解除に伴う損害賠償は、標記の違約金（F）によるものとする。

　　3　違約金の支払いは、次のとおり、遅滞なくこれを行う。
　　　①　売主の債務不履行により買主が解除したときは、売主は、受領済みの金員に違約金を付加して買主に支払う。
　　　②　買主の債務不履行により売主が解除したときは、売主は、受領済みの金員から違約金を控除した残額を無利息で買主に返還する。この場合において、違約金の額が支払済みの金員を上回るときは、買主は、売主にその差額を支払うものとする。

　　4　買主が本物件権利の移転登記を受け、または本物件の引渡しを受けているときは、前項の支払いを受けるのと引換えに、その登記の抹消

　　　　登記手続き、または本物件の返還をしなければならない。
（融資利用の場合）
第18条　買主は、この契約締結後すみやかに、標記の融資（G）のために必要な書類を揃え、その申込手続きをしなければならない。
　　2　標記の融資承認予定日（G）のうち最終の予定日までに、前項の融資の全部または一部について承認を得られないとき、買主は、標記の契約解除期日（G）まではこの契約を解除することができる。
　　3　前項によって、この契約が解除された場合、売主は、受領済みの金員を無利息で遅滞なく買主に返還しなければならない。
　　4　本条による解除の場合は、第15条（手付解除）および第17条（契約違反による解除）の規定は適用されないものとする。
（瑕疵担保責任）
第19条　買主は、本物件に隠れた瑕疵があり、この契約を締結した目的が達せられない場合は契約の解除を、その他の場合は損害賠償の請求を、売主に対してすることができる。ただし、契約の解除・損害賠償の請求は、本物件の引渡し後2年を経過したときはできないものとする。
（諸規定の承継）
第20条　売主は、買主に対し、環境の維持または管理の必要上定められた規約等に基づく売主の権利・義務を承継させ、買主はこれを承継する。
（協議事項）
第21条　この契約に定めがない事項、またはこの契約条項に解釈上疑義を生じた事項については、民法その他関係法規および不動産取引の慣行に従い、売主および買主が、誠意をもって協議し、定めるものとする。
（特約条項）
第22条　別記特約条項のとおりとする。

特約条項

1．売主および買主は、この契約が買主および山田一氏の間で平成＊＊年3月1日付締結された土地売買契約（以下「底地契約」という。）と連動して締結されたものであることを確認し、底地契約が買主の責に帰すことのできない事由に基づき解除された場合、この契約は失効するものとします。
2．前項に基づきこの契約が失効したとき、売主は、受領済みの金員全額を無利息で遅滞なく買主に返還しなければならない。
3．第1項によってこの契約が失効した場合は、第15条（手付解除）および第17条（契約違反による解除）は適用されないものとします。
4．売主は、本物件所有権移転の時期までに、自らの責任と負担において住所変更の登記を完了するものとします。
5．第11条（負担の消除）の定めにかかわらず、本物件東側隣接地の建物の庇部分（幅約10cm、長さ50cm）が本物件内に越境していることを、買主は容認するものとします。
6．前項の建物を、東側隣地所有者が増築・改築・再建築する場合には当該部分を撤去する旨の覚書が売主と東側隣接地所有者との間で締結されており、買主はその内容を承継するものとします。

以下余白

下記売主と下記買主は標記の物件の売買契約を締結し、この契約を証するため契約書2通を作成、売主および買主が署(記)名押印のうえ各自その1通を保有する。

平成＊＊年3月1日

（売主）	住所	東京都杉並区杉並3丁目4番5号	
	氏名	東京都知事（5）第＊＊＊号　　　宅地建物取引主任者	
		新報不動産株式会社　　　　　　　東京都知事第345678号	
		代表取締役　新報　晋三　㊞　　　　遠藤　剛　㊞	
（買主）	住所	神奈川県川崎市麻生区多摩川4丁目5番6号	
	氏名	川崎　太郎　㊞	印
	住所		
	氏名		印
媒介業者	免許番号	東京都知事（3）第＊＊＊＊号	
	事務所所在地	東京都世田谷区若葉台1丁目3番3号	
	商号（名称）	甲不動産株式会社	
	代表者氏名	代表取締役　甲野　三郎　㊞	
	宅地建物取引主任者　登録番号　東京都知事第123456号		
	氏名　乙野　次郎　㊞		

売買編　借地権付建物（建物公簿・売主業者用）

売買編

⑰ 土地・建物売買契約書（土地公簿・新築建物・売主業者用）

収入印紙

土地・建物売買契約書（土地公簿・新築建物・売主業者用）

（A）売買の目的物の表示（第1条）

		所　在	地　番	地　目	地　積
土地	①	東京都多摩市桜台1丁目	1番1	宅地	120.00 m²
	②	東京都多摩市桜台1丁目	1番2	公衆用道路	20 m²
	③				m²
	合計		120.00m²＋20m²のうち持分4分の1		

建物	所　在	東京都多摩市桜台1丁目1－1	家屋番号	未定
	種　類	居宅	構造	木造　スレート葺　2階建
	床面積	1階　52.00m²　2階　52.00m²		
			合計　104.00 m²	

特記事項	1．上記②の土地は私道部分です。 2．本物件建物は新築のため未登記です。そのため、上記建物の記載は、別添確認済証（平成＊＊年1月15日第123号）に基づく記載です。 以下余白

（B）売買代金、手付金の額および支払日（第1条）（第3条）（第5条）

売買代金	（B1）	総額	金60,900,000円
		（うち消費税）	金900,000円
		（土地）	金42,000,000円
		（建物）	金18,000,000円
手付金	（B2）	本契約締結時に	金3,000,000円
中間金	（B3）	第1回平成―年―月―日までに	―円
		第2回平成―年―月―日までに	―円
残代金	（B4）	平成＊＊年6月30日までに	金57,900,000円

(C〜G) その他約定事項

(C) 所有権移転・引渡し・登記手続きの日 　　　　（第6条）（第7条）（第8条）	平成＊＊年6月30日
(D) 平成（＊＊）年度公租・公課分担の起算日 　　　　　　　　　　　　　　　（第11条）	平成＊＊年1月1日
(E) 違約金の額　　　　　　　　　　　（第15条）	金4,800,000円
(F) 融資利用の場合　　　　　　　　　（第16条）	

融資機関名・取扱支店名	融資承認予定日	融資金額
ABC銀行多摩支店	平成＊＊年5月15日	金40,000,000円
————————	平成——年—月—日	————円
融資未承認の場合の契約解除期限		平成＊＊年5月22日

(G)「住宅の品質確保の促進等に関する法律」に基づく瑕疵の責任期間起算の時　（第17条）	1．第7条第1項の引渡日 2．————————

契約条項

（売買の目的物および売買代金）

第1条　売主は、標記の物件（A）（以下「本物件」という。）を標記の代金（B1）をもって買主に売り渡し、買主はこれを買い受けた。

（売買対象面積）

第2条　売主と買主は、本物件を標記の面積（A）で売買するものとする。

　　2　本物件のうち土地について、標記の面積（A）と実測面積との間に差異があっても、互いに異議を述べず、また、売買代金の増減を請求しないものとする。

　　3　本物件のうち建物について、標記の面積（A）と建物表示登記に基づく登記記録記載面積との間に差異があっても、互いに異議を述べず、また、売買代金の増減を請求しないものとする。

（手付）

第3条　買主は、売主に手付として、この契約締結と同時に標記の金額(B2)

を支払う。
　　2　手付金は、残代金支払いのときに、売買代金の一部に充当する。
（境界の明示）
第4条　売主は、買主に本物件引渡しのときまでに、現地において隣地との境界を明示する。
（売買代金の支払時期およびその方法）
第5条　買主は、売主に売買代金を標記の期日（B3）、（B4）までに現金または預金小切手で支払う。
（所有権移転の時期）
第6条　本物件の所有権は、買主が売買代金の全額を支払い、売主がこれを受領したときに、売主から買主に移転する。
（引渡し）
第7条　売主は、買主に本物件を売買代金全額の受領と同時に引き渡す。
　　2　買主は、売主に引渡確認書を交付して、前項の引渡しの確認を行うものとする。
（所有権移転等登記の申請）
第8条　売主は、売買代金全額の受領と同時に、買主の名義にするために、本物件土地の所有権移転登記および建物の保存登記の申請手続きをしなければならない。
　　2　売主は、前項に定める本物件の建物の保存登記を、売買代金全額受領と同時に行うため、同表示登記を先行して行うものとし、買主は、同表示登記の申請手続きに協力する。なお、建物の表示登記を買主名義で先行して行ったとしても、建物の所有権の移転および引渡しは、売主が売買代金全額の受領と同時に、買主に移転し引き渡されることを、売主および買主は確認した。
　　3　前項のとおり、表示登記を先行して行うことに伴い、売主の権利保全のため、買主は売主の求めに応じ、売主または売主の指定する司法書士等に、必要な書類等を預託するものとする。
　　4　土地の所有権移転登記、建物表示登記および保存登記の申請手続きに要する費用は、買主の負担とする。
（負担の消除）

第9条　売主は、本物件の所有権移転の時期までに、抵当権等の担保権および賃借権等の用益権その他買主の完全な所有権の行使を阻害する一切の負担を消除する。

（印紙代の負担）
第10条　この契約書に貼付する収入印紙は、売主・買主が平等に負担するものとする。

（公租・公課の分担）
第11条　本物件に対して賦課される公租・公課は、引渡日の前日までの分を売主が、引渡日以降の分を買主が、それぞれ負担する。
　　2　公租・公課納付分担の起算日は、標記期日（D）とする。
　　3　公租・公課の分担金の清算は、残代金支払時に行う。

（収益の帰属・負担金の分担）
第12条　本物件から生ずる収益の帰属および各種負担金の分担については、前条第1項および第3項を準用する。

（手付解除）
第13条　売主は、買主に受領済みの手付金の倍額を支払い、また買主は、売主に支払済みの手付金を放棄して、それぞれこの契約を解除することができる。
　　2　前項による解除は、相手方がこの契約の履行に着手したとき以降は、できないものとする。

（引渡し前の滅失・毀損）
第14条　本物件の引渡し前に、天災地変その他売主または買主のいずれの責にも帰すことのできない事由によって本物件が滅失したときは、買主は、この契約を解除することができる。
　　2　本物件の引渡し前に、前項の事由によって本物件が毀損したときは、売主は、本物件を修復して買主に引き渡すものとする。この場合、修復によって引渡しが標記の期日（C）を超えても、買主は、売主に対し、その引渡し延期について異議を述べることはできない。
　　3　売主は、前項の修復が著しく困難なとき、または過大な費用を要するときは、この契約を解除することができるものとし、買主は、本物件の毀損により契約の目的が達せられないときは、この契約を解除す

ることができる。
　　4　第1項または前項によって、この契約が解除された場合、売主は、受領済みの金員を無利息で遅滞なく買主に返還しなければならない。

（契約違反による解除）
第15条　売主または買主がこの契約に定める債務を履行しないとき、その相手方は、自己の債務の履行を提供し、かつ、相当の期間を定めて催告したうえ、この契約を解除することができる。
　　2　前項の契約解除に伴う損害賠償は、標記の違約金（E）によるものとする。
　　3　違約金の支払いは、次のとおり、遅滞なくこれを行う。
　　　①　売主の債務不履行により買主が解除したときは、売主は、受領済みの金員に違約金を付加して買主に支払う。
　　　②　買主の債務不履行により売主が解除したときは、売主は、受領済みの金員から違約金を控除した残額を無利息で買主に返還する。この場合において、違約金の額が支払済みの金員を上回るときは、買主は、売主にその差額を支払うものとする。
　　4　買主が本物件土地の所有権移転登記や、建物の表示登記や保存登記を受け、または本物件の引渡しを受けているときは、前項の支払いを受けるのと引換えに、その登記の抹消等登記手続き、または本物件の返還をしなければならない。

（融資利用の場合）
第16条　買主は、この契約締結後すみやかに、標記の融資（F）のために必要な書類を揃え、その申込手続きをしなければならない。
　　2　標記の融資承認予定日（F）のうち最終の予定日までに、前項の融資の全部または一部について承認を得られないとき、買主は、標記の契約解除期日（F）まではこの契約を解除することができる。
　　3　前項によって、この契約が解除された場合、売主は、受領済みの金員を無利息で遅滞なく買主に返還しなければならない。
　　4　本条による解除の場合、第13条（手付解除）および第15条（契約違反による解除）の規定は適用されないものとする。

（瑕疵担保責任）

第17条　買主は、本物件に隠れた瑕疵があり、この契約を締結した目的が達せられない場合は契約の解除を、その他の場合は損害賠償の請求を、売主に対してすることができる。

　2　前項による、契約の解除または請求は、本物件の引渡し後2年を経過したときはできないものとする。

　3　この契約が新築住宅の売買契約であるため、「住宅の品質確保の促進等に関する法律」に基づき、売主は、買主に対し、「住宅のうち構造耐力上主要な部分または雨水の侵入を防止する部分」の瑕疵については、本条第1項および第2項の定めにかかわらず、標記の期日（G）から10年間、責任を負うものとする。

（アフターサービス）

第18条　売主は、買主に対し、別紙内容のアフターサービスを行うものとする。

（諸規定の承継）

第19条　売主は、買主に対し、環境の維持または管理の必要上定められた規約等に基づく売主の権利・義務を承継させ、買主はこれを承継する。

（協議事項）

第20条　この契約に定めがない事項、またはこの契約条項に解釈上疑義を生じた事項については、民法その他関係法規および不動産取引の慣行に従い、売主および買主が、誠意をもって協議し、定めるものとする。

（特約条項）

第21条　別記特約条項のとおりとする。

特約条項

1. 売主は、本物件引渡しの時期までに、その責任と負担において隣地所有者等の立会いを得て、測量士等資格ある者の測量によって作成された土地の測量図を、買主に交付するものとします。
2. 前項の測量の結果、測量図の面積と登記記録記載の面積との間に相違が生じても、売主は、地積更正登記の責を負わないものとします。
3. 売主は、本物件引渡しの時期までに、その責任と負担において、本物件北東側に石または金属製の境界標を設置するものとします。
4. 売主は、その責任と負担において本物件建物の検査済証の交付を受けたうえで、買主に本物件を引き渡すものとします。
5. 本物件の買主名義への登記の申請手続きについては、売主指定の司法書士および土地家屋調査士に依頼することを、買主は同意するものとします。
6. 本物件の引渡し前に、天候の不順等の事由によって、本物件建物の竣工と外構工事の完成が遅れたことにより、本物件の引渡しが標記の期日(C)を超える場合は、売主は買主に対し、その旨をあらかじめ通知するものとします。
7. 前項により本物件の引渡しが遅延したとしても、買主は売主に対し、異議を述べないものとします。
8. 売主は、買主に対し、本物件建物の設計住宅性能評価書および建設住宅性能評価書を交付するものとします。

以下余白

下記売主と下記買主は標記の物件の売買契約を締結し、この契約を証するため契約書2通を作成、売主および買主が署(記)名押印のうえ各自その1通を保有する。

平成＊＊年3月1日

（売主）　住所　東京都杉並区杉並3丁目4番5号
　　　　　氏名　東京都知事（5）第＊＊＊号　　　宅地建物取引主任者
　　　　　　　　新報不動産株式会社　　　　　　　東京都知事第345678号
　　　　　　　　代表取締役　新報 晋三　㊞　　　　　遠藤　剛　㊞

（買主）　住所　神奈川県川崎市麻生区多摩川4丁目5番6号
　　　　　氏名　川崎 太郎　㊞　　　　　　　　　　　　　　　　　　印
　　　　　住所
　　　　　氏名　　　　　　　　　　　　　　　　　　　　　　　　　　印

媒介業者　免許番号　　　東京都知事（3）第＊＊＊＊号
　　　　　事務所所在地　東京都世田谷区若葉台1丁目3番3号
　　　　　商号（名称）　甲不動産株式会社
　　　　　代表者氏名　　代表取締役　甲野 三郎　㊞
　　　　　宅地建物取引主任者　登録番号　東京都知事第123456号
　　　　　　　　　　　　　　　氏名　乙野 次郎　㊞

○ 契約条項の解説

> （所有権移転等登記の申請）
> 第8条　売主は、売買代金全額の受領と同時に、買主の名義にするために、本物件土地の所有権移転登記および建物の保存登記の申請手続きをしなければならない。
> 　2　売主は、前項に定める本物件の建物の保存登記を、売買代金全額受領と同時に行うため、同表示登記を先行して行うものとし、買主は、同表示登記の申請手続きに協力する。なお、建物の表示登記を買主名義で先行して行ったとしても、建物の所有権の移転および引渡しは、売主が売買代金全額の受領と同時に、買主に移転し引き渡されることを、売主および買主は確認した。
> 　3　前項のとおり、表示登記を先行して行うことに伴い、売主の権利保全のため、買主は売主の求めに応じ、売主または売主の指定する司法書士等に、必要な書類等を預託するものとする。
> 　4　土地の所有権移転登記、建物表示登記および保存登記の申請手続きに要する費用は、買主の負担とする。

①　新築建物の表示登記と保存登記

　新築建物は、買主名義への登記にあたり、表示登記を完了させた後に、保存登記をすることになります。登記手続きのうえで、建物の表示登記と建物の保存登記を一緒には申請できないため、残代金の支払いと同時に買主名義で建物の保存登記をするとなると、残代金支払日に先行して、表示登記を申請することが必要になります。そのため、残代金支払日からおよそ10日ほど前までに表示登記を申請することが必要のようです。

②　住宅ローンに係る抵当権等の担保設定の登記

　さて、売主不動産業者からすると、残代金全額受領前に買主の表示登記を先行させることはリスクを伴うことですが、実務上多くの取引で実践されています。なぜなら、新築戸建の買主が、不動産購入代金の一部に住宅ローンを利用する場合、残代金支払時に銀行から住宅ローンを実行してもらうには、土地および建物に抵当権等の担保設定の登記を申請することが条件とされています。そのため、残代金支払日までに、建物の表示登記を完了させて、建物の保存登記と同時に抵当権等の担保設定登記が申請できることが必要になります。

売主不動産業者は、買主が住宅ローン利用の場合は、銀行の抵当権等の担保設定の登記が必要な事情を理解し、かつ早期に売買代金の支払いを買主から受けるために、買主と協力して、建物の表示登記を先行して行っているようです。

　なお、売主不動産業者は、買主が建物表示登記申請後に突如残代金の支払いができなくなったケースに備えて、売主指定の司法書士と連携して、買主名義の建物表示を消滅させるための登記手続きをすぐさま行えるように、買主から必要書類や必要な登記費用を、司法書士宛に預託させることが必要でしょう。

　万一、買主が建物表示登記申請後に突如残代金の支払いができなくなった場合、表示登記の抹消は登記上できないため、いったん買主名義で保存登記をした後に、建物の抹消登記をすることになります。

③　**買主が住宅ローンを利用しない場合の特約例**

　買主が、住宅ローンを利用しない場合等で、残代金支払いと同時に建物の保存登記を必要としない場合は、残代金支払時に土地の移転登記と建物の表示登記を行い、後日、建物の表示登記完了後に、建物の保存登記を行うという対応も検討されます。この場合は、以下のような特約を記載します。

特約条項

1. 第8条の定めにかかわらず、売主は買主と協力して、売買代金全額の受領と同時に、本物件土地の名義を買主に移転する所有権移転登記と、買主名義で建物の表示登記の申請手続きを行うものとします。
2. 前項に定める建物の表示登記が完了後直ちに、売主は買主と協力して、本物件建物の名義を買主にする保存登記の申請手続きを行うものとします。
3. 土地の所有権移転登記、建物表示登記および保存登記の申請手続きに要する費用は、買主の負担とします。

以下余白

○ 契約条項の解説

（瑕疵担保責任）
第17条　買主は、本物件に隠れた瑕疵があり、この契約を締結した目的が達

せられない場合は契約の解除を、その他の場合は損害賠償の請求を、売主に対してすることができる。
2　前項による、契約の解除または請求は、本物件の引渡し後2年を経過したときはできないものとする。
3　この契約が新築住宅の売買契約であるため、「住宅の品質確保の促進等に関する法律」に基づき、売主は、買主に対し、「住宅のうち構造耐力上主要な部分または雨水の侵入を防止する部分」の瑕疵については、本条第1項および第2項の定めにかかわらず、標記の期日（G）から10年間、責任を負うものとする。

①　「品確法」の適用

　新築住宅を売主が売買する場合、「住宅の品質確保の促進等に関する法律」（以下、「品確法」という）の適用を受けます。本条第3項で定めているように、「品確法」では、新築住宅の売主は、「住宅のうち構造耐力上主要な部分または雨水の侵入を防止する部分」の瑕疵について、10年間の瑕疵担保責任を負うことになります。たとえ、売主と買主がこの「品確法」と異なる定めをしても無効となります。

②　「品確法」の10年の起算

　「品確法」の10年の起算は、原則として、売主が買主に物件を引き渡した時です。しかし、売主が建設会社に建物を請け負わせた場合で、建設会社から請負契約に基づき売主が建物の引渡しを受けた日を、「品確法」の10年の起算の時に、採用することもできます。

　このように「品確法」の起算の時は、ケースによっては、いつからかを選べるため、この契約書では、標記（G）に瑕疵の責任期間起算の時はいつか、起算日を記載することになっています。

　後者の場合の標記（G）の記載例は次のとおりです。

(G)「住宅の品質確保の促進等に関する法律」に基づく瑕疵の責任期間起算の時（第17条）	1．第7条第1項の引渡日 ②．建物請負人から売主への建物引渡日：平成＊＊年＊月＊日

　なお、後者の場合であっても、建物着工後すぐの売買契約では、建設会社から売主に建物の引渡しがなされる日が決められません。この場合は、標記（G）に次のとおり記載し、あわせて次のような特約を追加します。

（G）「住宅の品質確保の促進等に関する法律」に基づく瑕疵の責任期間起算の時（第17条）	1．第7条第1項の引渡日 ②　建物請負人から売主への建物引渡日

特約条項
1．売主は、買主に対し、第17条第3項で定める標記（G）の期日を本物件引渡日までに、書面にて通知することとします。 以下余白

　特約に記載の書面としては、「引渡確認書」に、売買契約書第17条の瑕疵担保責任期間起算の時は、何年何月何日であるかを明記する方法等があります。

契約条項の解説

（アフターサービス）
第18条　売主は、買主に対し、別紙内容のアフターサービスを行うものとする。

・アフターサービスと瑕疵担保責任

　アフターサービスは、新築住宅の売主不動産業者が、民法や宅建業法に定められている瑕疵担保責任とは別に、買主へのサービスや販売促進策として実施されるものです。アフターサービスの書面は、売主が所属する業界団体等から雛形が公表されていますので、それを参考に売主が準備することになります。

売買編

⑱ アフターサービス規準書

アフターサービス規準書

発行日　平成＊＊年＊月＊日

買主　川崎 太郎　様
　　　　　　　　　様

売主　東京都杉並区杉並3丁目4番5号
　　　新報不動産株式会社
　　　代表取締役　新報 晋三　㊞

物件所在地	東京都多摩市桜台1丁目1番1
アフターサービス申込先	新報ホーム株式会社 東京都多摩市朝日町1丁目2番3号 TEL042-＊＊＊-＊＊＊＊＊

　アフターサービスについては下記の要領にて実施させていただきます。なお、アフターサービスの適用事項は戸建住宅全般に共通するよう作成してありますので、お客様の購入される住宅に該当しない事項が記載されている場合もございますが、あらかじめご了承ください。

（1）構造耐力上主要な部分および雨水の侵入を防止する部分のアフターサービス

部位・設備		現象例	期間(年)	備　考
構造体	屋根・外壁・内部耐力壁・柱・はり・床・基礎	構造強度に影響を及ぼす著しい変形・亀裂・破損	10	材質的な収縮に起因し構造耐力上特に支障がないものを除く
防　水	屋根・外壁	雨漏り・雨漏りによる室内仕上面の汚損	10	

（2）仕上・下地、設備・機器、その他のアフターサービス

部位・設備			現象例	期間(年)	備考
構造体以外の仕上および下地等	屋根・庇		破損・ずれ・脱落・めくれ	2	屋根葺材・雨押え等
	軒裏		破損・錆	2	
	雨樋		変形・破損・排水不良・取付不良	2	枯葉等の異物のつまりによるものは除く
	天井		変形・破損	2	
	壁	外壁	亀裂・破損	2	機能上影響のない幅3㎜以下の亀裂等を除く
		内部壁	変形・破損	2	
	床	構造体以外のコンクリート部分	亀裂・破損・排水不良	2	玄関土間・ポーチ・テラス・アプローチ・カーポート
		室内床・階段	変形・破損・きしみ	2	仕上表面、畳表等の傷および日焼けは引渡確認時のみ
	基礎		モルタル等仕上材の著しい亀裂・剥離、床下換気口の脱落・破損	2	
	建具	外部建具・金物	変形・破損・作動不良・取付不良・施錠不能	2	玄関扉・勝手口扉・窓・雨戸・網戸・窓枠まわり・戸袋 ただし、ガラス・網の破損は、引渡確認時のみ
		内部建具・金物	変形・破損・作動不良・取付不良	2	内部扉・襖・障子 但し、ガラス・襖紙・障子紙の破損は引渡確認時のみ
	造作・雑工事	外部	変形・破損・取付不良	2	ウッドデッキ・手すり・バルコニー等
		内部	変形・破損・取付不良	2	鴨居・敷居・カーテンレール・造付戸棚・造付家具・押入・下駄箱等

塗装	金属部	塗装・吹付仕上面のはがれ	1.5	
	木部		1	
防蟻		白蟻損傷	5	防蟻処理を行った部分のみ

	部位・設備		現象例	期間(年)	備　考
設備・機器	電気設備	配線	破損・結線不良	2	
		分電盤・スイッチ・コンセント	作動不良・取付不良	2	
		照明器具・インターホン・ブザー・非常警報機	取付不良	2	電球、電池等消耗部分は除く
			作動不良	1	ただし、メーカーの保証が1年を超えるものはその期間
	給排水設備	給水管	水漏れ・破損・接続不良	2	パッキング等の消耗品は除く
		排水管・トラップ	水漏れ・破損・排水不良	2	
		給水栓	作動不良・取付不良	2	
	給排気設備	煙突	変形・取付不良	2	
		換気扇・換気口・レンジフード	取付不良	2	ただし、メーカーの保証が1年を超えるものはその期間
			作動不良	1	
	ガス・石油設備	配管	破損・接続不良	2	ゴム管の破損を除く
		栓	破損・作動不良・取付不良	2	
		機器	取付不良	2	バランス釜・湯沸器・TES等
			作動不良	1	ただし、メーカーの保証が1年を超えるものはその期間
	厨房設備		水漏れ・取付不良	2	流し・オーブン・レンジ・吊り戸棚・水切り棚

			作動不良	1	ただし、メーカーの保証が1年を超えるものはその期間
	衛生設備		水漏れ・排水不良・破損・作動不良・取付不良	2	洗面機器・便器・タンク・浄化槽
	浴室設備		排水不良・破損・作動不良・取付不良	2	
	冷暖房設備	配管	水漏れ・排水不良	2	
		機器	取付不良	2	
			作動不良	1	ただし、メーカーの保証が1年を超えるものはその期間
外構・土地・植栽	門扉・塀（フェンスを含む）		破損・作動不良・取付不良	2	
	盛土・埋戻し・整地		陥没・隆起・地下湧水	2	
	石積・擁壁		崩壊・亀裂	2	構造上影響のない軽微な亀裂は除く
	芝・植栽		枯れ	1	使用者の管理不十分なものを除く。また、張り替え、植え替えは1回のみ保証

アフターサービス規準適用上の留意事項

1．本アフターサービス期間の始期（起算日）については、次に定めるとおりとします。
　①　「構造耐力上主要な部分および雨水の侵入を防止する部分」については、住宅の品質確保の促進等に関する法律にもとづいて売買契約書上に定める瑕疵担保責任の起算日。
　②　上記以外のアフターサービスについては、当該物件の引渡日。
2．本アフターサービス規準は、次の場合を適用除外とします。
　①　異常気象等の天災地変および地盤の変動、地滑り、がけ崩れ等予期できない自然現象による場合。
　②　管理不十分、使用上の不注意、重量物の使用による場合。
　③　使用材料の自然特性あるいは経年変化による場合。
　④　増改築等により、形状変更等が行われた場合。
　⑤　第三者の故意または過失に起因する場合。
　⑥　第三者に譲渡した場合。
3．具体的認定および修補方法等
　　不具合が本アフターサービス規準に該当するか否かの具体的認定および修補方法は、売主（および施工会社）の現地調査（目視を基本とする比較的簡易な調査）により、専門的・経験的見地から総合的に判断、決定し、実施するものとします。
4．汚水処理場、集会室等の共用施設がある場合は、その対象施設によってアフターサービス期間を別途定めます。
5．売主は、本アフターサービス規準によって売買契約書上に定める瑕疵担保責任を免れるものではありません。

以　上

⑨ その他の特約例

1．建築条件付土地分譲

> **特約条項**
> 1．本契約は、本契約締結後3ヶ月以内に、売主が指定する○○建設株式会社と買主の間で、本物件を建物の敷地とする建物の建築請負契約が締結されることを停止条件とします。
> 2．前項の条件不成就が確定したときは、売主は、受領済みの金員全額を無利息で遅滞なく買主に返還するものとします。

　売主（原則不動産業者）が土地分譲にあたり、当該土地に売主または売主の指定するものと建物の請負契約を、一定期間内に締結することを条件に、契約する場合の特約です。

　建築条件付土地分譲のポイントは、土地契約締結後、請負契約締結のための期間をどの程度確保するかです。以前は、独占禁止法の適用があって、契約締結後3ヶ月の期間確保が必要でしたが、現在は、その要件はなくなりました。しかし、原則としては3ヶ月程度の期間は確保すべきと考えます。

　また、建築確認の取得前に建築条件付で土地契約を行い、土地契約と同時あるいは、土地契約後すぐに、売主の指定したプランで建物請負契約を締結するやり方は、宅建業法第36条の契約締結時期の制限等に抵触するため、行ってはいけません。

2．一括決済

> **特約条項**
> 　この契約は一括決済のため、第○条（手付）、第○条（手付解除）および第○条（引渡し前の滅失・毀損）の各条項は適用がないことを、売主および買主は確認しました。

　売買代金の支払い・引渡し・所有権移転登記を、契約締結と同時に行う契約を、一括決済といいます。

　なお、この場合の売買契約書の標記の記載は、土地建物売買契約書の場合であれば、次のような記載になります（平成＊＊年3月1日契約日の場合）。

<上記省略>
(B) 売買代金、手付金の額および支払日（第1条）（第3条）（第5条）

売買代金	(B1)	総額	金48,000,000円 (b)
		（うち消費税）――――円	
		（土地）　金42,000,000円	
		（建物）　金6,000,000円	
手付金	(B2)	本契約締結時に	――――円
中間金	(B3)	第1回平成―年―月―日までに	――――円
		第2回平成―年―月―日までに	――――円
残代金	(B4)	平成＊＊年6月30日までに	――――円

(C～F) その他約定事項

(C) 所有権移転・引渡し・登記手続きの日 　　（第6条）（第7条）（第8条）	平成＊＊年3月1日
(D) 平成（＊＊）年度公租・公課分担の起算日 　　　　　　　　　　　　　　　　（第12条）	平成＊＊年1月1日
(E) 手付解除の期限　　　　　　　　　　（第14条）	平成――年―月―日
(F) 違約金の額　　　　　　　　　　　　（第16条）	金4,800,000円

<下記省略>

3．仮換地を売買する場合の特約

特約条項

　売主および買主は、本物件が〇〇〇〇土地区画整理事業施行地区内に所在する仮換地であるため、次の各号を承諾します。
（1）　売主および買主は、本物件土地については仮換地面積（〇〇〇㎡）により売買し、同面積が登記記録記載面積や実測面積と差異が生じたとしても、互いに異議を述べず、また売買代金の変更その他何らの請求もしません。
（2）　換地処分の公告後に行われる清算等に関する権利義務は、第〇条（所有権移転の時期）の所有権移転のときから一切買主が行使し、または

負担することとします。

　土地区画整理地内の仮換地を売買する場合の特約です。仮換地では、権利の移転は従前地（登記記録に記載）で行い、使用収益は仮換地で行うことになります。売買に伴う所有権の移転や、抵当権等の設定は、従前地について登記をすることができます。ただし、換地処分の公告までは、許可を得て建物を建築して使用する等、実際に使用できる部分は仮換地になります。ほとんどの場合、仮換地が換地処分後の換地となるため、売買の対象となる土地の物理的形状・面積は、仮換地を基に判断して売買することになります。仮換地の場合、売買契約書の標記の記載は、特記事項欄に次のように記載をします。

（A）売買の目的物の表示（登記記録の記載による）（第1条）

	所　在	地　番	地　目	地　積
土地	① 東京都多摩市桜台1丁目	1番1	宅地	120.00 m²
	②			m²
	③			m²
	合計			120.00m²
特記事項	本物件は土地区画整理事業地内の仮換地です。上記の表示は従前地の表示です。 区画整理事業の名称：○○○○土地区画整理事業 街区・画地：○街区○-○ 仮換地面積：100m² 換地処分まで、仮換地を使用収益することになります。			

4．保留地予定地を売買する場合の特約

【特約条項】

　売主および買主は、本物件が○○○○土地区画整理事業施行地区内に所在する保留地予定地であるため、次の各号を承諾します。
（1）　売主および買主は、本物件土地については保留地予定地面積（○○○m²）により売買し、同面積が登記記録記載面積や実測面積と差異が生じたとしても、互いに異議を述べず、また売買代金の変更その他何

> らの請求もしません。
> （2） 本物件土地の所有権移転登記については、換地処分公告の翌日以降となります。
> （3） 換地処分の公告後に行われる清算等に関する権利義務は、第〇条（所有権移転の時期）の所有権移転のときから一切買主が行使し、または負担することとします。
> （4） 本契約は本物件の譲渡について、土地区画整理事業の施行者から平成〇〇年〇月〇日までに承認を得られることを条件とします。そのため、売主および買主は、本契約締結後すみやかに同承認申請を協力して行うものとします。
> （5） 前号の条件不成就が確定したときは、売主は、受領済の金員全額を無利息で遅滞なく買主に返還するものとします。

　土地区画整理事業において、施行者である組合等は、保留地という、従前地が存在しない土地を人為的につくり、その売却代金を区画整理事業遂行の費用等に充当します。そのため、保留地は換地処分公告前の保留地予定地の段階で、売買されることがあります。保留地予定地は、換地処分公告前は、従前地が存在せず登記ができないため、抵当権等の登記が必要な住宅ローンが利用しづらかったり、譲渡については施行者の承諾を要する等、取引に際しては注意が必要です。

　なお、換地処分後、登記がされるまでは、組合等の施行者が備え置く「保留地台帳」に、誰が保留地予定地の権利者か登載されることになります。保留地予定地の場合、売買契約書の標記の記載は、特記事項欄に次のように記載をします。

> （A）売買の目的物の表示（登記記録の記載による）（第1条）
>
> | | | 所　在 | 地　番 | 地　目 | 地　積 |
> |---|---|---|---|---|---|
> | 土 | ① | （保留地予定地のため登記なし） | | | ㎡ |
> | | ② | | | | ㎡ |
> | 地 | ③ | | | | ㎡ |
> | | 合計 | | | | |
> | 特記事項 | 本物件は土地区画整理事業地内の保留地予定地です。
区画整理事業の名称：〇〇〇〇土地区画整理事業
街区・画地：〇街区〇-〇
保留地予定地面積：〇〇〇㎡ | | | | |

覚書その他

・**実測清算確認書**

> ［収入印紙］ ※
>
> **実測清算確認書**
>
> 売主：多摩一郎および買主：川崎太郎は、両者間で締結された平成＊＊年3月1日付売買契約書（以下「原契約」という。）第3条および第6条規定の事項に関し、本日下記の事項を合意した。
>
> 記
>
> 第1条　売買土地の実測面積は、原契約第3条規定の実測の結果、次のとおり確定した。
> 　　　　＊＊＊.＊＊m²（登記記録記載面積より＊.＊＊m²　増・減）
> 第2条　原契約第1条規定の売買代金は、前条の確定面積に基づき、原契約第6条の規定により残代金支払時に、次のとおり清算するものとする。
> 　　　　＊＊＊.＊＊m²×標記単価（D）＝＊＊＊＊＊＊円　増・減）
> 第3条　本覚書に記載なき事項は、原契約によるものとする。
>
> 　上記の確認を証するため本書2通を作成し、売主および買主は、各々1通を保有する。
>
> 平成＊＊年6月20日
> 　売主　　住所　東京都多摩市桜台1丁目1番1号
> 　　　　　氏名　小泉 一郎　㊞
> 　買主　　住所　東京都世田谷区旭丘3丁目3番3号
> 　　　　　氏名　鈴木 大介　㊞
> 　媒介業者
> 　　　免許番号　　　東京都知事（3）第＊＊＊＊号
> 　　　事務所所在地　東京都世田谷区若葉台1丁目3番3号
> 　　　商号（名称）　甲不動産株式会社
> 　　　代表者氏名　　代表取締役　甲野 三郎　㊞
> 　　　宅地建物取引主任者　登録番号　東京都知事第123456号
> 　　　　　　　　　氏名　乙野 次郎　㊞

※　本覚書に貼付する印紙は、減額の場合は200円。増額の場合は、増額分について印紙税法に定める額の印紙を貼付する。

・売主からの手付解除

手付解除の覚書

　売主：小泉一郎および買主：鈴木大介とは、平成＊＊年＊月＊日付で締結した末尾表示不動産を目的とする売買契約（以下「原契約」という。）の解除に関し、本日下記の事項を合意した。

記

第1条　売主は平成＊＊年＊月＊＊日付にて原契約第＊条の規定に基づき原契約を解除する。
第2条　売主は既に受領済の手付金＊＊＊＊＊＊＊円を全額無利息にて買主に返還し、かつ併せて手付金相当額を買主に支払い、買主はこれを受領した。
第3条　売主と買主はこの合意をもって原契約解除による清算を完了し、他に債権債務のないこと、並びに将来本件に関し異議苦情等一切の請求をしないことを互いに確認する。

　上記の確認を証するため本書2通を作成し、売主および買主は、各々1通を保有する。

平成＊＊年＊月＊＊日
　売主　　住所　　東京都多摩市桜台1丁目1番1号
　　　　　氏名　　小泉　一郎　㊞
　買主　　住所　　東京都世田谷区旭丘3丁目3番3号
　　　　　氏名　　鈴木　大介　㊞
　媒介業者
　　　免許番号　　　　東京都知事（3）第＊＊＊＊号
　　　事務所所在地　　東京都世田谷区若葉台1丁目3番3号
　　　商号（名称）　　甲不動産株式会社
　　　代表者氏名　　　代表取締役　甲野　三郎　㊞
　　　宅地建物取引主任者　登録番号　東京都知事第123456号
　　　　　　　　　　　氏名　乙野　次郎　㊞

不動産の表示

① 土地　所在・地番：多摩市桜台1丁目1番1
　　　　　　地目：宅地　地積：120.00m²
② 建物　所在：多摩市桜台1丁目1番1
　　　　　家屋番号：桜台1丁目1番1　種類：居宅
　　　　　構造：木造スレート葺　2階建
　　　　　床面積：1階45.00m²　2階45.00m²

以下余白

・買主からの手付解除

手付解除の覚書

売主：小泉一郎および買主：鈴木大介とは、平成＊＊年＊月＊日付で締結した末尾表示不動産を目的とする売買契約（以下「原契約」という。）の解除に関し、本日下記の事項を合意した。

記

第1条　買主は平成＊＊年＊月＊＊日付にて原契約第＊条の規定に基づき原契約を解除する。

第2条　買主は既に支払済の手付金＊＊＊＊＊＊＊円を放棄する。

第3条　売主と買主はこの合意をもって原契約解除による清算を完了し、他に債権債務のないこと、並びに将来本件に関し異議苦情等一切の請求をしないことを互いに確認する。

上記の確認を証するため本書2通を作成し、売主および買主は、各々1通を保有する。

平成＊＊年＊月＊＊日
　　売主　　住所　東京都多摩市桜台1丁目1番1号
　　　　　　氏名　小泉 一郎　㊞
　　買主　　住所　東京都世田谷区旭丘3丁目3番3号
　　　　　　氏名　鈴木 大介　㊞
　　媒介業者
　　　　免許番号　　　東京都知事（3）第＊＊＊＊号
　　　　事務所所在地　東京都世田谷区若葉台1丁目3番3号
　　　　商号（名称）　甲不動産株式会社
　　　　代表者氏名　　代表取締役　甲野 三郎　㊞
　　　　宅地建物取引主任者　登録番号　東京都知事第123456号
　　　　　　　　　　　氏名　乙野 次郎　㊞

不動産の表示
① 土地　所在・地番：多摩市桜台1丁目1番1
　　　　　　地目：宅地　地積：120.00m²
② 建物　所在：多摩市桜台1丁目1番地1
　　　　　家屋番号：桜台1丁目1番1　種類：居宅
　　　　　構造：木造スレート葺　2階建
　　　　　床面積：1階45.00m²　2階45.00m²

以下余白

・契約解除(売主違約)の場合

契約解除の覚書

　売主：小泉一郎および買主：鈴木大介とは、平成＊＊年＊月＊日付で締結した末尾表示不動産を目的とする売買契約(以下「原契約」という。)の解除に関し、本日下記の事項を合意した。

記

第1条　買主は平成＊＊年＊月＊＊日付にて原契約第＊条の規定に基づき原契約を解除する。

第2条　売主は前条の解除に伴い、原契約に基づき買主から受領済の＊＊＊＊＊＊＊円を無利息で買主に返還し、別途違約金として＊＊＊＊＊＊＊円を買主に支払い、買主はこれを受領した。

第3条　売主と買主はこの合意をもって原契約解除による清算を完了し、他に債権債務のないこと、並びに将来本件に関し異議苦情等一切の請求をしないことを互いに確認する。

　上記の確認を証するため本書2通を作成し、売主および買主は、各々1通を保有する。

平成＊＊年＊月＊＊日
　売主　　住所　　東京都多摩市桜台1丁目1番1号
　　　　　氏名　　小泉　一郎　㊞
　買主　　住所　　東京都世田谷区旭丘3丁目3番3号
　　　　　氏名　　鈴木　大介　㊞
　媒介業者
　　　　　免許番号　　　東京都知事(3)第＊＊＊＊号
　　　　　事務所所在地　東京都世田谷区若葉台1丁目3番3号
　　　　　商号(名称)　　甲不動産株式会社
　　　　　代表者氏名　　代表取締役　甲野　三郎　㊞
　　　　　宅地建物取引主任者　登録番号　東京都知事第123456号
　　　　　　　　　　　　氏名　乙野　次郎　㊞

不動産の表示
① 土地　所在・地番：多摩市桜台1丁目1番1
　　　　 地目：宅地　地積：120.00m²
② 建物　所在：多摩市桜台1丁目1番地1
　　　　 家屋番号：桜台1丁目1番1　種類：居宅
　　　　 構造：木造スレート葺　2階建
　　　　 床面積：1階45.00m²　2階45.00m²

以下余白

・契約解除（買主違約）の場合

契約解除の合意書

　売主：小泉一郎および買主：鈴木大介とは、平成＊＊年＊月＊日付で締結した末尾表示不動産を目的とする売買契約（以下「原契約」という。）の解除に関し、本日下記の事項を合意した。

記

第１条　売主は平成＊＊年＊月＊日付にて原契約第＊条の規定に基づき原契約を解除する。
第２条　売主は前条の解除に伴い、原契約に基づき買主から受領済の＊＊＊＊＊＊＊円を違約金の一部として買主から支払いを受け、買主はこれを確認した。また、買主は、違約金の残りの＊＊＊＊＊＊＊円を売主に支払い、売主はこれを受領した。
第３条　売主と買主はこの合意をもって原契約解除による清算を完了し、他に債権債務のないこと、並びに将来本件に関し異議苦情等一切の請求をしないことを互いに確認する。

　上記の確認を証するため本書２通を作成し、売主および買主は、各々１通を保有する。

平成＊＊年＊月＊＊日
　売主　　住所　　東京都多摩市桜台１丁目１番１号
　　　　　氏名　　小泉　一郎　㊞
　買主　　住所　　東京都世田谷区旭丘３丁目３番３号
　　　　　氏名　　鈴木　大介　㊞
　媒介業者
　　　　　免許番号　　　東京都知事（３）第＊＊＊＊号
　　　　　事務所所在地　東京都世田谷区若葉台１丁目３番３号
　　　　　商号（名称）　甲不動産株式会社
　　　　　代表者氏名　　代表取締役　甲野　三郎　㊞
　　　　　宅地建物取引主任者　登録番号　東京都知事第123456号
　　　　　　　　　　　　氏名　乙野　次郎　㊞

不動産の表示

① 土地　所在・地番：多摩市桜台１丁目１番１
　　　　　　地目：宅地　地積：120.00m²
② 建物　所在：多摩市桜台１丁目１番地１
　　　　　家屋番号：桜台１丁目１番１　種類：居宅
　　　　　構造：木造スレート葺　２階建
　　　　　床面積：１階45.00m²　２階45.00m²

以下余白

・合意解除

契約解除の覚書

　売主：小泉一郎および買主：鈴木大介とは、平成＊＊年＊月＊日付で締結した末尾表示不動産を目的とする売買契約（以下「原契約」という。）の解除に関し、本日下記の事項を合意した。

記

第1条　売主と買主は平成＊＊年＊月＊日付にて原契約を無条件で解除する。

第2条　売主は前条の解除に伴い受領済の＊＊＊＊＊＊＊円を全額無利息にて買主に返還し、買主はこれを受領した。

第3条　売主と買主はこの合意をもって原契約解除による清算を完了し、他に債権債務のないこと、並びに将来本件に関し異議苦情等一切の請求をしないことを互いに確認する。

　上記の確認を証するため本書2通を作成し、売主および買主は、各々1通を保有する。

平成＊＊年＊月＊＊日
　売主　　住所　　東京都多摩市桜台1丁目1番1号
　　　　　氏名　　小泉　一郎　㊞
　買主　　住所　　東京都世田谷区旭丘3丁目3番3号
　　　　　氏名　　鈴木　大介　㊞
　媒介業者
　　　　　免許番号　　　　東京都知事（3）第＊＊＊＊号
　　　　　事務所所在地　　東京都世田谷区若葉台1丁目3番3号
　　　　　商号（名称）　　甲不動産株式会社
　　　　　代表者氏名　　　代表取締役　甲野　三郎　㊞
　　　　　宅地建物取引主任者　登録番号　東京都知事第123456号
　　　　　　　　　　　　　氏名　乙野　次郎　㊞

不動産の表示

① 土地　所在・地番：多摩市桜台1丁目1番1
　　　　　地目：宅地　地積：120.00㎡
② 建物　所在：多摩市桜台1丁目1番地1
　　　　　家屋番号：桜台1丁目1番1　種類：居宅
　　　　　構造：木造スレート葺　2階建
　　　　　床面積：1階45.00㎡　2階45.00㎡

以下余白

・融資利用の特約に基づく解除

契約解除の合意書

　売主：佐藤光一および買主：田中幸恵とは、平成＊＊年＊月＊日付で締結した末尾表示不動産を目的とする売買契約（以下「原契約」という。）の解除に関し、本日下記の事項を合意した。

記

第1条　売主と買主は、原契約第＊条（融資利用の場合）に基づき、平成＊＊年＊＊月＊＊日付にて原契約を解除する。
第2条　売主は前条の解除に伴い受領済の＊＊＊＊＊＊円を全額無利息にて買主に返還し、買主はこれを受領した。
第3条　売主と買主はこの合意をもって原契約解除による清算を完了し、他に債権債務のないこと、並びに将来本件に関し異議苦情等一切の請求をしないことを互いに確認する。

　上記の確認を証するため本書2通を作成し、売主および買主は、各々1通を保有する。

平成＊＊年＊＊月＊＊日
　売主　　住所　　杉並区杉並5丁目4番3-303号
　　　　　氏名　　佐藤　光一　㊞
　買主　　住所　　杉並区阿佐ヶ谷西3丁目3番1号
　　　　　氏名　　田中　幸恵　㊞
　媒介業者
　　　　免許番号　　　　東京都知事（3）第＊＊＊＊号
　　　　事務所所在地　　東京都世田谷区若葉台1丁目3番3号
　　　　商号（名称）　　甲不動産株式会社
　　　　代表者氏名　　　代表取締役　甲野　三郎　㊞
　　　　宅地建物取引主任者　登録番号　東京都知事第123456号
　　　　　　　　　　　　　氏名　乙野　次郎　㊞

不動産の表示

① 建物　名称：ハイツ杉並
　　　　所在：杉並区杉並5丁目4番地3
　　　　構造：鉄筋コンクリート造　陸屋根　地上5階建
　　　　家屋番号：杉並5丁目4番地3の303
　　　　建物の名称：303
　　　　構造：鉄筋コンクリート造　1階建　床面積：76.55m²
② 土地　所在・地番：杉並区杉並5丁目4番3
　　　　　　地目：宅地　地積：777.66m²
　　　　　　敷地権の割合：＊＊＊＊分の＊＊＊

以下余白

・先行内装の覚書

|収入印紙 200円|

先行内装の覚書

売主：佐藤光一および買主：田中幸恵は、両者間で締結した後記表示の不動産（以下「本物件」という。）の不動産売買契約（以下「原契約」という。）に関して、本日下記の事項を合意した。

記

第1条　売主は、原契約第＊条（引渡し）の規定にかかわらず、買主が、本物件引渡し前に内装工事（以下「本工事」という。）を行うことを承諾した。
　　2　前項に基づく本工事の内容は、別紙内容のとおりとする。
　　3　本工事の期間（以下「本期間」という。）は、＊＊＊＊＊＊平成＊＊年＊＊月＊日から平成＊＊年＊月＊日までとする。
第2条　原契約が解除された場合、買主はその責任と負担において直ちに原状回復を行う。
第3条　買主は、本期間中の本物件の管理並びに売主から貸出しを受けた鍵の管理責任を負う。
　　2　本期間中に買主または買主依頼に係る工事関係者が、故意・過失により本物件を滅失・毀損した場合は、その損害を買主の責任と負担で処理解決し、売主には何ら負担を求めない。
第4条　本覚書に記載なき事項は、原契約によるものとする。

上記の確認を証するため本書2通を作成し、売主および買主は、各々1通を保有する。

平成＊＊年＊月＊＊日
　売主　　住所　　杉並区杉並5丁目4番3-303号
　　　　　氏名　　佐藤　光一　㊞
　買主　　住所　　杉並区阿佐ヶ谷西3丁目3番1号
　　　　　氏名　　田中　幸恵　㊞
　媒介業者
　　　　　免許番号　　　東京都知事（3）第＊＊＊＊号
　　　　　事務所所在地　東京都世田谷区若葉台1丁目3番3号
　　　　　商号（名称）　甲不動産株式会社
　　　　　代表者氏名　　代表取締役　甲野　三郎　㊞
　　　　　宅地建物取引主任者　登録番号　東京都知事第123456号
　　　　　　　　　　　　　　　氏名　乙野　次郎　㊞

　　　　　　　　　　　　　不動産の表示
① 建物　　名称：ハイツ杉並
　　　　　所在：杉並区杉並5丁目4番地3
　　　　　構造：鉄筋コンクリート造　陸屋根　地上5階建
　　　　　家屋番号：杉並5丁目4番地3の303
　　　　　建物の名称：303
　　　　　構造：鉄筋コンクリート造　1階建　床面積：76.55m^2
② 土地　　所在・地番：杉並区杉並5丁目4番3
　　　　　　　　　　地目：宅地　地積：777.66m^2
　　　　　敷地権の割合：＊＊＊＊分の＊＊＊

　　　　　　　　　　　　　　　　　　　　　　　　　　　　以下余白

- **残代金支払日変更の覚書**

収入印紙 200円	

残代金支払日変更の覚書

売主：佐藤光一および買主：田中幸恵は、両者間で締結した後記表示の不動産（以下「本物件」という。）の不動産売買契約（以下「原契約」という。）に関して、本日下記の事項を合意した。

記

第1条　原契約で定めた、残代金支払日および所有権移転・引渡し・登記手続きの日を、次のとおり変更する。

（変更前）

残代金	平成＊＊年＊月＊＊日
所有権移転・引渡し・登記手続きの日	平成＊＊年＊月＊＊日

（変更後）

残代金	平成＊＊年＊月＊＊日
所有権移転・引渡し・登記手続きの日	平成＊＊年＊月＊＊日

第2条　本覚書に記載なき事項は、原契約によるものとする。

　上記の確認を証するため本書2通を作成し、売主および買主は、各々1通を保有する。

平成＊＊年＊＊月＊＊日
　売主　　住所　　杉並区杉並5丁目4番3-303号
　　　　　氏名　　佐藤　光一　㊞
　買主　　住所　　杉並区阿佐ヶ谷西3丁目3番1号
　　　　　氏名　　田中　幸恵　㊞
　媒介業者
　　　免許番号　　　　東京都知事（3）第＊＊＊＊号
　　　事務所所在地　　東京都世田谷区若葉台1丁目3番3号
　　　商号（名称）　　甲不動産株式会社
　　　代表者氏名　　　代表取締役　甲野　三郎　㊞
　　　宅地建物取引主任者　登録番号　東京都知事第123456号
　　　　　　　　　　　　　氏名　　乙野　次郎　㊞

不動産の表示

① 建物　名称：ハイツ杉並
　　　　所在：杉並区杉並5丁目4番地3
　　　　構造：鉄筋コンクリート造　陸屋根　地上5階建
　　　　家屋番号：杉並5丁目4番地3の303
　　　　建物の名称：303
　　　　構造：鉄筋コンクリート造　1階建　床面積：76.55m²
② 土地　所在・地番：杉並区杉並5丁目4番3
　　　　地目：宅地　面積：777.66m²
　　　　敷地権の割合：＊＊＊＊分の＊＊＊

　　　　　　　　　　　　　　　　　　　　　　　　　　以下余白

・融資申込先・融資利用の場合の解除期限変更の覚書

融資申込先変更の覚書

<収入印紙 200円>

　売主：小泉一郎および買主：鈴木大介は、両者間で締結した後記表示の不動産（以下「本物件」という。）の不動産売買契約（以下「原契約」という。）に関して、本日下記の事項を合意した。

記

第1条　売主および買主は、買主からの申出により、原契約第＊条（融資利用の場合）に基づく買主の融資申込先を、次のとおり変更するものとする。

（変更前）

融資機関名・取扱支店名	融資承認予定日	融資金額
ABC銀行多摩支店	平成＊＊年＊月＊日	金＊＊＊＊＊＊＊円
融資未承認の場合の契約解除期日		平成＊＊年＊月＊日

（変更後）

融資機関名・取扱支店名	融資承認予定日	融資金額
XY銀行多摩支店	平成＊＊年＊月＊日	金＊＊＊＊＊＊＊円
融資未承認の場合の契約解除期日		平成＊＊年＊月＊日

第2条　本覚書に記載なき事項は、原契約によるものとする。

　上記の確認を証するため本書2通を作成し、売主および買主は、各々1通を保有する。

平成＊＊年＊月＊日
　売主　　住所　　東京都多摩市桜台1丁目1番1号
　　　　　氏名　　小泉　一郎　㊞
　買主　　住所　　東京都世田谷区旭丘3丁目3番3号
　　　　　氏名　　鈴木　大介　㊞
　媒介業者
　　　免許番号　　　東京都知事（3）第＊＊＊＊号
　　　事務所所在地　東京都世田谷区若葉台1丁目3番3号
　　　商号（名称）　甲不動産株式会社
　　　代表者氏名　　代表取締役　甲野　三郎　㊞
　　　宅地建物取引主任者　登録番号　東京都知事第123456号
　　　　　　　　　　　氏名　乙野　次郎　㊞

不動産の表示
① 土地　所在・地番：多摩市桜台1丁目1番1
　　　　地目：宅地　地積：120.00m²
② 建物　所在：多摩市桜台1丁目1番地1
　　　　家屋番号：桜台1丁目1番1　種類：居宅
　　　　構造：木造スレート葺　2階建
　　　　床面積：1階45.00m2　2階45.00m²

　　　　　　　　　　　　　　　　　　　　　以下余白

・私道の通行・掘削に関する承諾書

私道通行・掘削に関する承諾書

平成＊＊年＊月＊日

鈴木 大介殿

　　　　　　　　　住所　東京都多摩市桜台1丁目1番1号
　　　　　　　　　氏名　小泉 一郎　㊞

　私は、貴殿に対し、私が所有する下記私道部分（以下「本物件」という。）の通行・掘削等に関し、下記の事項を承諾します。

記

1．本物件に上下水道管・ガス管の埋設および引込工事を行うこと。
2．本物件を無償通行（車両の通行を含む）すること。
3．貴殿が、貴殿所有地（所在・地番：多摩市桜台1丁目1番5）を第三者に譲渡した場合、その第三者に対しても、上記1．2．のことを承諾すること。
4．私が本物件を第三者に譲渡した場合も、その第三者に対して、上記事項を承継すること。

不動産の表示

土地　　所在・地番：多摩市桜台1丁目1番2
　　　　地目：宅地
　　　　地積：120.00m²

以下余白

売買編　覚書その他

・貸主変更通知

貸主変更通知書

平成＊＊年＊月＊日

鈴木　大介殿

　貴殿に対し私XY不動産（株）から賃貸中の下記不動産について、下記の新貸主に譲渡しましたので、ご通知申し上げます。貴殿との賃貸借契約は、引き続き同一条件で新貸主に承継されることになりましたので、よろしくお願いいたします。

　なお、今後の賃料等のお支払いは平成＊年＊月分（支払日：平成＊年＊月＊日）より、新貸主の下記銀行口座にお振込みくださいますようお願い申し上げます。

記

1．新貸主　　　住所　東京都中央区一番町2番1号ABCビル
　　　　　　　氏名　ABC不動産株式会社
　　　　　　　　　　代表取締役　菊池　進
2．貸主　　　　住所　東京都府中市夕陽丘1丁目1番地1
　　　　　　　氏名　XY不動産株式会社
　　　　　　　　　　代表取締役　山本　武　㊞

上記のとおり私が貸主になりましたので、よろしくお願いいたします。

1．新貸主　　　住所　東京都中央区一番町2番1号ABCビル
　　　　　　　氏名　ABC不動産株式会社
　　　　　　　　　　代表取締役　菊池　進　㊞
　　　　　　　TEL　03-＊＊＊＊-＊＊＊＊
2．賃料等支払先　口座名　W銀行一番町支店
　　　　　　　　　　　　普通預金口座　＊＊＊＊＊＊＊＊＊
　　　　　　　　　　　　　　　　ABC不動産

不動産の表示

賃貸物件　メゾン日本橋　405号室　　面積　19.45m²
所在　　　中央区三番町2丁目3-3-405号
賃貸条件　家賃：月額＊＊＊＊＊＊円
　　　　　敷金：　金＊＊＊＊＊＊円

以下余白

売 買 編

① 専属専任媒介契約書

> この媒介契約は、国土交通省が定めた標準媒介契約約款に基づく契約です。

専属専任媒介契約書

依頼の内容 ｜ ㊲売却・購入・交換

　この契約は、次の３つの契約型式のうち、専属専任媒介契約型式です。

・専属専任媒介契約型式

　依頼者は、目的物件の売買又は交換の媒介又は代理を、当社以外の宅地建物取引業者に重ねて依頼することができません。

　依頼者は、自ら発見した相手方と売買又は交換の契約を締結することができません。

　当社は、目的物件を国土交通大臣が指定した指定流通機構に登録します。

・専任媒介契約型式

　依頼者は、目的物件の売買又は交換の媒介又は代理を、当社以外の宅地建物取引業者に重ねて依頼することができません。

　依頼者は、自ら発見した相手方と売買又は交換の契約を締結することができます。

　当社は、目的物件を国土交通大臣が指定した指定流通機構に登録します。

・一般媒介契約型式

　依頼者は、目的物件の売買又は交換の媒介又は代理を、当社以外の宅地建物取引業者に重ねて依頼することができます。

　依頼者は、自ら発見した相手方と売買又は交換の契約を締結することができます。

依頼者甲は、この契約書及び専属専任媒介契約約款により、別表に表示する不動産（目的物件）に関する売買（交換）の媒介を宅地建物取引業者乙に依頼し、乙はこれを承諾します。

　　　　　　　　　　　　　　　　　　　　　　　平成＊＊年＊＊月＊＊日

甲・依　頼　者　　　住所　東京都多摩市桜台１丁目１番１号
　　　　　　　　　　氏名　小泉　一郎　㊞
乙・宅地建物取引業者　商号（名称）　甲不動産株式会社
　　　　　　　　　　代表者　代表取締役　甲野　三郎　㊞
　　　　　　　　　　主たる事務所の所在地　世田谷区若葉台１丁目３番３号
　　　　　　　　　　免許証番号　　　　　東京都知事（3）第＊＊＊＊号

1　成約に向けての義務
　一　乙は、契約の相手方を探索するとともに、契約の相手方との契約条件の調整等を行い、契約の成立に向けて積極的に努力します。
　二　乙は、甲に対し、(注1) 電子メールにより、(注2) １週間に１回以上の頻度で業務の処理状況を報告します。
　三　乙は、広く契約の相手方を探索するため、目的物件につき、所在地、規模、形質、媒介価額その他の事項を、(注3) ㈶東日本不動産流通機構にこの媒介契約の締結の日の翌日から (注4) ５日以内（乙の休業日を含みません。）に登録します。また、目的物件を登録したときは、遅滞なく、甲に対して宅地建物取引業法第50条の６に定める登録を証する書面を交付します。
　　　なお、乙は、目的物件の売買又は交換の契約が成立したときは、宅地建物取引業法第34条の２第７項に基づき当該契約に関する情報を指定流通機構に通知し、当該契約に関する情報は、当該指定流通機構から宅地建物取引業者に提供されるなど、宅地建物取引業法第50条の３及び第50条の７に定める指定流通機構の業務のために利用されます。
　備考
　　（注1）　文書又は電子メールのうちいずれかの方法を選択して記入すること。
　　（注2）　宅地建物取引業法第34条の２第８項に定める頻度　（１週間に１回以上）の範囲内で具体的な頻度を記入すること。
　　（注3）　当該目的物件の所在地を含む地域を対象として登録業務を行っている

　　　　　　指定流通機構の名称を記入すること。
　　（注4）　宅地建物取引業法第34条の2第5項及び宅地建物取引業法施行規則第
　　　　　　15条の8に定める期間（5日以内）の範囲内で具体的な期間を記入すること。
2　媒介に係る業務
　　乙は、1に掲げる義務を履行するとともに、次の業務を行います。
　一　乙は、甲に対し、目的物件を売買すべき価額又は評価額について意見を述べるときは、その根拠を明らかにして説明を行います。
　二　甲が乙に目的物件の購入又は取得を依頼した場合にあっては、乙は、甲に対し、目的物件の売買又は交換の契約が成立するまでの間に、宅地建物取引主任者（以下「取引主任者」といいます。）をして、宅地建物取引業法第35条に定める重要事項について、取引主任者が記名押印した書面を交付して説明させます。
　三　乙は、目的物件の売買又は交換の契約が成立したときは、甲及び甲の相手方に対し、遅滞なく、宅地建物取引業法第37条に定める書面を作成し、取引主任者に当該書面に記名押印させた上で、これを交付します。
　四　乙は、甲に対し、登記、決済手続等の目的物件の引渡しに係る事務の補助を行います。
　五　その他（　　　　　　　　　　　　　　　　　　　　　　　　）
3　違約金等
　一　甲がこの媒介契約の有効期間内に乙以外の宅地建物取引業者に目的物件の売買若しくは交換の媒介若しくは代理を依頼し、これによって売買若しくは交換の契約を成立させたとき、又は甲が自ら発見した相手方と目的物件の売買若しくは交換の契約を締結したときは、乙は、甲に対して、約定報酬額に相当する金額（この媒介に係る消費税額及び地方消費税額の合計額に相当する額を除きます。）を違約金として請求することができます。
　二　乙の責めに帰すことができない事由によってこの媒介契約が解除されたときは、乙は、甲に対して、この媒介契約の履行のために要した費用の償還を請求することができます。
4　有効期間
　　この媒介契約締結後3ヶ月（平成＊＊年＊＊月＊＊日まで）とします。

5 約定報酬額

(消費税及び地方消費税抜き報酬額)　(消費税額及び地方消費税額の合計額)

<u>成約本体価額×3％＋6万円</u>と<u>(成約本体価額×3％＋6万)×5％</u>円を合計した額とします。

6 約定報酬の受領の時期

<u>売買契約成立時に50％相当額、取引完了時に残りの50％相当額</u>とします。

7 特約事項

なし

別表

所有者	住所　東京都多摩市桜台1丁目1番1号	登記名義人	住所　　　　　同左
	氏名　　小泉 一郎		氏名　　　　　同左

所在地	東京都多摩市桜台1丁目1番1

目的物件の表示	土地	実測	——— m²	地目	㊇宅地㊆・田・畑・山林・雑種地・その他（　）	権利内容	㊇所有権㊆・借地権
		公簿	120.00m²				
	建物	建築面積	52.00m²	種類	居宅	構造	木造 瓦葺2階建
		延面積	104.00m²	間取り	4LDK		
	マンション	名称		階　　号室	構造		造　　階建
		タイプ	LDK　DK		共有持分	分の	
		専有面積	m²				

192

本体価額	金50,000,000円	備 考
消費税額及び地方消費税額の合計額	円	
媒介価額	総額金50,000,000円	

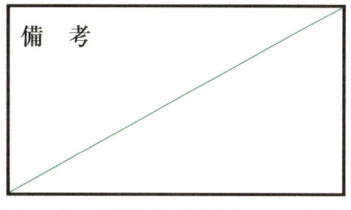

［ただし、買い依頼に係る媒介契約については、次の別表を使用することとして差し支えない。］

希望する条件

項　　目	内　　容	希　望　の　程　度
物件の種類		
価額		
広さ・間取り等		
物件の所在地		

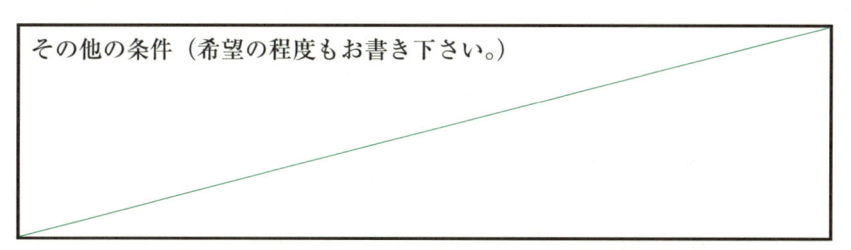

その他の条件（希望の程度もお書き下さい。）

注　「希望の程度」の欄には、「特に強い」、「やや強い」、「普通」等と記入すること。

売買編　専属専任媒介契約書

専属専任媒介契約約款

（目的）
第1条　この約款は、宅地又は建物の売買又は交換の専属専任媒介契約について、当事者が契約の締結に際して定めるべき事項及び当事者が契約の履行に関して互いに遵守すべき事項を明らかにすることを目的とします。

（当事者の表示と用語の定義）
第2条　この約款においては、媒介契約の当事者について、依頼者を「甲」、依頼を受ける宅地建物取引業者を「乙」と表示します。
　　2　この約款において、「専属専任媒介契約」とは、甲が依頼の目的である宅地又は建物（以下「目的物件」といいます。）の売買又は交換の媒介又は代理を乙以外の宅地建物取引業者に重ねて依頼することができず、かつ、甲が自ら発見した相手方と目的物件の売買又は交換の契約を締結することができないものとする媒介契約をいいます。

（目的物件の表示等）
第3条　目的物件を特定するために必要な表示及び目的物件を売買すべき価額又は交換すべき評価額（以下「媒介価額」といいます。）は、専属専任媒介契約書の別表に記載します。

（宅地建物取引業者の義務等）
第4条　乙は、次の事項を履行する義務を負います。
　　一　契約の相手方を探索するとともに、契約の相手方との契約条件の調整等を行い、契約の成立に向けて積極的に努力すること。
　　二　甲に対して、専属専任媒介契約書に記載する方法及び頻度により業務の処理状況を報告すること。
　　三　広く契約の相手方を探索するため、目的物件につき、所在地、規模、形質、媒介価額その他の事項を、専属専任媒介契約書に記載する指定流通機構に媒介契約の締結の日の翌日から専属専任媒介契約書に記載する期間内（乙の休業日を含みません。）に登録すること。
　　四　前号の登録をしたときは、遅滞なく、指定流通機構が発行した宅地建物取引業法第50条の6に定める登録を証する書面を甲に対して交付すること。

2　乙は、前項に掲げる義務を履行するとともに、次の業務を行います。
　一　媒介価額の決定に際し、甲に、その価額に関する意見を述べるときは、根拠を示して説明を行うこと。
　二　甲が乙に目的物件の購入又は取得を依頼した場合にあっては、甲に対して、目的物件の売買又は交換の契約が成立するまでの間に、取引主任者をして、宅地建物取引業法第35条に定める重要事項について、取引主任者が記名押印した書面を交付して説明させること。
　三　目的物件の売買又は交換の契約が成立したときは、甲及び甲の相手方に対して、遅滞なく、宅地建物取引業法第37条に定める書面を作成し、取引主任者に当該書面に記名押印させた上で、これを交付すること。
　四　甲に対して、登記、決済手続等の目的物件の引渡しに係る事務の補助を行うこと。
　五　その他専属専任媒介契約書に記載する業務を行うこと。

（媒介価額の変更の助言等）
第５条　媒介価額が地価や物価の変動その他事情の変更によって不適当と認められるに至ったときは、乙は、甲に対して、媒介価額の変更について根拠を示して助言します。
　２　甲は、媒介価額を変更しようとするときは、乙にその旨を通知します。この場合において、価額の変更が引上げであるとき（甲が乙に目的物件の購入又は取得を依頼した場合にあっては、引下げであるとき）は、乙の承諾を要します。
　３　乙は、前項の承諾を拒否しようとするときは、その根拠を示さなければなりません。

（有効期間）
第６条　専属専任媒介契約の有効期間は、３ヶ月を超えない範囲で、甲乙協議の上、定めます。

（報酬の請求）
第７条　乙の媒介によって目的物件の売買又は交換の契約が成立したときは、乙は、甲に対して、報酬を請求することができます。ただし、売買又は交換の契約が停止条件付契約として成立したときは、乙は、そ

の条件が成就した場合にのみ報酬を請求することができます。

　2　前項の報酬の額は、国土交通省告示に定める限度額の範囲内で、甲乙協議の上、定めます。

（報酬の受領の時期）

第8条　乙は、宅地建物取引業法第37条に定める書面を作成し、これを成立した契約の当事者に交付した後でなければ、前条第1項の報酬（以下「約定報酬」といいます。）を受領することができません。

　2　目的物件の売買又は交換の契約が、代金又は交換差金についての融資の不成立を解除条件として締結された後、融資の不成立が確定した場合、又は融資が不成立のときは甲が契約を解除できるものとして締結された後、融資の不成立が確定し、これを理由として甲が契約を解除した場合は、乙は、甲に、受領した約定報酬の全額を遅滞なく返還しなければなりません。ただし、これに対しては、利息は付さないこととします。

（特別依頼に係る費用）

第9条　甲が乙に特別に依頼した広告の料金又は遠隔地への出張旅費は甲の負担とし、甲は、乙の請求に基づいて、その実費を支払わなければなりません。

（直接取引）

第10条　専属専任媒介契約の有効期間の満了後2年以内に、甲が乙の紹介によって知った相手方と乙を排除して目的物件の売買又は交換の契約を締結したときは、乙は、甲に対して、契約の成立に寄与した割合に応じた相当額の報酬を請求することができます。

（違約金の請求）

第11条　甲は、専属専任媒介契約の有効期間内に、乙以外の宅地建物取引業者に目的物件の売買又は交換の媒介又は代理を依頼することはできません。甲がこれに違反し、売買又は交換の契約を成立させたときは、乙は、甲に対して、約定報酬額に相当する金額（この媒介に係る消費税額及び地方消費税額の合計額に相当する額を除きます。）の違約金の支払を請求することができます。

　2　甲は、専属専任媒介契約の有効期間内に、自ら発見した相手方と目

的物件の売買又は交換の契約を締結することはできません。甲がこれに違反したときは、乙は、甲に対して、約定報酬額に相当する金額(この媒介に係る消費税額及び地方消費税額の合計額に相当する額を除きます。)の違約金の支払を請求することができます。

(費用償還の請求)
第12条　専属専任媒介契約の有効期間内において、乙の責めに帰すことができない事由によって専属専任媒介契約が解除されたときは、乙は、甲に対して、専属専任媒介契約の履行のために要した費用の償還を請求することができます。
　2　前項の費用の額は、約定報酬額を超えることはできません。

(更新)
第13条　専属専任媒介契約の有効期間は、甲及び乙の合意に基づき、更新することができます。
　2　有効期間の更新をしようとするときは、有効期間の満了に際して甲から乙に対し文書でその旨を申し出るものとします。
　3　前２項の規定による有効期間の更新に当たり、甲乙間で専属専任媒介契約の内容について別段の合意がなされなかったときは、従前の契約と同一内容の契約が成立したものとみなします。

(契約の解除)
第14条　甲又は乙が専属専任媒介契約に定める義務の履行に関してその本旨に従った履行をしない場合には、その相手方は、相当の期間を定めて履行を催告し、その期間内に履行がないときは、専属専任媒介契約を解除することができます。
第15条　次のいずれかに該当する場合においては、甲は、専属専任媒介契約を解除することができます。
　一　乙が専属専任媒介契約に係る業務について信義を旨とし誠実に遂行する義務に違反したとき。
　二　乙が専属専任媒介契約に係る重要な事項について故意若しくは重過失により事実を告げず、又は不実のことを告げる行為をしたとき。
　三　乙が宅地建物取引業に関して不正又は著しく不当な行為をしたとき。

（特約）

第16条　この約款に定めがない事項については、甲及び乙が協議して別に定めることができます。

　　2　この約款の各条項の定めに反する特約で甲に不利なものは無効とします。

以下余白

㉒ 専任媒介契約書

> この媒介契約は、国土交通省が定めた標準媒介契約約款に基づく契約です。

専任媒介契約書

依頼の内容 | ㊲売却・購入・交換

　この契約は、次の3つの契約型式のうち、専任媒介契約型式です。
・専属専任媒介契約型式
　　依頼者は、目的物件の売買又は交換の媒介又は代理を、当社以外の宅地建物取引業者に重ねて依頼することができません。
　　依頼者は、自ら発見した相手方と売買又は交換の契約を締結することができません。
　　当社は、目的物件を国土交通大臣が指定した指定流通機構に登録します。
・専任媒介契約型式
　　依頼者は、目的物件の売買又は交換の媒介又は代理を、当社以外の宅地建物取引業者に重ねて依頼することができません。
　　依頼者は、自ら発見した相手方と売買又は交換の契約を締結することができます。
　　当社は、目的物件を国土交通大臣が指定した指定流通機構に登録します。
・一般媒介契約型式
　　依頼者は、目的物件の売買又は交換の媒介又は代理を、当社以外の宅地建物取引業者に重ねて依頼することができます。
　　依頼者は、自ら発見した相手方と売買又は交換の契約を締結することができます。

依頼者甲は、この契約書及び専任媒介契約約款により、別表に表示する不動産（目的物件）に関する売買（交換）の媒介を宅地建物取引業者乙に依頼し、乙はこれを承諾します。

平成＊＊年＊＊月＊＊日

甲・依　頼　者　　　　　住所　東京都多摩市桜台1丁目1番1号
　　　　　　　　　　　　氏名　小泉　一郎　㊞
乙・宅地建物取引業者　　商号（名称）　甲不動産株式会社
　　　　　　　　　　　　代表者　代表取締役　甲野　三郎　㊞
　　　　　　　　　　　　主たる事務所の所在地　世田谷区若葉台1丁目3番3号
　　　　　　　　　　　　免許証番号　　　　　　東京都知事（3）第＊＊＊＊号

1　成約に向けての義務
　一　乙は、契約の相手方を探索するとともに、契約の相手方との契約条件の調整等を行い、契約の成立に向けて積極的に努力します。
　二　乙は、甲に対し、(注1) <u>文書</u>により、(注2) <u>2週間に1回</u>以上の頻度で業務の処理状況を報告します。
　三　乙は、広く契約の相手方を探索するため、目的物件につき、所在地、規模、形質、媒介価額その他の事項を、(注3) <u>㈶東日本不動産流通機構</u>にこの媒介契約の締結の日の翌日から (注4) <u>7</u>日以内（乙の休業日を含みません。）に登録します。また、目的物件を登録したときは、遅滞なく、甲に対して宅地建物取引業法第50条の6に定める登録を証する書面を交付します。
　　なお、乙は、目的物件の売買又は交換の契約が成立したときは、宅地建物取引業法第34条の2第7項に基づき当該契約に関する情報を指定流通機構に通知し、当該契約に関する情報は、当該指定流通機構から宅地建物取引業者に提供されるなど、宅地建物取引業法第50条の3及び第50条の7に定める指定流通機構の業務のために利用されます。
備考
　（注1）　文書又は電子メールのうちいずれかの方法を選択して記入すること。
　（注2）　宅地建物取引業法第34条の2第8項に定める頻度（2週間に1回以上）の範囲内で具体的な頻度を記入すること。
　（注3）　当該目的物件の所在地を含む地域を対象として登録業務を行っている

指定流通機構の名称を記入すること。
（注4）　宅地建物取引業法第34条の2第5項及び宅地建物取引業法施行規則第15条の8に定める期間（7日以内）の範囲内で具体的な期間を記入すること。

2　媒介に係る業務
　　乙は、1に掲げる義務を履行するとともに、次の業務を行います。
　一　乙は、甲に対し、目的物件を売買すべき価額又は評価額について意見を述べるときは、その根拠を明らかにして説明を行います。
　二　甲が乙に目的物件の購入又は取得を依頼した場合にあっては、乙は、甲に対し、目的物件の売買又は交換の契約が成立するまでの間に、宅地建物取引主任者（以下「取引主任者」といいます。）をして、宅地建物取引業法第35条に定める重要事項について、取引主任者が記名押印した書面を交付して説明させます。
　三　乙は、目的物件の売買又は交換の契約が成立したときは、甲及び甲の相手方に対し、遅滞なく、宅地建物取引業法第37条に定める書面を作成し、取引主任者に当該書面に記名押印させた上で、これを交付します。
　四　乙は、甲に対し、登記、決済手続等の目的物件の引渡しに係る事務の補助を行います。
　五　その他（　　　　　　　　　　　　　　　　　　　　　）

3　違約金等
　一　甲がこの媒介契約の有効期間内に乙以外の宅地建物取引業者に目的物件の売買又は交換の媒介又は代理を依頼し、これによって売買又は交換の契約を成立させたときは、乙は、甲に対して、約定報酬額に相当する金額（この媒介に係る消費税額及び地方消費税額の合計額に相当する額を除きます。）を違約金として請求することができます。
　二　この媒介契約の有効期間内において、甲が自ら発見した相手方と目的物件の売買若しくは交換の契約を締結したとき、又は乙の責めに帰すことができない事由によってこの媒介契約が解除されたときは、乙は、甲に対して、この媒介契約の履行のために要した費用の償還を請求することができます。

4　有効期間
　　この媒介契約締結後3ヶ月（平成＊＊年＊＊月＊＊日まで）とします。

5　約定報酬額

　　（消費税及び地方消費税抜き報酬額）　　（消費税額及び地方消費税額の合計額）
　　<u>成約本体価額×３％＋６万</u>円と　<u>（成約本体価額×３％＋６万）×５％</u>円
を合計した額とします。

6　約定報酬の受領の時期

　　<u>売買契約成立時に50％相当額、取引完了時に残りの50％相当額</u>とします。

7　特約事項

　　なし

別表

所有者	住所 神奈川県川崎市麻生区本町１番地１	登記名義人	住所 東京都多摩市桜台１丁目１番１号
	氏名　　　小泉　一郎		氏名　　　同左

所在地	東京都多摩市桜台１丁目１番１号

目的物件の表示	土地	実測	――㎡	地目	宅地・田・畑・山林・雑種地・その他（　）	権利内容	所有権・借地権
		公簿	120.00㎡				
	建物	建築面積	52.00㎡	種類	居宅	構造	木造瓦葺２階建
		延面積	104.00㎡	間取り	4LDK		
	マンション	名称	階　　号室		構造		造　　階建
		タイプ	LDK　　DK		共有持分		分の
		専有面積	㎡				

本体価額	金50,000,000円
消費税額及び地方消費税額の合計額	円
媒介価額	総額金50,000,000円

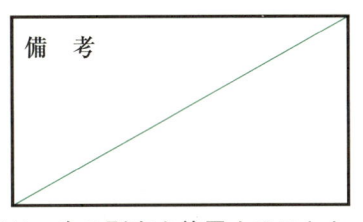

備 考	

［ただし、買い依頼に係る媒介契約については、次の別表を使用することとして差し支えない。］

希望する条件

項　　目	内　　容	希　望　の　程　度
物件の種類		
価額		
広さ・間取り等		
物件の所在地		

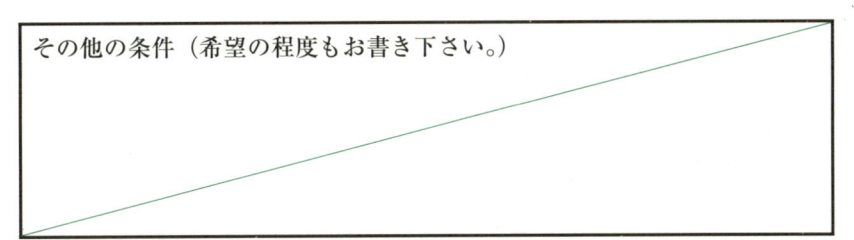

その他の条件（希望の程度もお書き下さい。）

注　「希望の程度」の欄には、「特に強い」、「やや強い」、「普通」等と記入すること。

専任媒介契約約款

（目的）
第1条　この約款は、宅地又は建物の売買又は交換の専任媒介契約について、当事者が契約の締結に際して定めるべき事項及び当事者が契約の履行に関して互いに遵守すべき事項を明らかにすることを目的とします。

（当事者の表示と用語の定義）
第2条　この約款においては、媒介契約の当事者について、依頼者を「甲」、依頼を受ける宅地建物取引業者を「乙」と表示します。
　2　この約款において、「専任媒介契約」とは、甲が依頼の目的である宅地又は建物（以下「目的物件」といいます。）の売買又は交換の媒介又は代理を乙以外の宅地建物取引業者に重ねて依頼することができないものとする媒介契約をいいます。

（目的物件の表示等）
第3条　目的物件を特定するために必要な表示及び目的物件を売買すべき価額又は交換すべき評価額（以下「媒介価額」といいます。）は、専任媒介契約書の別表に記載します。

（宅地建物取引業者の義務等）
第4条　乙は、次の事項を履行する義務を負います。
　　一　契約の相手方を探索するとともに、契約の相手方との契約条件の調整等を行い、契約の成立に向けて積極的に努力すること。
　　二　甲に対して、専任媒介契約書に記載する方法及び頻度により業務の処理状況を報告すること。
　　三　広く契約の相手方を探索するため、目的物件につき、所在地、規模、形質、媒介価額その他の事項を、専任媒介契約書に記載する指定流通機構に媒介契約の締結の日の翌日から専任媒介契約書に記載する期間内（乙の休業日を含みません。）に登録すること。
　　四　前号の登録をしたときは、遅滞なく、指定流通機構が発行した宅地建物取引業法第50条の6に定める登録を証する書面を甲に対して交付すること。
　2　乙は、前項に掲げる義務を履行するとともに、次の業務を行います。
　　一　媒介価額の決定に際し、甲に、その価額に関する意見を述べると

きは、根拠を示して説明を行うこと。
　二　甲が乙に目的物件の購入又は取得を依頼した場合にあっては、甲に対して、目的物件の売買又は交換の契約が成立するまでの間に、取引主任者をして、宅地建物取引業法第35条に定める重要事項について、取引主任者が記名押印した書面を交付して説明させること。
　三　目的物件の売買又は交換の契約が成立したときは、甲及び甲の相手方に対して、遅滞なく、宅地建物取引業法第37条に定める書面を作成し、取引主任者に当該書面に記名押印させた上で、これを交付すること。
　四　甲に対して、登記、決済手続等の目的物件の引渡しに係る事務の補助を行うこと。
　五　その他専任媒介契約書に記載する業務を行うこと。

（媒介価額の変更の助言等）

第５条　媒介価額が地価や物価の変動その他事情の変更によって不適当と認められるに至ったときは、乙は、甲に対して、媒介価額の変更について根拠を示して助言します。

　２　甲は、媒介価額を変更しようとするときは、乙にその旨を通知します。この場合において、価額の変更が引上げであるとき（甲が乙に目的物件の購入又は取得を依頼した場合にあっては、引下げであるとき）は、乙の承諾を要します。

　３　乙は、前項の承諾を拒否しようとするときは、その根拠を示さなければなりません。

（有効期間）

第６条　専任媒介契約の有効期間は、３ヶ月を超えない範囲で、甲乙協議の上、定めます。

（報酬の請求）

第７条　乙の媒介によって目的物件の売買又は交換の契約が成立したときは、乙は、甲に対して、報酬を請求することができます。ただし、売買又は交換の契約が停止条件付契約として成立したときは、乙は、その条件が成就した場合にのみ報酬を請求することができます。

　２　前項の報酬の額は、国土交通省告示に定める限度額の範囲内で、甲

乙協議の上、定めます。

(報酬の受領の時期)

第8条　乙は、宅地建物取引業法第37条に定める書面を作成し、これを成立した契約の当事者に交付した後でなければ、前条第1項の報酬(以下「約定報酬」といいます。)を受領することができません。

　2　目的物件の売買又は交換の契約が、代金又は交換差金についての融資の不成立を解除条件として締結された後、融資の不成立が確定した場合、又は融資が不成立のときは甲が契約を解除できるものとして締結された後、融資の不成立が確定し、これを理由として甲が契約を解除した場合は、乙は、甲に、受領した約定報酬の全額を遅滞なく返還しなければなりません。ただし、これに対しては、利息は付さないこととします。

(特別依頼に係る費用)

第9条　甲が乙に特別に依頼した広告の料金又は遠隔地への出張旅費は甲の負担とし、甲は、乙の請求に基づいて、その実費を支払わなければなりません。

(直接取引)

第10条　専任媒介契約の有効期間内又は有効期間の満了後2年以内に、甲が乙の紹介によって知った相手方と乙を排除して目的物件の売買又は交換の契約を締結したときは、乙は、甲に対して、契約の成立に寄与した割合に応じた相当額の報酬を請求することができます。

(違約金の請求)

第11条　甲は、専任媒介契約の有効期間内に、乙以外の宅地建物取引業者に目的物件の売買又は交換の媒介又は代理を依頼することはできません。甲がこれに違反し、売買又は交換の契約を成立させたときは、乙は、甲に対して、約定報酬額に相当する金額(この媒介に係る消費税額及び地方消費税額の合計額に相当する額を除きます。)の違約金の支払を請求することができます。

(自ら発見した相手方と契約しようとする場合の通知)

第12条　甲は、専任媒介契約の有効期間内に、自ら発見した相手方と目的物件の売買又は交換の契約を締結しようとするときは、乙に対して、そ

の旨を通知しなければなりません。

（費用償還の請求）

第13条　専任媒介契約の有効期間内において、甲が自ら発見した相手方と目的物件の売買若しくは交換の契約を締結したとき、又は乙の責めに帰すことができない事由によって専任媒介契約が解除されたときは、乙は、甲に対して、専任媒介契約の履行のために要した費用の償還を請求することができます。

　2　前項の費用の額は、約定報酬額を超えることはできません。

（更新）

第14条　専任媒介契約の有効期間は、甲及び乙の合意に基づき、更新することができます。

　2　有効期間の更新をしようとするときは、有効期間の満了に際して甲から乙に対し文書でその旨を申し出るものとします。

　3　前2項の規定による有効期間の更新に当たり、甲乙間で専任媒介契約の内容について別段の合意がなされなかったときは、従前の契約と同一内容の契約が成立したものとみなします。

（契約の解除）

第15条　甲又は乙が専任媒介契約に定める義務の履行に関してその本旨に従った履行をしない場合には、その相手方は、相当の期間を定めて履行を催告し、その期間内に履行がないときは、専任媒介契約を解除することができます。

第16条　次のいずれかに該当する場合においては、甲は、専任媒介契約を解除することができます。

　一　乙が専任媒介契約に係る業務について信義を旨とし誠実に遂行する義務に違反したとき。

　二　乙が専任媒介契約に係る重要な事項について故意若しくは重過失により事実を告げず、又は不実のことを告げる行為をしたとき。

　三　乙が宅地建物取引業に関して不正又は著しく不当な行為をしたとき。

（特約）

第17条　この約款に定めがない事項については、甲及び乙が協議して別に定

めることができます。
2　この約款の各条項の定めに反する特約で甲に不利なものは無効とします。

　　　　　　　　　　　　　　　　　　　　　　　　　　以下余白

③ 一般媒介契約書

> この媒介契約は、国土交通省が定めた標準媒介契約約款に基づく契約です。

一般媒介契約書

依頼の内容	売却・購入・交換

　この契約は、次の3つの契約型式のうち、一般媒介契約型式です。なお、依頼者は、重ねて依頼する宅地建物取引業者を明示する義務を負います。重ねて依頼する宅地建物取引業者を明示しない契約とする場合は、その旨を特約するものとします。

・専属専任媒介契約型式

　依頼者は、目的物件の売買又は交換の媒介又は代理を、当社以外の宅地建物取引業者に重ねて依頼することができません。

　依頼者は、自ら発見した相手方と売買又は交換の契約を締結することができません。

　当社は、目的物件を国土交通大臣が指定した指定流通機構に登録します。

・専任媒介契約型式

　依頼者は、目的物件の売買又は交換の媒介又は代理を、当社以外の宅地建物取引業者に重ねて依頼することができません。

　依頼者は、自ら発見した相手方と売買又は交換の契約を締結することができます。

　当社は、目的物件を国土交通大臣が指定した指定流通機構に登録します。

・一般媒介契約型式

　依頼者は、目的物件の売買又は交換の媒介又は代理を、当社以外の宅地建物取引業者に重ねて依頼することができます。

　依頼者は、自ら発見した相手方と売買又は交換の契約を締結することができます。

依頼者甲は、この契約書及び一般媒介契約約款により、別表に表示する不動産（目的物件）に関する売買（交換）の媒介を宅地建物取引業者乙に依頼し、乙はこれを承諾します。

平成＊＊年＊＊月＊＊日

甲・依　頼　者　　住所　杉並区杉並５丁目４番３-303号
　　　　　　　　　氏名　佐藤 光一 ㊞

乙・宅地建物取引業者　　商号（名称）　甲野不動産株式会社
　　　　　　　　　代表者　代表取締役　甲野 三郎 ㊞
　　　　　　　　　主たる事務所の所在地　世田谷区若葉台１丁目３番３号
　　　　　　　　　免許証番号　東京都知事（３）第＊＊＊＊号

1　依頼する乙以外の宅地建物取引業者

（商号又は名称）　丙不動産株式会社

（主たる事務所の所在地）　杉並区杉並１丁目３－３

2　甲の通知義務

一　甲は、この媒介契約の有効期間内に１に表示する宅地建物取引業者以外の宅地建物取引業者に重ねて目的物件の売買又は交換の媒介又は代理を依頼しようとするときは、乙に対して、その旨を通知する義務を負います。

二　甲は、この媒介契約の有効期間内に、自ら発見した相手方と売買若しくは交換の契約を締結したとき、又は乙以外の宅地建物取引業者の媒介若しくは代理によって売買若しくは交換の契約を締結させたときは、乙に対して、遅滞なくその旨を通知する義務を負います。

三　一及び二の通知を怠った場合には、乙は、一般媒介契約約款の定めにより、甲に対して、費用の償還を請求することができます。

3　媒介に係る乙の業務

乙は、契約の相手方との契約条件の調整等を行い、契約の成立に向けて努力するとともに、次の業務を行います。

一　乙は、甲に対し、目的物件を売買すべき価額又は評価額について意見を述べるときは、その根拠を明らかにして説明を行います。

二　甲が乙に目的物件の購入又は取得を依頼した場合にあっては、乙は、甲に対し、目的物件の売買又は交換の契約が成立するまでの間に、宅地

建物取引主任者（以下「取引主任者」といいます。）をして、宅地建物取引業法第35条に定める重要事項について、取引主任者が記名押印した書面を交付して説明させます。
　三　乙は、目的物件の売買又は交換の契約が成立したときは、甲及び甲の相手方に対し、遅滞なく、宅地建物取引業法第37条に定める書面を作成し、取引主任者に当該書面に記名押印させた上で、これを交付します。
　四　乙は、甲に対し、登記、決済手続等の目的物件の引渡しに係る事務の補助を行います。
　五　その他（――――――――――――――――――）
4　指定流通機構への登録の有無（有・無）　＊＿＿＿＿＿＿＿＿＿＿＿
　＊登録をする場合にあっては、当該登録をしようとする指定流通機構の名称を記入する。
5　有効期間
　この媒介契約締結後3ヶ月（平成＊＊年＊＊月＊＊日まで）とします。
6　約定報酬額
　（消費税及び地方消費税抜き報酬額）　（消費税額及び地方消費税額の合計額）
　成約本体価額×3％＋6万円と（成約本体価額×3％＋6万）×5％円
を合計した額とします。
7　約定報酬の受領の時期
　売買契約成立時に50％相当額、取引完了時に残りの50％相当額とします。
8　特約事項
　なし

別表

所有者	住所	杉並区杉並5丁目4番3-303号	登記名義人	住所	同左
	氏名	佐藤 光一		氏名	佐藤 太郎

所在地	杉並区杉並5丁目4番3-303号

目的物件の表示	土地	実測	m²	地目	宅地・田・畑・山林・雑種地・その他（　）	権利内容	所有権・借地権
		公簿	m²				
	建物	建築面積	m²	種類		構造	造 　　葺　階建
		延面積		間取り			
	マンション	名称	杉並ハイツ　　　　　　　　3階　303号室			構造	鉄筋コンクリート造 3階建
		タイプ	2LDK　　DK			共有持分	24分の1
		専有面積	58.50m²				

本体価額	金18,000,000円
消費税額及び地方消費税額の合計額	――――――円
媒介価額	総額金18,000,000円

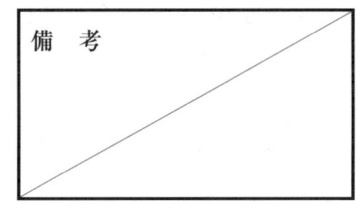

備　考

［ただし、買い依頼に係る媒介契約については、次の別表を使用することとして差し支えない。］

希望する条件

項　目	内　容	希望の程度
物件の種類		
価額		
広さ・間取り等		
物件の所在地		

その他の条件（希望の程度もお書き下さい。）

注　「希望の程度」の欄には、「特に強い」、「やや強い」、「普通」等と記入すること。

売買編　一般媒介契約書

一般媒介契約約款

（目的）
第1条　この約款は、宅地又は建物の売買又は交換の一般媒介契約について、当事者が契約の締結に際して定めるべき事項及び当事者が契約の履行に関して互いに遵守すべき事項を明らかにすることを目的とします。

（当事者の表示と用語の定義）
第2条　この約款においては、媒介契約の当事者について、依頼者を「甲」、依頼を受ける宅地建物取引業者を「乙」と表示します。
　　2　この約款において、「一般媒介契約」とは、甲が依頼の目的である宅地又は建物（以下「目的物件」といいます。）の売買又は交換の媒介又は代理を乙以外の宅地建物取引業者に重ねて依頼することができるものとする媒介契約をいいます。

（目的物件の表示等）
第3条　目的物件を特定するために必要な表示及び目的物件を売買すべき価額又は交換すべき評価額（以下「媒介価額」といいます。）は、一般媒介契約書の別表に記載します。

（重ねて依頼をする宅地建物取引業者の明示）
第4条　甲は、目的物件の売買又は交換の媒介又は代理を乙以外の宅地建物取引業者に重ねて依頼するときは、その宅地建物取引業者を乙に明示しなければなりません。
　　2　一般媒介契約の締結時においてすでに依頼をしている宅地建物取引業者の商号又は名称及び主たる事務所の所在地は、一般媒介契約書に記載するものとし、その後において更に他の宅地建物取引業者に依頼をしようとするときは、甲は、その旨を乙に通知するものとします。

（宅地建物取引業者の業務）
第5条　乙は、契約の相手方との契約条件の調整等を行い、契約の成立に向けて努力するとともに、次の業務を行います。
　　一　媒介価額の決定に際し、甲に、その価額に関する意見を述べるときは、根拠を示して説明を行うこと。
　　二　甲が乙に目的物件の購入又は取得を依頼した場合にあっては、甲に対して、目的物件の売買又は交換の契約が成立するまでの間に、

　　　　取引主任者をして、宅地建物取引業法第35条に定める重要事項について、取引主任者が記名押印した書面を交付して説明させること。
　　三　目的物の売買又は交換の契約が成立したときは、甲及び甲の相手方に対して、遅滞なく、宅地建物取引業法第37条に定める書面を作成し、取引主任者に当該書面に記名押印させた上で、これを交付すること。
　　四　甲に対して、登記、決済手続等の目的物の引渡しに係る事務の補助を行うこと。
　　五　その他一般媒介契約書に記載する業務を行うこと。
（媒介価額の変更の助言等）
第６条　媒介価額が地価や物価の変動その他事情の変更によって不適当と認められるに至ったときは、乙は、甲に対して、媒介価額の変更について根拠を示して助言します。
　２　甲は、媒介価額を変更しようとするときは、乙にその旨を通知します。この場合において、価額の変更が引上げであるとき（甲が乙に目的物の購入又は取得を依頼した場合にあっては、引下げであるとき）は、乙の承諾を要します。
　３　乙は、前項の承諾を拒否しようとするときは、その根拠を示さなければなりません。
（有効期間）
第７条　一般媒介契約の有効期間は、３ヶ月を超えない範囲で、甲乙協議の上、定めます。
（指定流通機構への登録）
第８条　乙は、この媒介契約において目的物を指定流通機構に登録することとした場合にあっては、当該目的物を一般媒介契約書に記載する指定流通機構に登録しなければなりません。
（報酬の請求）
第９条　乙の媒介によって目的物の売買又は交換の契約が成立したときは、乙は、甲に対して、報酬を請求することができます。ただし、売買又は交換の契約が停止条件付契約として成立したときは、乙は、その条件が成就した場合にのみ報酬を請求することができます。

2　前項の報酬の額は、国土交通省告示に定める限度額の範囲内で、甲乙協議の上、定めます。
（報酬の受領の時期）
第10条　乙は、宅地建物取引業法第37条に定める書面を作成し、これを成立した契約の当事者に交付した後でなければ、前条第1項の報酬（以下「約定報酬」といいます。）を受領することができません。
　　2　目的物件の売買又は交換の契約が、代金又は交換差金についての融資の不成立を解除条件として締結された後、融資の不成立が確定した場合、又は融資が不成立のときは甲が契約を解除できるものとして締結された後、融資の不成立が確定し、これを理由として甲が契約を解除した場合は、乙は、甲に、受領した約定報酬の全額を遅滞なく返還しなければなりません。ただし、これに対しては、利息は付さないこととします。
（特別依頼に係る費用）
第11条　甲が乙に特別に依頼した広告の料金又は遠隔地への出張旅費は甲の負担とし、甲は、乙の請求に基づいて、その実費を支払わなければなりません。
（直接取引）
第12条　一般媒介契約の有効期間内又は有効期間の満了後2年以内に、甲が乙の紹介によって知った相手方と乙を排除して目的物件の売買又は交換の契約を締結したときは、乙は、甲に対して、契約の成立に寄与した割合に応じた相当額の報酬を請求することができます。
（費用償還の請求）
第13条　一般媒介契約の有効期間内に甲が乙に明示していない宅地建物取引業者に目的物件の売買又は交換の媒介又は代理を依頼し、これによって売買又は交換の契約を成立させたときは、乙は、甲に対して、一般媒介契約の履行のために要した費用の償還を請求することができます。
　　2　前項の費用の額は、約定報酬額を超えることはできません。
（依頼者の通知義務）
第14条　甲は、一般媒介契約の有効期間内に、自ら発見した相手方と目的物

件の売買若しくは交換の契約を締結したとき、又は乙以外の宅地建物取引業者の媒介若しくは代理によって目的物件の売買若しくは交換の契約を成立させたときは、乙に対して遅滞なくその旨を通知しなければなりません。

2 甲が前項の通知を怠った場合において、乙が売買又は交換の契約の成立後善意で甲のために一般媒介契約の事務の処理に要する費用を支出したときは、乙は、甲に対して、その費用の償還を請求することができます。

（更新）
第15条 一般媒介契約の有効期間は、甲及び乙の合意に基づき、更新することができます。

2 有効期間の更新をしようとするときは、有効期間の満了に際して甲から乙に対し文書でその旨を申し出るものとします。

3 前2項の規定による有効期間の更新に当たり、甲乙間で一般媒介契約の内容について別段の合意がなされなかったときは、従前の契約と同一内容の契約が成立したものとみなします。

（契約の解除）
第16条 甲又は乙が一般媒介契約に定める義務の履行に関してその本旨に従った履行をしない場合には、その相手方は、相当の期間を定めて履行を催告し、その期間内に履行がないときは、一般媒介契約を解除することができます。

第17条 次のいずれかに該当する場合においては、甲は、一般媒介契約を解除することができます。

一 乙が一般媒介契約に係る業務について信義を旨とし誠実に遂行する義務に違反したとき。

二 乙が一般媒介契約に係る重要な事項について故意若しくは重過失により事実を告げず、又は不実のことを告げる行為をしたとき。

三 乙が宅地建物取引業に関して不正又は著しく不当な行為をしたとき。

（特約）
第18条 この約款に定めがない事項については、甲及び乙が協議して別に定

めることができます。
2 この約款の各条項の定めに反する特約で甲に不利なものは無効とします。

					以下余白

賃貸編

賃貸編

① 賃貸住宅標準契約書（マンション）

賃貸住宅標準契約書（マンション）

（1）賃貸借の目的物

建物の名称・所在地等	名　称	新宿マンション					
	所在地	東京都新宿区新宿1−1−1					
	建て方	㊤共同建㊦ 長屋建 一戸建 その他	構造	木造 ㊤非木造㊦ 　　　10　階建		工事完了年 1993年 大修繕等を （　−　）年 実　施	
			戸数	1　戸			
住戸部分	住戸番号	201号室		間取り	（2）㊤LDK㊦・DK・K／ワンルーム／		
	面　積	45.20　m²					
	設備等	トイレ		専用（㊤水洗㊦・非水洗）・共用（水洗・非水洗）			
		浴室		㊤有㊦・無	浴室換気乾燥機付		
		シャワー		㊤有㊦・無			
		給湯設備		㊤有㊦・無	ガス給湯器、追焚機能付		
		ガスコンロ		㊤有㊦・無			
		冷暖房設備		㊤有㊦・無	エアコン1基		
		共視聴設備		㊤有㊦・無	通常放送、BS、CS110°		
				有・無			
				有・無			
				有・無			
		使用可能電気容量		（　40　）アンペア			
		ガス		有（㊤都市ガス㊦・プロパンガス）・無			
		上水道		㊤水道本管より直結㊦・受水槽・井戸水			
		下水道		有（㊤公共下水道㊦・浄化槽）・無			

附属施設	駐車場	含む・⦅含まない⦆	
	自転車置場	⦅含む⦆・含まない	
	物置	含む・⦅含まない⦆	
	専用庭	含む・⦅含まない⦆	
		含む・含まない	
		含む・含まない	

(2) 契約期間

始期	20*7 年 1 月 1 日から	2 年 0 月間
終期	20*8 年 12 月 31 日まで	

(3) 賃料等

賃料・共益費	支払期限	支払方法
賃　料　金150,000円	当月分・⦅翌月分⦆を 毎月　末　日まで	振込 または 持参	振込先金融機関名： 渋谷銀行　渋谷支店 預金：⦅普通⦆・当座 口座番号：1234567
共益費　金3,000円	当月分・⦅翌月分⦆を 毎月　末　日まで		口座名義人： 　　新宿　勇次郎
			持参先：＿＿＿＿＿＿

敷　金	賃料2ヶ月相当分 　　金300,000円	その他 一時金	
付属施設使用料	自転車置場使用料　月額100円		
その他	＿＿＿＿＿＿＿＿＿＿＿＿		

(4) 貸主および管理人

貸　主 (社名・代表者)	住所　〒111－1111　東京都新宿区新宿1－1－1－1001 氏名　新宿　勇次郎　　　　電話番号03-1111-2222
管理人 (社名・代表者)	住所　〒222－2222　東京都中野区中野1－1－1 氏名　㈱中野不動産　中野　大三郎　電話番号03-3333-4444

賃貸編　賃貸住宅標準契約書（マンション）

※貸主と建物の所有者が異なる場合は、次の欄も記載すること。

建物の所有者	住所　〒
	氏名　　　　　　　　　　　　電話番号

（5）借主および同居人

	借　　主	同　居　人
氏　　名	板橋 順一	由美子、淳 合計　3　人
緊急時の 連絡先	住所　〒333―3333　東京都板橋区板橋2－1－1 氏名　板橋 一郎　電話番号03-5555-6666 　　　　　　　　　　　　　　借主との関係　父	

契約条項

（契約の締結）
第1条　貸主（以下「甲」という。）および借主（以下「乙」という。）は、頭書（1）に記載する賃貸借の目的物（以下「本物件」という。）について、以下の条項により賃貸借契約（以下「本契約」という。）を締結した。

（契約期間）
第2条　契約期間は、頭書（2）に記載するとおりとする。
　　2　甲および乙は、協議の上、本契約を更新することができる。

（使用目的）
第3条　乙は、居住のみを目的として本物件を使用しなければならない。

（賃料）
第4条　乙は、頭書（3）の記載に従い、賃料を甲に支払わなければならない。
　　2　1ヶ月に満たない期間の賃料は、1ヶ月を30日として日割計算した額とする。
　　3　甲および乙は、次の各号の一に該当する場合には、協議のうえ、賃料を改定することができる。

① 土地または建物に対する租税その他の負担の増減により賃料が不相当となった場合
　　② 土地または建物の価格の上昇または低下その他の経済事情の変動により賃料が不相当となった場合
　　③ 近傍同種の建物の賃料に比較して賃料が不相当となった場合

（共益費）
第5条　乙は、階段、廊下等の共用部分の維持管理に必要な光熱費、上下水道使用料、清掃費等（以下この条において「維持管理費」という。）に充てるため、共益費を甲に支払うものとする。
　2　前項の共益費は、頭書（3）の記載に従い、支払わなければならない。
　3　1ヶ月に満たない期間の共益費は、1ヶ月を30日として日割計算した額とする。
　4　甲および乙は、維持管理費の増減により共益費が不相当となったときは、協議のうえ、共益費を改定することができる。

（敷金）
第6条　乙は、本契約から生じる債務の担保として、頭書（3）に記載する敷金を甲に預け入れるものとする。
　2　乙は、本物件を明け渡すまでの間、敷金をもって賃料、共益費その他の債務と相殺をすることができない。
　3　甲は、本物件の明渡しがあったときは、遅滞なく、敷金の全額を無利息で乙に返還しなければならない。ただし、甲は、本物件の明渡し時に、賃料の滞納、原状回復に要する費用の未払いその他の本契約から生じる乙の債務の不履行が存在する場合には、当該債務の額を敷金から差し引くことができる。
　4　前項ただし書の場合には、甲は、敷金から差し引く債務の額の内訳を乙に明示しなければならない。

（禁止または制限される行為）
第7条　乙は、甲の書面による承諾を得ることなく、本物件の全部または一部につき、賃借権を譲渡し、または転貸してはならない。
　2　乙は、甲の書面による承諾を得ることなく、本物件の増築、改築、

移転、改造もしくは模様替え、または本物件の敷地内における工作物の設置を行ってはならない。
　　3　乙は、本物件の使用に当たり、別表第1に掲げる行為を行ってはならない。
　　4　乙は、本物件の使用に当たり、甲の書面による承諾を得ることなく、別表第2に掲げる行為を行ってはならない。
　　5　乙は、本物件の使用に当たり、別表第3に掲げる行為を行う場合には、甲に通知しなければならない。
（修繕）
第8条　甲は、別表第4に掲げる修繕を除き、乙が本物件を使用するために必要な修繕を行わなければならない。この場合において、乙の故意または過失により必要となった修繕に要する費用は、乙が負担しなければならない。
　　2　前項の規定に基づき甲が修繕を行う場合は、甲は、あらかじめ、その旨を乙に通知しなければならない。この場合において、乙は、正当な理由がある場合を除き、当該修繕の実施を拒否することができない。
　　3　乙は、甲の承諾を得ることなく、別表第4に掲げる修繕を自らの負担において行うことができる。
（契約の解除）
第9条　甲は、乙が次に掲げる義務に違反した場合において、甲が相当の期間を定めて当該義務の履行を催告したにもかかわらず、その期間内に当該義務が履行されないときは、本契約を解除することができる。
　　①　第4条第1項に規定する賃料支払義務
　　②　第5条第2項に規定する共益費支払義務
　　③　前条第1項後段に規定する費用負担義務
　　2　甲は、乙が次に掲げる義務に違反した場合において、当該義務違反により本契約を継続することが困難であると認められるに至ったときは、本契約を解除することができる。
　　①　第3条に規定する本物件の使用目的遵守義務
　　②　第7条各項に規定する義務
　　③　その他本契約書に規定する乙の義務

（乙からの解約）
第10条　乙は、甲に対して少なくとも30日前に解約の申入れを行うことにより、本契約を解約することができる。
　　2　前項の規定にかかわらず、乙は、解約申入れの日から30日分の賃料（本契約の解約後の賃料相当額を含む。）を甲に支払うことにより、解約申入れの日から起算して30日を経過する日までの間、随時に本契約を解約することができる。

（明渡し）
第11条　乙は、本契約が終了する日までに（第9条の規定に基づき本契約が解除された場合にあっては、直ちに）、本物件を明け渡さなければならない。この場合において、乙は、通常の使用に伴い生じた本物件の損耗を除き、本物件を原状回復しなければならない。
　　2　乙は、前項前段の明渡しをするときには、明渡し日を事前に甲に通知しなければならない。
　　3　甲および乙は、第1項後段の規定に基づき乙が行う原状回復の内容および方法について協議するものとする。

（立入り）
第12条　甲は、本物件の防火、本物件の構造の保全その他の本物件の管理上特に必要があるときは、あらかじめ乙の承諾を得て、本物件内に立ち入ることができる。
　　2　乙は、正当な理由がある場合を除き、前項の規定に基づく甲の立入りを拒否することはできない。
　　3　本契約終了後において本物件を賃借しようとする者または本物件を譲り受けようとする者が下見をするときは、甲および下見をする者は、あらかじめ乙の承諾を得て、本物件内に立ち入ることができる。
　　4　甲は、火災による延焼を防止する必要がある場合その他の緊急の必要がある場合においては、あらかじめ乙の承諾を得ることなく、本物件内に立ち入ることができる。この場合において、甲は、乙の不在時に立ち入ったときは、立入り後その旨を乙に通知しなければならない。

（連帯保証人）
第13条　連帯保証人は、乙と連帯して、本契約から生じる乙の債務を負担す

るものとする。

（協議）
第14条　甲および乙は、本契約書に定めがない事項および本契約書の条項の解釈について疑義が生じた場合は、民法その他の法令および慣行に従い、誠意をもって協議し、解決するものとする。

（特約条項）
第15条　本契約の特約については、下記のとおりとする。

以下余白

別表第1 （第7条第3項関係）

①	銃砲、刀剣類または爆発性、発火性を有する危険な物品等を製造または保管すること。
②	大型の金庫その他の重量の大きな物品等を搬入し、または備え付けること。
③	排水管を腐食させるおそれのある液体を流すこと。
④	大音量でテレビ、ステレオ等の操作、ピアノ等の演奏を行うこと。
⑤	猛獣、毒蛇等の明らかに近隣に迷惑をかける動物を飼育すること。

別表第2 （第7条第4項関係）

①	階段、廊下等の共用部分に物品を置くこと。
②	階段、廊下等の共用部分に看板、ポスター等の広告物を掲示すること。
③	鑑賞用の小鳥、魚等であって明らかに近隣に迷惑をかけるおそれのない動物以外の犬、猫等の動物（別表第1⑤に掲げる動物を除く。）を飼育すること。

別表第3 （第7条第5項関係）

①	頭書（5）に記載する同居人に新たな同居人を追加（出生を除く。）すること。
②	1ヶ月以上継続して本物件を留守にすること。

別表第4 （第8条関係）

畳表の取替え、裏返し	ヒューズの取替え
障子紙の張替え	給水栓の取替え
ふすま紙の張替え	排水栓の取替え
電球、蛍光灯の取替え	その他費用が軽微な修繕

下記貸主（甲）と借主（乙）は、本物件について上記のとおり賃貸借契約を締結したことを証するため、本契約書2通を作成し、署(記)名押印のうえ、各自その1通を保有する。

　　20＊6 年 12 月 25 日

　貸　主（甲）　住所　　東京都新宿区新宿1－1－1－1001

　　　　　　　　氏名　　新宿 勇次郎 ㊞　　　　　　　　　　　印

　借　主（乙）　住所　　東京都豊島区目白1－1－1－301

　　　　　　　　氏名　　板橋 順一 ㊞　　　　　　　　　　　　印

　連帯保証人　　住所　　東京都板橋区板橋2－1－1

　　　　　　　　氏名　　板橋 一郎 ㊞　　　　　　　　　　　　印

　㊙介　　免許証番号〔 東京 〕㊝事・建設大臣（ 5 ）第1234号
　代理　　事務所所在地　東京都中野区中野1－1－1

　　　　　商　号（名称）株式会社中野不動産

　　　　　代表者氏名　　中野 大三郎 ㊞　　　　　　　　　　印

　　　　　宅地建物取引主任者　　登録番号〔 東京 〕知事第2222号

　　　　　　　　　　　　　　氏　名　恵比寿 次郎 ㊞　　　印

賃貸編

② 賃貸住宅標準契約書（戸建の場合の頭書）

賃貸住宅標準契約書（戸建）

（1）賃貸借の目的物

<table>
<tr><td rowspan="6">建物の名称・所在地等</td><td colspan="2">名　称</td><td colspan="4">吉祥寺戸建</td></tr>
<tr><td colspan="2">所在地</td><td colspan="4">東京都武蔵野市御殿山１－１－１</td></tr>
<tr><td rowspan="3">建て方</td><td rowspan="3">共同建
長屋建
（一戸建）
その他</td><td rowspan="2">構造</td><td>（木造）
非木造</td><td colspan="2">工事完了年
1989年</td></tr>
<tr><td>２　階建</td><td colspan="2" rowspan="2">大修繕等を
（　－　）年
実　施</td></tr>
<tr><td>戸数</td><td>１　戸</td></tr>
<tr><td colspan="2">住戸番号</td><td>一号室</td><td>間取り</td><td colspan="2">（４）（LDK）・DK・K　／ワンルーム／</td></tr>
<tr><td colspan="2">面　積</td><td colspan="5">80.40　m²</td></tr>
<tr><td rowspan="14">住戸部分</td><td rowspan="8">設備等</td><td colspan="2">トイレ</td><td colspan="3">専用（（水洗）・非水洗）・共用（水洗・非水洗）</td></tr>
<tr><td colspan="2">浴室</td><td>（有）・無</td><td colspan="2">バランス釜</td></tr>
<tr><td colspan="2">シャワー</td><td>（有）・無</td><td colspan="2"></td></tr>
<tr><td colspan="2">給湯設備</td><td>（有）・無</td><td colspan="2">ガス湯沸し器</td></tr>
<tr><td colspan="2">ガスコンロ</td><td>有・（無）</td><td colspan="2"></td></tr>
<tr><td colspan="2">冷暖房設備</td><td>（有）・無</td><td colspan="2">エアコン3基</td></tr>
<tr><td colspan="2">共視聴設備</td><td>（有）・無</td><td colspan="2">通常放送</td></tr>
<tr><td colspan="2"></td><td>有・無</td><td colspan="2"></td></tr>
<tr><td colspan="2"></td><td>有・無</td><td colspan="2"></td></tr>
<tr><td colspan="2"></td><td>有・無</td><td colspan="2"></td></tr>
<tr><td colspan="2">使用可能電気容量</td><td colspan="3">（　50　）アンペア</td></tr>
<tr><td colspan="2">ガス</td><td colspan="3">有（（都市ガス）・プロパンガス）・無</td></tr>
<tr><td colspan="2">上水道</td><td colspan="3">（水道本管より直結）・受水槽・井戸水</td></tr>
<tr><td colspan="2">下水道</td><td colspan="3">有（（公共下水道）・浄化槽）・無</td></tr>
</table>

附属施設	駐車場	㊀含む・含まない	1台分・屋根付
	自転車置場	㊀含む・含まない	
	物置	含む・㊀含まない	
	専用庭	㊀含む・含まない	約30m²
		含む・含まない	
		含む・含まない	

※以下、契約条項等は☞P222～227を参照

> 　特に戸建の場合、賃貸対象の建物が壁や垣根で囲まれている独立した敷地にあればよいのですが、同一敷地に複数の建物がある場合には、どの範囲まで使えるのかが問題となります。借家人は別途借地契約を締結しなくても、借家契約の性質上当然にその敷地の利用が認められます。特に取決めがない場合は、建物から道路までの通路となる部分や、建物周囲の建物の利用に最低限必要な範囲は使うことができると考えられます。
> 　とはいえ、もし範囲が明瞭でない場合には、できれば、測量図を添付したり、図示するなどしたほうが、借主も無用な気兼ねをしなくて済むことでしょう。

③ 契約条項の解説

> **○ 契約条項の解説**
>
> （契約の締結）
> 第1条　貸主（以下「甲」という。）および借主（以下「乙」という。）は、頭書（1）に記載する賃貸借の目的物（以下「本物件」という。）について、以下の条項により賃貸借契約（以下「本契約」という。）を締結した。

　賃貸借の目的物を明確にし、借主の使用収益の対象となる目的物の範囲を定めるとともに、この締結した契約が「賃貸借」契約であることを明示しています。

　この「賃貸借」と似たような形態として、「使用貸借」があります。不動産契約でも時々登場することがあります。例えば、自分の家の建替えの際に足場を組むために隣の家の敷地を借りるなど、「ただ」で借りたものをそのまま返すことをいいます。

　「賃貸借」における、この「使用貸借」との違いは、賃料等が発生する「有償の契約」であるという点と、契約と同時にものを引き渡す必要がないという点にあります。

> **○ 契約条項の解説**
>
> （契約期間）
> 第2条　契約期間は、頭書（2）に記載するとおりとする。
> 　2　甲および乙は、協議のうえ、本契約を更新することができる。

第1項

　通常の契約は期間の定めがある契約なので、契約期間、始期、終期を記載します。必ずしも「契約日＝引渡日＝契約期間開始日」となるわけではないので、契約期間開始日となる始期（賃料が発生する日なので「賃発日（ちんぱつび）」などともいう）を設定します。終期については、解約清算などが、キリがよく管理がしやすいように、期間が満了する最終月の月末にするところもありますが、最終月の応当日

（開始日と同じ数字の日）の前日が一般的です。期間については2年ごとの更新とするものが多いと思われます。

第2項

　賃貸借契約は、期間の満了によって必ず終了するものではなく、更新することができるので、その旨を記載しています。契約の更新には、次の3つのパターンがあります。

① **合意更新**：双方の合意により更新を行うものです。通常は、この手続により更新されることが多いでしょう。

② **法定更新**：特段の更新手続がなされなかった場合、従前の契約と同一条件で更新されたものとみなされます。法定更新された場合、その後は「期間の定めのない契約」となります（借地借家法26条）。

③ **自動更新**：当初の契約で、契約期間終了前の一定期間内に貸主・借主双方から契約の存続に関して何らの申し出がなかった場合は、原契約と同一期間、同一条件で契約が更新されることをあらかじめ特約し、実際に契約期間終了前に更新拒絶の申し出がない場合には、その特約により契約が更新されるものです。この場合には、第2項を「甲から〇ヶ月前、乙から〇ヶ月前までにあらかじめ更新拒絶の申し出がないときは、さらに本契約と同一期間、同一条件で契約が更新されるものとし、以後も同様とする。」などの文章に差し替えます。

　借地借家法の定めでは、借主に居住の継続の意向があれば、貸主に更新を拒絶できる正当な事由（貸主がその物件を自己使用する必要性、借主の契約条件の履行状況等を勘案して決定される）がない限り、自動的に更新されることになります（借地借家法26条。これを「法定更新」という）。法定更新の場合、更新後の契約は「期間の定めのない契約」となり、賃料その他の条件は従前の契約と同一になります。更新事務の手間を省くため法定更新で済ませることもあると思いますが、本契約書では、契約条件の見直しや、連帯保証人に対する保証意思の確認などをする機会として合意更新を原則としています。

・**「期間の定めのある契約」と「期間の定めのない契約」**

　合意更新と自動更新特約のある場合は「期間の定めのある契約」に、法定更新の場合は「期間の定めのない契約」になるとされています。その違いは何でしょうか？

　「期間の定めのある契約」については、特約がなければ期間内の解約はできませ

ん。

これに対して、「期間の定めのない契約」においては、当事者はいつでも解約をすることができます。「いつでも」といっても、解約申し出後、一定期間経過で終了することになります。ただし、期間の定めのある場合でも当事者の特約で期間途中の解約について定めていれば、どちらの場合であっても期間途中で解約することができるので、同じ結果になります。

- **更新料**

なお、本契約書には「更新料」に関する記載がありません。契約更新の際に更新料として、新賃料または旧賃料の1〜1.5ヶ月分を借主の負担とする場合が多くみられます。更新料は慣習によるものであり、当然に負担が発生するものではないので、借主の負担とする場合には、契約書にも明記して合意事項としておくほうがよいと思われます。ちなみに下級審の裁判例では、「その額が相当である限り、借主に一方的に不利な特約とは解さない」としています。

この更新料に関しては、前記法定更新との関係で、「法定更新の場合に更新料を借主に負担させることができるか」という点について、まだ最高裁の判例がなく、確定的ではありません。下級審の裁判例などでも、「法定更新後も従前の契約と同一内容なので、更新料の負担を請求できる」とする判決と、「更新料などの特別な負担は、改めて意思の合意が必要」とする判決とに分かれているのです。そういった意味でも、更新時に契約書を締結し直すほうが望ましいのではないかと考えられます。

あらかじめ合意のうえ、金員の授受を条件に更新を行うことを取り決める場合には、当事者間で明確な合意があったことを明らかにするために、頭書の更新の条件欄にその旨および金額を明記しておきましょう。

特約条項

1. 乙は、合意更新および法定更新の別にかかわらず、契約更新時に更新時（または従前）賃料の◯ヶ月分を支払うものとする。
   なお、当該更新料は本契約解約時にも返還はされない。

賃貸編　契約条項の解説

契約条項の解説

> （使用目的）
> 第3条　乙は、居住のみを目的として本物件を使用しなければならない。

　使用目的はきちんと記載しておくことが必要です。居住用のスペースであってもSOHO（住居兼事務所）、事務所、倉庫などいろいろな使い方ができます。しかし、使用方法によって室内の汚れ方や傷み方も異なるため、貸主としても慎重にならざるを得ません。これに違反する場合は、後述する本契約第9条（契約の解除）の該当事項にもなります。

契約条項の解説

> （賃料）
> 第4条　乙は、頭書（3）の記載に従い、賃料を甲に支払わなければならない。
> 2　1ヶ月に満たない期間の賃料は、1ヶ月を30日として日割計算した額とする。
> 3　甲および乙は、次の各号の一に該当する場合には、協議のうえ、賃料を改定することができる。
> ①　土地または建物に対する租税その他の負担の増減により賃料が不相当となった場合
> ②　土地または建物の価格の上昇または低下その他の経済事情の変動により賃料が不相当となった場合
> ③　近傍同種の建物の賃料に比較して賃料が不相当となった場合

第1項
　頭書で賃料の支払期限や支払方法について定めています。
第2項
　どの月であっても、1ヶ月を30日として日割計算することとしています。このような記載がなく、ただ「日割計算する」としている場合には、1ヶ月を該当する月の実日数で日割計算するケースも多くみられます。
第3項

賃料の変更については当事者間で誠意をもって協議をし、合意がなされればそれに従うとし、3つの場合を変更の事案として記載しています。

・**賃料増減請求権**

借地借家法に賃料増減請求権の規定があります（借地借家法32条）。同法では、「①租税その他の負担の増減、②土地・建物の価格の上昇や低下その他経済事情の変動、③近傍同種の建物の借賃に比較して不相応となったときは、契約の条件にかかわらず、当事者は将来に向かって建物の借賃の額の増減を請求することができる」としています。ただし、一定の期間内に建物の借賃を増減しない旨の特約がある場合には、その定めに従うことになります。

この賃料増減請求権は、「請求する権利」という名前になっていますが、法律上は請求すればそのとおりになってしまう形成権という性質を持っているとされています。したがって、当事者の片方より賃料増額もしくは賃料減額の請求がなされると、それが妥当な金額である場合にはその請求額が新たな賃料となります。

ただし、もう片方の当事者が了承すればその金額となりますが、双方が食い違い、協議が整わない場合は、裁判にて決定することになります。その間、借主は、減額請求した場合は貸主から請求された額を、増額請求された場合には自分で相当と思った額を、それぞれ貸主に支払うか、受け取ってもらえない場合には法務局に供託することになります。裁判で賃料が確定した額が貸主から請求された額や自分で相当と思った額と差額が生じた場合には、その差額について年1割の利息を付けて相手方に返金または支払いをしなければなりません。

本契約書は、この借地借家法の規定を明文化したものですが、一方的に請求することができるとするよりも、当事者との信頼関係を維持しつつ、穏便に手続きするために当事者の協議を前提として条項を作成しています。ちなみに、この賃料の増額・減額の請求は、必ずしも契約の更新時でなければできないものではありません。

なお、更新のたびに賃料を改定するスライド方式をとる場合がありますが、経済状況等にかかわらず賃料を増額する点などについては、消費者保護法の施行に伴い注意する必要があります。

○ **契約条項の解説**

（共益費）
第5条　乙は、階段、廊下等の共用部分の維持管理に必要な光熱費、上下水

道使用料、清掃費等（以下この条において「維持管理費」という。）
　　　に充てるため、共益費を甲に支払うものとする。
　　２　前項の共益費は、頭書（３）の記載に従い、支払わなければならない。
　　３　１ヶ月に満たない期間の共益費は、１ヶ月を30日として日割計算した額とする。
　　４　甲および乙は、維持管理費の増減により共益費が不相当となったときは、協議のうえ、共益費を改定することができる。

　共益費とは、賃貸住宅の共用部分を維持・管理するのに必要な費用（清掃委託費用、光熱費、上下水道使用料など）をいいます。共益費の額は、共用部分の維持管理のために実際に必要とされる費用に相当する額になります。この共益費は、管理費、維持管理費などの名称を使う場合もあります。
　区分所有建物の場合の管理費と名称が同じ（この契約書においても、条文内に列挙されている維持管理費が発生する場合には、共益費として賃料とは分けて表示するようにしている）、もしくは似ていますが、必ずしもイコールではありません。区分所有建物の管理費は、各住戸（専有部分）の所有者が別であるため、廊下などの共用部分等の維持管理に必要な費用を厳密に分けて計算しています。賃貸の場合にも、本来は実際に発生した費用を算出して、その費用を共益費とすべきですが、公的融資を受けて建築した場合などを除いて、厳密に分けているケースは少ないようにも思います。入居者募集に際して、見た目の賃料を下げるために、意図的に管理費を分けて表示する場合などがあります。
　支払い等については、賃料に準じたものであるので、第２項・第３項で先の賃料と同様の記載がなされています。
　第４項の共益費の改定についても、先の賃料と同様、維持管理費の増減により不相応となった場合には、協議のうえ改定できるとしています。

契約条項の解説

　　（敷金）
　　第６条　乙は、本契約から生じる債務の担保として、頭書（３）に記載する
　　　　　敷金を甲に預け入れるものとする。

>   2 　乙は、本物件を明け渡すまでの間、敷金をもって賃料、共益費その他の債務と相殺をすることができない。
>   3 　甲は、本物件の明渡しがあったときは、遅滞なく、敷金の全額を無利息で乙に返還しなければならない。ただし、甲は、本物件の明渡し時に、賃料の滞納、原状回復に要する費用の未払いその他の本契約から生じる乙の債務の不履行が存在する場合には、当該債務の額を敷金から差し引くことができる。
>   4 　前項ただし書の場合には、甲は、敷金から差し引く債務の額の内訳を乙に明示しなければならない。

・敷金とは

　敷金とは、借主の賃料など賃貸借の債務を担保するために貸主に交付される金銭で、賃貸借が終了し、賃借物件を貸主に明け渡すべき時に借主に返済されるべきものをいいます。貸主は、借主に賃料不払いなどの債務や、賃借物件の保管義務に違反して毀損するなどの債務不履行に基づく損害賠償責任があれば、これらの債務の額や損害額を差し引いた残額を借主に返還すべき性質を持つものとされています。

第2項

　契約期間中の敷金による債務の相殺ができない旨を明記しています。なぜなら、前述のように敷金は、この契約から生じる債務を最終的に担保するためのものであるので、その返還は、物件の明渡しが完了して、もう債務が生じる可能性がなくなってから初めて可能になるからです。契約期間中に発生した賃料の遅延などの債務は、その都度別途の支払いによって解消されることを前提にしています。

第3項・第4項

　物件の明渡しがあった場合には無利息で敷金全額を返還する旨を記載していますが、これは契約から生じる債務を担保するという性質上、当然のことです。ただし、借主負担の債務などがある場合に敷金から差し引く点については、当然に充当できるとするのが判例の考え方であり、この点を明らかにするために条項に明記しています。ただし、債務の明細をつけ、速やかに返還することが、トラブル防止のためにも望ましいことから、第4項で、返還の際に債務の額の内訳を明示するものと規定しています。原状回復費用については、その内容によっては必ずしも敷金から差し引くものではありませんが、少なくとも借主の故意過失に基づく毀損に対する原状回復債務については、敷金により担保されている債務に含まれるものと考えられます。

・敷金・保証金・敷引

　なお、この「敷金」ですが、地域によっては、「敷金」という名目ではなく、「保証金」という表現を使用していることもあります。関東や京都周辺などでは、敷金として賃料2～3ヶ月分に相当する額を授受して、滞納賃料等がない限り、借主負担となるクリーニング費用や原状回復費用などがある場合には、それを差し引いた残額を借主に返還することが多いようです。

　一方、大阪から神戸にかけての阪神地域や九州の一部では、賃料6～10ヶ月分に相当する額を授受し、明渡時に敷金の2割程度を控除し、そのうえで滞納賃料等の債務を差し引き、その残額を借主に返還することが慣行としてあります。これを「敷引（しきびき）」といい、その地域の慣習に基づくものなので、その性格ははっきりとしていませんが、入居に伴って生じた補修費用などを含めたものと考えられていますので、その点で、関東などに多い謝礼的な性格を持つ契約時払いの「礼金」とは異なるものと考えられます。

　なお、「敷引」については、近時トラブルに伴う裁判例が出されていますし、敷金などを含めた担保と原状回復費用について、現在いろいろな問題がありますので、注意が必要です。

・賃料改定による敷金変更

　賃料の変更があった場合には、以下のように敷金を変更する特約条項を入れる場合が多くみられます。賃料が増額された場合に、毎月の賃料額の〇ヶ月分として預け入れている敷金に不足が生じるため、不足額の補てんを定めた条項です。

　ケースとしては、賃料の滞納が一番多く考えられますので、それを担保するために不足額を補てんするよう義務付けるものです。通常は増額の場合のみの条項で、減額についての差額の返金などの措置を定めたものは見受けられません。借主に不利な規定と言えなくもないですが、よほどの高額物件でない限り、一回の賃料見直しで変更額が何万円になることはないと思われますので、たとえ減額され借主に返金となっても小額であり、そのままであってもいずれ返金されるお金であるという点と、賃料の延滞に加え、補修の負担が考えられる貸主のリスク担保のバランスで説明できるのではないでしょうか。

特約条項

1．賃料が増額された場合、乙は頭書に記載する月数相当分の新賃料と旧賃料の差額を、敷金に補てんするものとする。

契約条項の解説

> （禁止または制限される行為）
> 第7条　乙は、甲の書面による承諾を得ることなく、本物件の全部または一部につき、賃借権を譲渡し、または転貸してはならない。
> 　2　乙は、甲の書面による承諾を得ることなく、本物件の増築、改築、移転、改造もしくは模様替え、または本物件の敷地内における工作物の設置を行ってはならない。
> 　3　乙は、本物件の使用に当たり、別表第1に掲げる行為を行ってはならない。
> 　4　乙は、本物件の使用に当たり、甲の書面による承諾を得ることなく、別表第2に掲げる行為を行ってはならない。
> 　5　乙は、本物件の使用に当たり、別表第3に掲げる行為を行う場合には、甲に通知しなければならない。

別表第1（第7条第3項関係）

①	銃砲、刀剣類または爆発性、発火性を有する危険な物品等を製造または保管すること。
②	大型の金庫その他の重量の大きな物品等を搬入し、または備え付けること。
③	排水管を腐食させるおそれのある液体を流すこと。
④	大音量でテレビ、ステレオ等の操作、ピアノ等の演奏を行うこと。
⑤	猛獣、毒蛇等の明らかに近隣に迷惑をかける動物を飼育すること。

別表第2（第7条第4項関係）

①	階段、廊下等の共用部分に物品を置くこと。
②	階段、廊下等の共用部分に看板、ポスター等の広告物を掲示すること。
③	鑑賞用の小鳥、魚等であって明らかに近隣に迷惑をかけるおそれのない動物以外の犬、猫等の動物（別表第1⑤に掲げる動物を除く。）を飼育すること。

別表第3 （第7条第5項関係）

① 頭書（5）に記載する同居人に新たな同居人を追加（出生を除く。）すること。
② 1ヶ月以上継続して本物件を留守にすること。

第1項

　貸主の承諾を得ない賃借権の譲渡または転貸を禁止しています。民法では、借主が第三者に借用物の使用または収益をさせる場合には、貸主の承諾を必要とする旨を定められています（民法612条）。その規定を踏まえて賃借権の譲渡・転貸をする場合には、貸主の承諾が必要であるとするとともに、無断譲渡・転貸を禁止する旨を明記したものです。入居申込みの時点で審査を行ったにもかかわらず、勝手に転貸などされてしまってはその意味がなくなってしまうからです。

第2項～第5項

　貸室の使用方法についての禁止事項や制限事項を明記したものです。第1項と同様に、民法でも、「借主は契約または目的物の性質によって定まる用法に従って目的物を利用しなければならない」と定めていることを根拠としています（民法616条、594条）。したがって、貸室や建物に影響が出る行為、マンションやアパートなどの共同住宅の場合には、他住戸の住民やさらには周辺住民へ迷惑をかける行為は、本来借主が自ら控えるべきものではありますが、お互いの合意事項として契約書でも確認しておくというものです。

　また、入居者の変更や長期留守なども貸主側で把握しておくために連絡を要することにしています。これらについて絶対禁止の行為（第3項）、貸主の承諾を要する行為（第2項、第4項）、貸主への通知を要する行為（第5項）に分類して明記するとともに、第3項～第5項部分は別表形式で当事者の合意により変更、追加、削除ができるようにしています。

契約条項の解説

（修繕）
第8条　甲は、別表第4に掲げる修繕を除き、乙が本物件を使用するために必要な修繕を行わなければならない。この場合において、乙の故意または過失により必要となった修繕に要する費用は、乙が負担しなけれ

ばならない。
2 前項の規定に基づき甲が修繕を行う場合は、甲は、あらかじめ、その旨を乙に通知しなければならない。この場合において、乙は、正当な理由がある場合を除き、当該修繕の実施を拒否することができない。
3 乙は、甲の承諾を得ることなく、別表第4に掲げる修繕を自らの負担において行うことができる。

別表第4（第8条関係）

畳表の取替え、裏返し	ヒューズの取替え
障子紙の張替え	給水栓の取替え
ふすま紙の張替え	排水栓の取替え
電球、蛍光灯の取替え	その他費用が軽微な修繕

第1項

　貸室の修繕について、軽微な修繕と借主の故意または過失によって生じた修繕を除き、貸主の負担である旨を定めています。民法でも、賃貸物の修繕は、原則として貸主の義務とされています（民法606条）。この貸主の修繕義務について、民法の規定では、法律と異なる取決めが無効とされる強行規定ではないので、当事者間で別途特約を結ぶことは民法上は有効です。したがって、貸主の修繕義務を免除したり、修繕の範囲を限定したり、借主に一切の修繕義務を負わせる特約を結ぶことも行われてきたようです。過去の判例でも、このような特約は原則有効とされていましたが、借主が修繕義務を負うということまで認めたわけではなく、単に貸主の修繕義務を免除したに過ぎないとされています。

　しかし、民法のほかに、消費者（この場合は借主を指す）の利益を一方的に害する条項を無効とする消費者契約法が平成13年に施行されたことにより、民法の原則より著しく借主に負担を強いることになる特約は無効とされる可能性が高いので、注意が必要です（消費者契約法10条）。

第2項

　第1項で定める貸主の修繕義務を果たすためには、住戸内に立ち入るなどの必要があるため、事前にその旨を借主に通知しなければならないとしています。いくら所有する賃貸物であっても、勝手に立ち入ることは借主の賃借権の侵害とされてしまう可能性があるからです。後半は、この貸主の修繕にあたっての借主の協力義務

を明示しています。

第3項

「軽微な修繕」といわれる安価な費用で修繕ができ、貸主の修繕の実施を待っていては借主の使用目的に不都合が生じるような場合は、借主の負担で貸主の承諾を得ずに修繕できることとしています。

ただし、この規定は、借主に積極的に修繕義務を課しているものではないため、貸主は借主に修繕の実施を請求できるわけではありません。「その他費用が軽微な修繕」としては、例えば浴槽のふた、ドアのチェーン、すのこなどが考えられます。トラブル防止のために「費用が軽微な修繕」とはどのようなものかを、別表などで定めておいたほうがよいでしょう。

・**条例などによる指導**

平成16年10月から施行された東京都の「賃貸住宅紛争防止条例」が代表例ですが、地域によっては、条例により契約期間中の修繕や原状回復の基本的な考え方・特約内容を、契約書とは別の書面により説明することが義務付けられている場合があるなど、賃貸の中でもトラブルが多い点なので、各行政機関が積極的に指導している場合があります。

契約条項の解説

（契約の解除）

第9条　甲は、乙が次に掲げる義務に違反した場合において、甲が相当の期間を定めて当該義務の履行を催告したにもかかわらず、その期間内に当該義務が履行されないときは、本契約を解除することができる。

①　第4条第1項に規定する賃料支払義務

②　第5条第2項に規定する共益費支払義務

③　前条第1項後段に規定する費用負担義務

2　甲は、乙が次に掲げる義務に違反した場合において、当該義務違反により本契約を継続することが困難であると認められるに至ったときは、本契約を解除することができる。

①　第3条に規定する本物件の使用目的遵守義務

②　第7条各項に規定する義務

③　その他本契約書に規定する乙の義務

第1項

借主は、契約に定めた期限までに賃料等を支払わなければならない義務があるので、本来は1日でも遅延すれば契約違反となり、債務不履行責任が発生します。しかし、貸主口座への振込みや自分の引落し口座への入金をうっかり忘れるなどの事情で遅延した場合に、即解約としてしまうことは、あまりにも借主がかわいそうなので、あらかじめ相当の猶予期間を設けて催告を行ったうえ、それでも履行しない場合には契約を解除できるとしています。

また、先の第8条に記載した借主が負担すべき修繕費用についても、支払期限が到来後、猶予期間を設けて催告したうえでなければ契約を解除できないとしています。

第2項

この標準契約書では、契約書で定めた使用目的や禁止事項、制限事項などの遵守義務に違反した場合に貸主が契約を解除できる旨を定めています。ただし、建物賃貸借契約の解除については、通常の賃貸借契約と異なり裁判においては当事者間の信頼関係が破壊されたかどうかという点が考慮されることを踏まえ、契約書上には「当該義務違反により本契約を継続することが困難であると認められるに至った場合には」と制限を加えています。

これらの場合には、「直ちに解約することができる」と記載している条項も多くみられますが、実際に解除をするかどうか判断する際にも、それらを考慮する必要があります。

○ 契約条項の解説

（乙からの解約）
第10条　乙は、甲に対して少なくとも30日前に解約の申入れを行うことにより、本契約を解約することができる。
　　2　前項の規定にかかわらず、乙は、解約申入れの日から30日分の賃料（本契約の解約後の賃料相当額を含む。）を甲に支払うことにより、解約申入れの日から起算して30日を経過する日までの間、随時に本契約を解約することができる。

第1項

民法・借地借家法には、通常の賃貸借を解約できる場合として、次のような規定

があります。

> 1）民法
> ・期間の定めのある契約……解約に関する取決めがなければ途中で解約できない。
> ・期間の定めのない契約……当事者はいつでも解約することができ、建物に関する場合は解約申入れから3ヶ月後に終了する。
> 2）借地借家法（民法より優先）
> ・期間の定めのある契約……途中解約については民法のとおり。当事者が更新の拒絶をする場合、期間満了の6ヶ月～1年前に申し出をすることが必要。
> ・期間の定めのない場合……貸主から解約する場合は、解約申入れから6ヶ月後に終了する。ただし正当事由が必要。

通常は、契約期間を2年とするケースが多く、期間の定めのある契約に当たりますので、特約がなければ途中解約ができません。しかし、途中解約ができないとなるとなかなか借り手がつかない可能性もあるので、途中解約ができる旨の特約をつけます。貸主・借主双方とも、「解約申入れから6ヶ月後に終了」とすることも可能ですが、借主から解約をする場合の理由としては転勤の辞令などによるものが多く、それほど前から移転することがわからないのが実状です。そこで、借主からの解約予告を1ヶ月前（大手管理会社などでは2ヶ月前が多い）とする特約を盛り込むことが通例です。

また、この標準契約書には、貸主からの途中解約について想定していないため、解約予告期間に関する記載はありませんが、期間の定めのない場合同様に、解約申入れから6ヶ月後に終了する旨の特約を入れる場合が多くみられます。この特約については、借地借家法が期間のない定めの場合に6ヶ月前の申入れとしており、それより借主に不利な特約ができない主旨から考えて、「期間を6ヶ月より短くできない」ことと、「正当事由が必要である」としなければなりません。

第2項

前述のとおり、解約予告期間を設けるのが普通ですが、契約終了を解約予告期間満了まで延ばせない場合に、賃料ならびに解約予告期間に不足する分の賃料相当額を支払うことによって解約することができる内容になっています。例えば、法人契約における住替えで、前後2つの契約がダブることができない場合などが考えられ

ます。貸主にとっては、期間的補償であっても、それに相当する金銭的補償であっても、大きな違いがないと考えられるためです。なお、契約が終了するまでに支払う金銭は「賃料」といいますが、契約が終了してしまってから支払う金銭は「賃料相当額」といい、賃料とは異なります。

契約条項の解説

> （明渡し）
> 第11条　乙は、本契約が終了する日までに（第9条の規定に基づき本契約が解除された場合にあっては、直ちに）、本物件を明け渡さなければならない。この場合において、乙は、通常の使用に伴い生じた本物件の損耗を除き、本物件を原状回復しなければならない。
> 2　乙は、前項前段の明渡しをするときには、明渡し日を事前に甲に通知しなければならない。
> 3　甲および乙は、第1項後段の規定に基づき乙が行う原状回復の内容および方法について協議するものとする。

第1項

　前段では、第9条の契約の解除や第10条の解約により契約が終了した場合には、物件を明け渡さなければならないとしています。契約が終了する以上、物件を使用する権限を失うので当然のことです。後段では、原状回復について、通常の使用に伴って生じた損耗を除き、借主の負担であるとしています。これは、国土交通省が定める「原状回復ガイドライン」の考えに沿ったものです。

　では、なぜ通常の使用に伴って生じた損耗の負担はしないのでしょうか？　一つには、物件を貸す以上、借主が使用することによって磨り減ったり汚れたりすることは、ある程度想定されているという点にあります。いまどき、テーブルやベッドなどの家具やテレビや冷蔵庫などの生活家電なしで入居することは考えられないので、それらを設置した場合に生じるカーペットのへこみや壁紙の電気ヤケ（静電気などで周辺に生じる黒ずみのこと）などを、借主に「つけるな！」というのも無理な話です。また、ほかにも壁紙や床のシートなどは時間とともに劣化していくので、その対価とする賃料も時間の経過とともに減るべきですが、賃料は改定がない限り期間内は変わらないので、その差額として消耗分が賃料に含められることにより、すでに貸主に支払われているからだと考えられる点などがあります。

なお、第8条の修繕のときと同じように、平成13年の消費者契約法の施行により、「理由のいかんにかかわらず、すべて借主の負担により原状回復を行う」とする条項など、ガイドラインより著しく借主に負担を強いることになる特約は無効とされる可能性が高いので、注意が必要です（消費者契約法10条）。

第2項

解約立会いや原状回復工事の段取り、次の入居者の募集・契約の準備があるので、明渡し日をあらかじめ通知することとしています。

第3項

明渡し時の原状回復について、補修が必要な内容や方法、通常の使用に伴って生じたキズ・汚れなのか否かの判断や負担割合などについては、両者が立ち会って確認するなど当事者間で協議をして決める旨を定めています。

- **条例などによる指導**

第8条と同様に、平成16年10月から施行された東京都の「賃貸住宅紛争防止条例」のように、地域によっては、条例により契約期間中の修繕や原状回復の基本的な考え方・特約内容を、契約書とは別の書面により説明することが義務付けられている場合や、そこまで至らないまでも、埼玉県・千葉県・神奈川県のように、国土交通省のガイドラインを参考に特約などの具体的内容の説明を努力目標として宅建業者に対して通知する場合など、賃貸の中でもトラブルが多い点なので、各行政機関が積極的に指導している場合があります。

契約条項の解説

（立入り）

第12条　甲は、本物件の防火、本物件の構造の保全その他の本物件の管理上特に必要があるときは、あらかじめ乙の承諾を得て、本物件内に立ち入ることができる。

2　乙は、正当な理由がある場合を除き、前項の規定に基づく甲の立入りを拒否することはできない。

3　本契約終了後において本物件を賃借しようとする者または本物件を譲り受けようとする者が下見をするときは、甲および下見をする者は、あらかじめ乙の承諾を得て、本物件内に立ち入ることができる。

4　甲は、火災による延焼を防止する必要がある場合その他の緊急の必

> 要がある場合においては、あらかじめ乙の承諾を得ることなく、本物件内に立ち入ることができる。この場合において、甲は、乙の不在時に立ち入ったときは、立入り後その旨を乙に通知しなければならない。

　貸主であっても、借主が入居中は原則として勝手に入室することはできません。そこで、貸主が入室することが妥当と考えられるケースについて記載されています。

第1項・第2項

　物件の管理上必要なガス漏れ検知器や煙感知器などの消防機器の点検や、一斉の排水管清掃などの場合には、借主にあらかじめ承諾を得て、貸主または貸主の指定業者などが立ち入ることができる旨を定めています。これらの行為は、建物の財産的価値を維持するために必要なことですし、借主もできる限り協力すべきものと考えられるので、正当な理由がない場合には借主も拒否できません。

　ただし、「何が何でも協力しろ！」と強いることはできませんので、どうしても在宅できない予定があるなどの正当な理由がある場合には、別の日程にできないかを協議するなどの措置が必要となるでしょう。

第3項

　次の入居者が検討の際に、事前の下見をするためにあらかじめ借主の承諾を得て立ち入ることができるとしています。この場合は、管理上特に必要な場合や緊急の必要がある場合と違い、退室後でもできることから、借主に負担を強いるほどの理由がないためです。ただし、貸主・借主の間によほどの信頼関係があるなどの場合を除き、なかなか実施されることはないようです。

第4項

　火災による延焼を防ぐための消防活動やガス漏れの可能性、上階からの水漏れがひどい場合など緊急の必要がある場合には、事前に借主の承諾を得る時間がなく、しかも、すぐに立ち入って作業をしなければ大変なことになるので、承諾なしに立ち入って作業をすることになります。ただし、借主や入居者が不在時に立ち入った場合は、立入り後にその旨を借主に通知しなければならないとしています。緊急の際には、貸主の判断で立ち入れるからといっても、お互いの信頼関係で成り立っているので、何の連絡もしないのでは、貸主に対する借主の信頼が損なわれてしまう可能性があるからです。

契約条項の解説

> （連帯保証人）
> 第13条　連帯保証人は、乙と連帯して、本契約から生じる乙の債務を負担するものとする。

　住宅の賃貸借契約の場合、本人の資力等にかかわらず、連帯保証人をつける慣習が依然続いています。契約時に金銭的な担保として敷金を貸主に預け入れますが、いざというときの滞納賃料や原状回復費用に充当する際に不足する可能性も高いためです。最近は、わずらわしさから保証会社等を使うケースが増えていますが、連帯保証人を立てるケースがまだまだ大勢を占めているようです。

　この「保証」ですが、（普通）保証人は、主たる債務者（主債務者）が債務を履行しないときにはじめて、債務を履行する責任を負うとされています（民法446条）。そして、保証人の保証の範囲は、主債務者の負担している債務のほかに、利息・違約金・損害賠償およびその他主債務に従たるものを保証しなくてはなりません（民法447条）。

　そして、（普通）保証人には、次の2つの権利があります。

> ①　「まず主債務者に請求せよ！」という催告の抗弁権（民法452条）
> ②　「主債務者に先に強制執行をかけよ！」という検索の抗弁権（民法453条）

　しかしながら、建物賃貸借に多い連帯保証人の場合は、上記2つの抗弁権が認められません（民法454条）。つまり、賃料滞納や賠償責任が生じたとき、連帯保証人は「まず借主に請求してください」とは言えず、貸主から請求を受けると直接支払い義務が生じることになります。

　連帯保証人は、前述のとおりその責任が重大であることから、当該条項につき十分な理解と承諾を得ておく必要があります。そのために、契約書または確約書など契約書に付随する書類に自ら署名と印鑑証明書を添付して、実印で捺印してもらうようにするのが通例でしょう。

・**連帯保証人の欠格**

　貸主や管理会社が設定する条件にもよりますが、連帯保証人は、親類縁者を立てる場合が多いので、親などのように連帯保証人が借主よりも高齢であり、契約期間中に亡くなってしまう可能性がある場合や、賃借人が賃料を支払えなくなった場合賃料支払いの担保としての役割を担っているので、破産や後見や保佐などが開始さ

れるなど、連帯保証人としての能力が不十分な場合には、連帯保証人の差替えをお願いすることになります。

・**連帯保証と契約更新**

　当初の契約で連帯保証人となった者は、「更新後の契約においても当然に連帯保証人としての責任を負うのか」については、争いがあるところです。住宅賃貸の場合については、債務の範囲が明確であることから、連帯保証人の責任は契約更新後も継続するとも考えられますが、本契約が更新された場合にも、当然に連帯保証人としての責任を負うことを明文化しておく必要があります。

　ただし、現実に借主に債務不履行の事実（賃料延滞など）が存在し、それが拡大していくにもかかわらず、その点を連帯保証人に通知することなく漫然と契約更新した場合、更新後の部分については連帯保証人の責任が否定された裁判例もあるので、注意が必要です。債務不履行が生じた場合には、早めに連帯保証人に告知するとともに、更新時に乙の債務内容を通知したり、更新契約書に署名捺印してもらったりするなど、あらためて連帯保証人に保証意思を確認しておくほうがよいでしょう。

特約条項

1．乙は、連帯保証人が死亡・解散その他の理由により存在しなくなった場合、または連帯保証人が差押・破産・後見開始の審判を受けるなど甲が連帯保証人として不適当と認めた場合は、乙は直ちに甲の承諾する連帯保証人を立てなければならない。
2．連帯保証人は、乙が本契約を更新する場合、更新の種類を問わず更新後も乙の債務を連帯して負担するものとする。

契約条項の解説

（協議）
第14条　甲および乙は、本契約書に定めがない事項および本契約書の条項の解釈について疑義が生じた場合は、民法その他の法令および慣行に従い、誠意をもって協議し、解決するものとする。

　本来は、契約に関する事項をすべて規定して契約書に盛り込むことが望ましい姿

だと思われますが、あらゆることを網羅して盛り込むことは現実的にはなかなか難しく、将来予想できない事態が起こり得る可能性もあります。また、契約書に記載する事項を、すべて当事者に解釈の相違が生じないよう作成することも難しいことです。

そこで、契約書に定めがない事項や契約の内容について疑義が生じた場合には、民法や借地借家法などの諸法令や地域の慣行に基づきつつ、当事者で誠意をもって協議するのが望ましいとして定められたものです。あらゆることを規定して契約書に盛り込まなければならない欧米的な契約の考え方とは違う、"日本的"な契約条項と言えるでしょう。

契約条項の解説

（特約条項）
第15条　本契約の特約については、下記のとおりとする。

以下余白

この標準契約書は、あくまで標準とすべき一般的な条項のみを記載したものですので、当事者間においてさらに協議した事項や、物件によって特に明記しておくことなどの特約を別途記載できるようにしています。この特約条項欄に記載することによって、契約書本文と同等の効力を持つことになります。

賃貸編

各種特約条項の解説

● 特約条項の解説

・礼金、敷引など一時金の支払い・償却

「礼金」は、関東などに多くみられます。これは、戦後の住宅難の際に家や部屋を貸してもらった際の謝礼的な性格を持つ慣習的なものと言われています。この礼金に類似するものとして、退室時に敷金等の預かり金から一定額を差し引く「敷引」がありますが、こちらは入居に伴って生じた補修費用などを含めたものと考えられていますので、その点で礼金とは異なるものと考えられます（☞P238参照）。

あらかじめ合意のうえ、退去時に返還を要しない礼金その他の一時金の授受を行う場合や、敷引など償却の取扱いをする場合には、当事者間で明確な合意が存在したことを明らかにするために、頭書の欄に一時金の名称・額を明記し、併せて特約条項としてその旨を規定する必要があります。

> **特約条項**
>
> 1．乙は、本契約締結と同時に、頭書(3)に記載する一時金を支払わなければならない。
>
> 【一部償却の場合】
>
> 2．甲は、前項の定めにより受領した一時金については、契約終了時に頭書記載の条件により償却し、残額を乙に対し返還するものとする。
>
> 【全部償却の場合】
>
> 2．甲は、前項の定めにより受領した一時金については、契約終了時に乙に返却しないものとする。
>
> 以下余白

● 特約条項の解説

・共益費以外の経費の支払い

本条項は、費用負担の最も基本となる公租公課、公共料金の負担の帰属を明確にしています。本物件の公租公課や、区分所有建物の場合に管理組合に支払う管理費

や修繕積立金などは、貸主が資産として本物件を保有し、それを利用して利益をあげていることから、貸主が負担することとしています（これを「課税の応益負担の原則」などと難しく言うこともある）。

　また、借主の住戸内の専用設備使用に伴う公共料金などは、借主の生活に伴って発生するものなので、借主の負担として明記しています。

特約条項

1. 本物件に関する公租公課および火災保険料、本物件の維持管理に関する費用、修繕積立金等は甲の負担とする。
2. 乙は、本物件で使用する電気・ガス・水道・電話等の基本料金および使用料、町内会費・自治会費、その他乙の生活から生ずる一切の諸経費を所定の支払先に支払うものとする。

以下余白

特約条項の解説

・事前契約の期間前解約

　賃貸の場合には、契約と同時に引渡しという場合も結構ありますが、早めに契約者を確定させる場合には、実際の入居予定日よりも前に契約締結することを条件付けたり、さらには、前契約者が入居中や建物未完成の段階で事前に契約を結んだりする場合もあります。この場合において、売買契約のように手付金を受領することもあるようですが、賃貸では手付金を受領しない場合も多いと思います。

　本来契約を締結すれば、金銭の授受の有無にかかわらず、当事者双方にそれぞれ契約を遵守する義務が当然に生じます。申込みはともかく、契約までしてしまうと、双方とも相手を信頼して、貸主は募集を締め切って引渡しの準備を、借主は入居の準備をそれぞれ始めてしまうからです。そのため、土壇場になって一方からキャンセルされた場合に、相手方は少なからず損害を被ることが考えられます。

　しかし、賃貸の場合には、借主に契約行為に対する知識・関心・慎重さがあまりない場合が多く、しかも若年の契約者も多いため、契約締結における義務の「重さ」が認識できず、簡単に契約締結後のキャンセルを申し出るケースがよくあります。貸主としては、違約金を取りたいと考えていても、キャンセルされた段階になって初めて違約金が発生する旨の話を借主にしたのでは、当然トラブルになります。

そこで、契約締結後、契約期間開始前の解約については、事前に違約条項を取り決めておく必要があります。貸主は、契約締結と同時に契約金を受領するとともに、借主からのキャンセルの場合には受領済みの契約金のうち賃料の1ヶ月分などの該当金額を差し引いた残額を無利息で速やかに借主に返還し、貸主からのキャンセルの場合には、受領済みの契約金全額に、さらに該当金額を加えて速やかに借主に返還する特約を締結します。実質的には、解約手付の意味合いを持つ条項といえます。

特約条項

1. 甲および乙は、本契約締結後、頭書記載の賃貸開始日までの間は、○ヶ月分の賃料相当額を相手方に支払うことにより本契約を解除することができる。この場合、甲は遅滞なく受領済みの賃料、礼金および敷金等を無利息にて乙に返還するものとする。

以下余白

● **特約条項の解説**

・**残置物**

賃貸借契約では、退室時に入居者が残していった残置物を勝手に処分してもよいかどうかが、よく問題になります。借主と連絡がとれる場合は、残置物を処分するよう催告して、借主に処分してもらうか、所有権を放棄する意思の確認をすればよいのですが、確認ができなかったり連絡ができない場合が問題です。残していったとしても、所有権を放棄したことが明らかでない場合、他人が勝手に処分することは法的に禁止されていますので（法律用語で「自力救済」という）、本来は裁判所の力を借り、判決を得て強制執行により実現する必要があります。

ただし、例外的に、「法律の定める手続きによったのでは、権利に関する違法な侵害に対して現状を維持することが不可能または著しく困難であると認められる緊急やむを得ない特別の事情が存する場合においてのみ、その必要の限度を超えない範囲で自力救済は許される」とされています。事案につき、裁判例は、「自力救済を極めて例外的に許容されるもの」としていてなかなか認めずに、貸主・管理業者に不法行為責任が生ずるとしているのが大勢のようです。したがって、本条項のような明渡し後の残置物は、貸主が処分できる旨の条項があるにもかかわらず、借主が残置物の存在を知りつつ明け渡したのなら、条項に従って処分することも許され

ると考えられますが、実際の場面では慎重に対処する必要があります。

　残置物の処分に要する費用について当事者に合意がない場合、借主に請求できるのは処分のために支出した費用のうち、合理的な範囲の額となってしまいますので、特約として全額借主負担と定めておきます。

特約条項

1. 乙が本物件を明け渡した後、本物件に残置した物品があるときは、甲は乙が当該物品に対する所有権を放棄したものとみなし、任意にこれを処分することができるものとし、これに要した撤去費用は乙の負担とする。

以下余白

● 特約条項の解説

・造作物買取請求権

　借主は、本契約第7条第2項の規定に従い、貸主の承諾を得て、建物の増改築や模様替え等をすることができます。この増改築や模様替え等で設置した畳や障子等といった建物の一般的な利用価値を増すものを「造作物」といいます。この造作物は、あくまで建物と一体となって価値があるものを指しますので、簡単に取り外しができるエアコンや浄水器などは含まれません。

　本来、借主が貸主の承諾を得て建物に取り付けた畳や障子、扉などの建具や据付戸棚などは、出資をした借主の所有物ですので、明け渡すときには取り外して持ち出すことができます。しかし、その建物に取り付けるために作ったものを持ち出せるとしても使い道に困ってしまいます。

　そこで、借地借家法では、借主が賃貸物件に設置した造作物に出資した投下資本の回収を可能にするために、貸主に対する造作物買取請求権が認められています。ただし、この請求権を行使できるのは、あくまで貸主の承諾を得た場合か貸主から買い受けたものに限られ、無断で造作を取り付けた場合には認められません。

　以前の借家法では、この造作物買取請求権は法律によって例外を認められていなかったので、当事者間の特約によっても排除できず、貸主は借主からの請求があった場合には拒むことができませんでした。現行の借地借家法では、当事者同士で取り決めることができるため、当事者の特約によって適用を排斥することができます。

特約条項
1．乙は、自らの費用をもって本物件に設置した諸造作・設備等の買取りを甲に請求しないものとする。 以下余白

● 特約条項の解説

・**保険加入**

賃貸借契約の際、建物所有者が加入する火災保険のほかに、借主や入居者に借家人賠償保険特約付の保険や共済の加入を義務付ける場合がよくみられます。加入していない場合には、万一の水漏れや火災等に対する住戸の補修費用の全額を借主が自費負担することになるため、借主の資力では負担できないという危険性があるからです。

本来、借主の過失によって生じた損失は借主が負担すべきものですが、あまりに高額になった場合には、"ない袖は振れない"状態となり、最終的には貸主が自分で直すことになるかもしれません。また、加入者にとっても、隣家からの類焼で家財が焼失しても、隣家の保険ではカバーされないため、加入するメリットもあります。それに備えての加入になりますが、後で「知らなかった」「加入したくない」といった話が出ないように、合意事項の確認のために特約条項を入れておくのがよいでしょう。

特約条項
1．乙または入居者は、本物件の「住宅総合（家財）保険・共済」（借家人賠償保険特約付）に加入するものとする。 以下余白

● 特約条項の解説

・**遅延損害金**

賃料などの支払いを遅延した場合、遅延損害金を課す場合があります。この遅延

損害金の定めは、「損害賠償の予定」となります。「損害賠償の予定」をした場合、当事者も裁判所も、損害賠償額についてはこの規定に拘束されるので、実際に発生した損害がそれ以上であっても、それ以下であっても、差額の請求はできません。

ただし、具体的な利率については、借主が個人の場合は消費者との契約に当たるので、消費者契約法で定める14.6％以上の数値を定めていた場合は、この率を上回る部分が無効となります。消費者契約法の施行前は直接規制する法律がなかったので、金銭消費貸借契約に適用される利息制限法による制限利率（元本10万円未満：年18％、元本10〜100万円未満：年20％）を目安にしていたことがあり、それをそのまま適用している契約条項も見受けられましたが、今後は変更が必要であると思われます。仮に取決めがない場合には、民法または商法の規定により、法定利率（年5分または年6分）となります。

特約条項

1. 乙は、賃料等の支払いを遅延した場合は、遅延した金額に対して年14.6％（年365日の日割計算による。）の割合による遅延損害金を甲に支払うものとする。

以下余白

特約条項の解説

・使用損害金

契約終了後にも不法に居座る場合や、大量の残置物を残して退去した場合に、退去や残置物撤去までの間、次に貸すわけにもいかないので、貸主としては損害を被ることになります。契約にあらかじめ定めていない場合、借主が賠償すべき範囲は民法の規定により「通常生ずべき損害の範囲」とされ、一般には賃料と同額ということになります。

そこで、この債務不履行と不法行為をあわせたペナルティという意味で、賃料の倍額を請求できる特約を付けることが多く見受けられます。

なお、賃貸借契約に基づいて受領する金銭は「賃料」といいますが、契約が終了してしまってから受け取る「賃料相当額」は、賃料とは異なります。そこで、賃料相当額や使用料、使用損害金といった名称を使っています。

> **特約条項**
>
> 1．乙は、本契約終了と同時に本物件を明け渡さないときは、本契約終了日の翌日から明渡し完了に至るまでの賃料の倍額に相当する使用損害金を甲に支払うものとする。
>
> 以下余白

● 特約条項の解説

・危険負担

　天災地変や隣家からの火災により延焼した場合等、貸主・借主の双方に責任がないという理由で、物件の全部または一部が失われてしまった場合の特約条項です。当事者間で取決めがない場合には、民法ならびに借地借家法の規定が適用になります。賃貸借の対象となる建物が全部なくなってしまった場合は、貸主が物件を賃貸するという借主に対する債務が履行できないので、契約は当然に消滅します。

　では、地震で1部屋がまるまる使えなくなってしまったなど、住戸内の一部が使用できなくなった場合などはどうなるのでしょうか？　民法では、借主は、契約の目的である物件自体が存在しなくなったり、使用できなくなった割合に応じて、賃料の減額を請求でき、残った部分では契約の目的を達成できないというときは、借主は契約を解除できることになっています。軽度の破損であれば貸主の負担で補修等もできますが、その程度が大きい場合、賃貸として得られる収入に比べ補修費用が過大となっても、民法の原則のままでは貸主から契約を解除できず、借主から契約を解除されるのを待つしかないことになります。

　そこで、全部が滅失や破損した場合はもちろん、一部の場合であっても、物件の使用が不可能となったときは当然に契約が消滅することとする特約を結んでおきます。

　なお、天災地変等の貸主の責任ではない理由（法律用語で「不可抗力」という）で、物件の全部または一部が失われ、借主や入居者が損害を被った場合にまで貸主は責任を負えないので、そのような場合に、貸主が責任を負わない旨を明示しておく必要があります。それらの損害については、借主の加入した保険等でカバーすることになります。

> **特約条項**
>
> 1. 天災地変・火災その他甲の責に帰することのできない事由により本物件の全部または一部が滅失または破損して、本物件の使用が不可能となった場合は、本契約は当然に消滅するものとする。
> 2. 前項の場合、甲は乙および入居者の被った損害に対して、一切の責任を負わないものとする。
>
> 以下余白

特約条項の解説

・ペット飼育

最近の入居希望者の要望では、ペットの飼育を希望するケースが増えています。賃貸住宅でも分譲マンションでも、ペット飼育を可能にしている物件が増えてきましたが、まだまだ一般的とはいえません。この標準契約書でも、禁止条項である第7条第4項の別表第2③に例示として記載されています。必ずしも、誰もがペットを好きというわけではないし、きちんと躾（しつけ）がなされていないことによるペットの鳴き声や排泄物の始末など、いろいろな問題が出ています。

飼えるペットについても、共用部分では抱えていられるサイズ（電車などに乗せることのできる、体長70cm以下、体重10kg以下のサイズ）までを許可しているところが多いようです。きちんと規制するのであれば、ルールを作ることも必要です。

また、契約書の付属書類として、ペット飼育規則などを定めることが必要です。「集合住宅における動物飼養モデル規程」（東京都衛生局生活環境部獣医衛生課作成）（☞P295参照）やUR都市機構などの規則を参考にしてみるとよいでしょう。

ペットの飼育に関する記載方法としては、禁止している条項を単純に削除する場合もよくみられます。飼育可能にする場合は、退室時の原状回復費用を見越して敷金の割増しを条件とする場合が多いようです。

> **特約条項**
>
> 【単純に禁止条項を削除する場合】
> 1. 第7条第4項別表第③の規定に関わらず、乙は本件貸室内でペットの飼育ができるものとする。

> 【さらに詳しく記載する場合】
> 1. ペットを飼育する場合は、乙はその飼育に関し別途申出書兼誓約書を提出し、甲の承諾を得るとともにペット飼育規則に従い飼育するものとする。
>   なお、乙がペット飼育規則に違反した場合、甲は飼育規則〇条および本契約（甲の契約解除権）に基づき、本契約を解除することができるものとする。

● 特約条項の解説

・暴力団の排除

　先頃、UR都市機構は、2007年以降に適用される同機構の賃貸住宅の入居資格と契約条項に、暴力団員を排除する内容を加える旨の発表がなされました。入居資格では、申込み本人を含めた同居世帯の全員が、「暴力団員による不当な行為の防止等に関する法律」に規定する暴力団員でないことを条件付け、賃貸借契約書に、契約者本人、その世帯員・同居者が、同法の暴力団員であることが明らかになったときは、賃貸借契約を催告なしで解除し、契約の更新を拒絶することができるように定めることになるようです。

　地方自治体や民間では、すでに同様の条項を導入している場合もあります。このような暴力団排除条項がないと、滞納など他の解約条項が適用できる事態になるまで、なかなか契約の解除ができず、時間が経過するうちに、暴力団関係者の入居を追認したという口実を相手方に与えてしまう可能性があります。

> **特約条項**
> 1. 乙が次の各号の一に該当したときは、甲はなんら催告を要さず本契約を解除することができ、乙は本貸室を直ちに明け渡さなければならない。この場合、甲は乙の事前の承諾を得ることなく、電気・水道等の供給停止、本件貸室の施錠装置の交換等の乙の本件貸室の使用を妨害する措置をとることができることを乙はあらかじめ了承した。
>   （1）乙が暴力団その他暴力的集団の構成員もしくは同準構成員等であることが判明したとき。
>   （2）本件貸室内、共用部分等に暴力団その他暴力的集団であることを感知させる名札、名称、看板、代紋、提灯等の物件を掲示したとき。

> （3）本件貸室に暴力その他暴力的集団の構成員もしくは同準構成員等を居住させたとき。
> （4）本件貸室、本件建物内に反復継続して暴力団その他暴力的集団の構成員もしくは同準構成員などを出入りさせたとき。
> （5）本件貸室、共用部分その他本件建物の周辺において、乙または関係者が刑法ならびに関連法規に違反する行為を行ったとき。
> （6）本件貸室、共用部分その他本件建物の周辺において、暴力団の威力を背景に粗野な態度、言動によって、本件建物の入居者および管理者、本件建物へ出入りする者、近隣住民等に不安感、不快感、迷惑を与えたとき。
> 以下余白

● 特約条項の解説

・サブリース契約の場合

　建物所有者である個人や法人が、そのまま貸主になるケースも多いと思いますが、アパートやマンションを建設した際に、その建設会社またはその関連不動産会社が借り上げたり、ローンなど融資を受けて建築・購入した場合に毎月確実な賃料が欲しかったり、入居者とのやり取りがわずらわしいので全部任せたりして、不動産会社に借り上げてもらうケースも多くあります。この場合、借り上げた不動産会社が貸主となり、転貸することになりますが、この貸主の地位は建物所有者等との契約の上に成り立っているものです。

　したがって、借上げ契約が解約や期間満了になった場合は、建物所有者等がそのまま、または建物所有者等と新たに賃貸借契約を締結した新転貸者がその地位を引き継ぐことになります。当然、重要事項説明書に登記記録事項として建物所有者名義を記載しますが、この契約が転貸借契約であること、貸主が変更になる可能性があること、その際の敷金の扱いにいたるまでを、契約の素人である場合が多い借主に理解させることは難しいことです。

　そこで、確認事項として、この契約が建物所有者等との転貸を目的とした契約に基づくもので、将来貸主が変わる可能性があること、その場合、現在の貸主が預かる敷金は新しい貸主に譲渡されるので、契約が解除された場合の敷金の返還請求は新しい貸主に請求することになること等を明記しておきます。

　なお、貸主の地位が変更になった場合、賃料の支払い先や解約などの通知先も変

わることになるので、借主に対して変更の通知が必要になります。本来は、借主と連帯保証人にそれぞれ行うものですが（貸主・借主間の賃貸借契約と貸主・連帯保証人との保証委託契約は、法律上それぞれ別のものであるから）、実際には、借主から依頼されて連帯保証人になっているので、借主から伝えてもらうことにします。また、実際の賃料の支払いや退去通知などを行うのは借主なので、借主自身が貸主の変更の事実について把握していればよいことから、借主に通知すればよいものとしています。

特約条項

1. 乙および連帯保証人は、甲が本物件を転貸目的で所有者等から賃借していることおよび甲・所有者等間の賃貸借契約が終了したときは、所有者等が甲に代わり本契約の貸主となることをあらかじめ了承するものとする。
2. 甲の乙に対する敷金返還義務は、前項の場合、新貸主がこれを負い、甲は免責されるものとする。
3. 甲から所有者等へ貸主の地位移転がなされた場合、甲は乙に対して書面による通知を行うものとする。なお、連帯保証人に対する通知は甲の乙に対する通知をもって代えるものとする。

以下余白

● 特約条項の解説

・分譲マンション（区分所有建物）

　賃貸の対象が分譲マンションである場合には、賃貸専用マンションとは違う制約が出てきます。分譲マンションと通常呼ばれる区分所有建物は、その名のとおり各住戸ごとに区分され、それぞれ所有者が異なります。それぞれがバラバラなことをすると、場合によっては建物の管理に影響が出たり、共同生活の妨げとなったりする場合があります。そこで、「建物の区分所有等に関する法律」と、そのマンションの管理組合で定める「管理規約」等により、マンション全体の管理についてのルールを定め、区分所有者のみならず、その住戸を借り受けた占有者（賃借人等）も制限を受けることになります。

　入居期間中にも、管理規約の変更や管理組合の総会の決議により、建物や附属施設、敷地の利用方法が変更になったり、管理費や修繕積立金等の費用が変更になっ

たりします。占有者となる借主は、それらのうち建物や附属施設、敷地の利用方法について区分所有者が管理規約や集会の議決を受けるのと同じ制約を受けることになります。

なお、管理組合の総会が定期的に開催された際に、利害関係を有する議題については、出席して意見を述べたりすることはできますが、区分所有者ではないため、理事になるなどの組合の運営には携わることはできません。

建物の使用等について区分所有者と同様の制限を受けることについて、その使用方法によっては、貸主からではなく、管理組合から使用の差止めや部屋の明渡しを求められる場合もあります。法律上当然に制約を受けるものですが、賃貸の居住者の場合には、売買で取得した区分所有者と比べ、それらの制約に関する認識が甘い場合が多いため、宅建業者としては、重要事項として事前に説明するとともに、その証しとして契約書にも合意事項として記入しておく必要があります。

特約条項

1. 本物件が建物の区分所有等に関する法律に定める区分所有建物である場合、同法にもとづき次の各号が適用されるものとする。
  (1) 乙は建物の保存に有害な行為その他建物の管理または使用に関し、区分所有者の共同の利益に反する行為をしてはならない。
  (2) 乙は建物またはその敷地もしくは附属施設の使用方法につき、区分所有者が規約または集会の議決にもとづいて負う義務と同一の義務を負う。
  (3) 乙は集会の目的たる事項につき利害関係を有する場合には、集会に出席して意見を述べることができる。
  (4) 乙が共同の利益に反する行為をした場合またはその行為をするおそれがある場合には区分所有者の全員または管理組合法人が区分所有者の共同利益のため、乙に対しその行為の停止等を請求する場合がある。
  (5) 乙が共同の利益に反する行為をし、区分所有等の共同生活上の障害が著しい場合、区分所有者の全員または管理組合法人が集会の決議にもとづき、訴えをもって本契約の解除および本物件の引渡しを請求する場合がある。

以下余白

● **特約条項の解説**

・**個人情報の取扱いについて**

　貸主や代理人が不動産業者である場合には、「個人情報の保護に関する法律」にいう個人情報取扱事業者にあたるとされています。その場合、契約締結に伴って書面に記載された氏名などの個人情報を取得する場合には、その利用目的を明示する必要があります。説明書を別途添付するか、契約条項に盛り込んで署(記)名捺印をもらい、明示した証拠を残しておきましょう。

特約条項

1．甲は、不動産賃貸借ならびに不動産の運営に関する事業に関し、本契約書の書面に記載された個人情報を以下の目的で使用する場合があること。
　（1）賃貸物件の利用者への契約管理および賃貸物件運営に関する各種業務の実施
　（2）賃貸物件所有者への賃貸経営・管理運営に関する各種情報・サービスの提供、顧客動向分析および商品開発等のための調査分析
2．甲は、本契約書の書面に記載された個人情報を乙の入居する賃貸物件の所有者および所有者の業務代行者、保守・点検・工事等各種サービス提供者、物件の譲受人およびその見込者等に提供する場合があること。
以下余白

● **特約条項の解説**

・**管轄裁判所**

　万が一トラブルがあって裁判になった場合、当事者で特に合意をしていなかったときには、賃料等の支払いに関する金銭的な問題は「義務履行地」の管轄裁判所、第三者に占有権を侵害されたなどの問題は「物件の所在地」の管轄裁判所、それ以外の問題は「被告の住所地」の管轄裁判所になります（民事訴訟法1条、5条、17条）。

　賃料等の支払いの義務履行地は、貸主や管理会社の所在地となるので、賃料不払いの場合などはそれほど手間はかかりません。しかし、金銭以外のトラブルについては、相手の住所地の管轄裁判所で訴訟を起こすことになります。相手が物件に入

居している場合は変わりませんが、地方に住む親の名義や法人借上げの場合などは、親の住所地や法人の本店所在地で訴訟をしなければなりません。そこで、何度も出向いたりする手間を考えて、貸主や管理会社の住所地や物件の住所地を合意管轄裁判所に定める場合が多く見受けられます。

また、相手が海外法人の場合にも、どの国の裁判所にするかが問題になる場合がありますので、あらかじめ決めておいたほうがよいでしょう。

特約条項

1．本契約における紛争に関し、訴訟を提起する必要が生じたときは、○○地方裁判所または○○簡易裁判所を第一審管轄裁判所とする。

以下余白

● 特約条項の解説

・適用する言語・法律など

国際化に伴い、外国の法人や外国人との契約が増えてきました。既存の契約書をもとに翻訳した契約書のサンプルを添付したり、その契約書に署名したりする場合もあります。日本語をそれぞれの言語に翻訳することになるのですが、翻訳のプロがやっても機械がやっても、どちらの言語もまるっきり同じ条文の内容になることはありません。トラブルになる場合には、契約条項の微妙なニュアンスの違いまでもが問題になります。

その場合、どちらの契約書が本紙であるかを、あらかじめ決めておく必要があります。また、相手方が海外に本店を置く法人である場合、貸主や管理会社が所在する日本の民法や借地借家法を使うのか、相手方の本店などが所在する国の法律に従うのかも、事前の合意事項として定めておいたほうがよいでしょう。

特約条項

1．本契約における成文は日本語とし、準拠法は日本法とする。

以下余白

⑤ 定期賃貸住宅標準契約書

定期賃貸住宅標準契約書

（1）賃貸借の目的物

建物の名称・所在地等	名　称	新宿マンション				
	所在地	東京都新宿区新宿1−1−1				
	建て方	(共同建)・長屋建・一戸建・その他	構造	木造／(非木造)　10 階建		工事完了年　1993年　大修繕等を（　−　）年　実施
			戸数	1 戸		

住戸部分	住戸番号	201号室	間取り	（2）(LDK)・DK・K／ワンルーム／
	面　積	45.20　m²		
	設備等	トイレ	専用（(水洗)・非水洗）・共用（水洗・非水洗）	
		浴室	(有)・無	浴室換気乾燥機付
		シャワー	(有)・無	
		給湯設備	(有)・無	ガス給湯器、追焚機能付
		ガスコンロ	(有)・無	
		冷暖房設備	(有)・無	エアコン1基
		共視聴設備	(有)・無	通常放送、BS、CS110°
			有・無	
			有・無	
			有・無	
	使用可能電気容量	（ 40 ）アンペア		
	ガス	有（(都市ガス)・プロパンガス）・無		
	上水道	(水道本管より直結)・受水槽・井戸水		
	下水道	有（(公共下水道)・浄化槽）・無		

附属施設	駐車場	含む・(含まない)	
	自転車置場	(含む)・含まない	
	物置	含む・(含まない)	
	専用庭	含む・(含まない)	
		含む・含まない	
		含む・含まない	

（2）契約期間

始 期	20＊1 年 1 月 1 日から	4 年 0 月間
終 期	20＊4 年 12 月 31 日まで	

（契約終了の通知をすべき期間20＊3年12月31日から20＊4年6月30日まで）

（3）賃料等

賃料・共益費		支払期限		支払方法
賃 料	金150,000円	当月分・(翌月分を) 毎月 末 日まで	振込 または 持参	振込先金融機関名： 渋谷銀行 渋谷支店 預金：(普通)・当座 口座番号：1234567 口座名義人： 　　　　新宿 勇次郎
共益費	金3,000円	当月分・(翌月分を) 毎月 末 日まで		持参先：
敷 金	賃料2ヶ月相当分 　金300,000円	その他 一時金		
付属施設使用料	自転車置場使用料　月額100円			
その他				

（4）貸主および管理人

貸　　主 （社名・代表者）	住所　〒111－1111　東京都新宿区新宿１－１－１－1001 氏名　新宿　勇次郎　　　　　　　電話番号03-1111-2222
管理人 （社名・代表者）	住所　〒222－2222　東京都中野区中野１－１－１ 氏名　㈱中野不動産　中野　大三郎　電話番号03-3333-4444

※貸主と建物の所有者が異なる場合は、次の欄も記載すること。

建物の所有者	住所　〒 氏名　　　　　　　　　　　　　　電話番号

（5）借主および同居人

	借　　主	同　居　人
氏　　名	板橋　順一	由美子、淳 　　　　　　　　合計　3　人
緊急時の 連絡先	住所　〒333－3333　東京都板橋区板橋２－１－１ 氏名　板橋　一郎　電話番号03-5555-6666	借主との関係　父

契約条項

（契約の締結）

第1条　貸主（以下「甲」という。）および借主（以下「乙」という。）は、頭書（1）に記載する賃貸借の目的物（以下「本物件」という。）について、以下の条項により借地借家法（以下「法」という。）第38条に規定する定期建物賃貸借契約（以下「本契約」という。）を締結した。

（契約期間）

第2条　契約期間は、頭書（2）に記載するとおりとする。

　　2　本契約は、前項に規定する期間の満了により終了し、更新がない。ただし、甲および乙は、協議のうえ、本契約の期間の満了の日の翌日を始期とする新たな賃貸借契約（以下「再契約」という。）をすることができる。

3　甲は、第1項に規定する期間の満了の1年前から6ヶ月前までの間（以下「通知期間」という。）に乙に対し、期間の満了により賃貸借が終了する旨を書面によって通知するものとする。

　　4　甲は、前項に規定する通知をしなければ、賃貸借の終了を乙に主張することができず、乙は、第1項に規定する期間の満了後においても、本物件を引き続き賃借することができる。ただし、甲が通知期間の経過後乙に対し期間の満了により賃貸借が終了する旨の通知をした場合においては、その通知の日から6ヶ月を経過した日に賃貸借は終了する。

（使用目的）
第3条　乙は、居住のみを目的として本物件を使用しなければならない。
（賃料）
第4条　乙は、頭書（3）の記載に従い、賃料を甲に支払わなければならない。

　　2　1ヶ月に満たない期間の賃料は、1ヶ月を30日として日割計算した額とする。

　　3　甲および乙は、次の名号の一に該当する場合には、協議のうえ、賃料を改定することができる。
　　　① 土地または建物に対する租税その他の負担の増減により賃料が不相当となった場合
　　　② 土地または建物の価格の上昇または低下その他の経済事情の変動により賃料が不相当となった場合
　　　③ 近傍同種の建物の賃料に比較して賃料が不相当となった場合

（共益費）
第5条　乙は、階段、廊下等の共用部分の維持管理に必要な光熱費、上下水道使用料、清掃費等（以下この条において「維持管理費」という。）に充てるため、共益費を甲に支払うものとする。

　　2　前項の共益費は、頭書（3）の記載に従い、支払わなければならない。

　　3　1ヶ月に満たない期間の共益費は、1ヶ月を30日として日割計算した額とする。

4　甲および乙は、維持管理費の増減により共益費が不相当となったときは、協議のうえ、共益費を改定することができる。

（敷金）
第6条　乙は、本契約から生じる債務の担保として、頭書（3）に記載する敷金を甲に預け入れるものとする。
　　2　乙は、本物件を明け渡すまでの間、敷金をもって賃料、共益費その他の債務と相殺をすることができない。
　　3　甲は、本物件の明渡しがあったときは、遅滞なく、敷金の全額を無利息で乙に返還しなければならない。ただし、甲は、本物件の明渡し時に、賃料の滞納、原状回復に要する費用の未払いその他の本契約から生じる乙の債務の不履行が存在する場合には、当該債務の額を敷金から差し引くことができる。
　　4　前項ただし書の場合には、甲は、敷金から差し引く債務の額の内訳を乙に明示しなければならない。

（禁止または制限される行為）
第7条　乙は、甲の書面による承諾を得ることなく、本物件の全部または一部につき、賃借権を譲渡し、または転貸してはならない。
　　2　乙は、甲の書面による承諾を得ることなく、本物件の増築、改築、移転、改造もしくは模様替えまたは本物件の敷地内における工作物の設置を行ってはならない。
　　3　乙は、本物件の使用に当たり、別表第1に掲げる行為を行ってはならない。
　　4　乙は、本物件の使用に当たり、甲の書面による承諾を得ることなく、別表第2に掲げる行為を行ってはならない。
　　5　乙は、本物件の使用に当たり、別表第3に掲げる行為を行う場合には、甲に通知しなければならない。

（修繕）
第8条　甲は、別表第4に掲げる修繕を除き、乙が本物件を使用するために必要な修繕を行わなければならない。この場合において、乙の故意または過失により必要となった修繕に要する費用は、乙が負担しなければならない。

賃貸編　定期賃貸住宅標準契約書

２　前項の規定に基づき甲が修繕を行う場合は、甲は、あらかじめ、その旨を乙に通知しなければならない。この場合において、乙は、正当な理由がある場合を除き、当該修繕の実施を拒否することができない。
　　３　乙は、甲の承諾を得ることなく、別表第４に掲げる修繕を自らの負担において行うことができる。

（契約の解除）
第９条　甲は、乙が次に掲げる義務に違反した場合において、甲が相当の期間を定めて当該義務の履行を催告したにもかかわらず、その期間内に当該義務が履行されないときは、本契約を解除することができる。
　　①　第４条第１項に規定する賃料支払義務
　　②　第５条第２項に規定する共益費支払義務
　　③　前条第１項後段に規定する費用負担義務
　　２　甲は、乙が次に掲げる義務に違反した場合において、当該義務違反により本契約を継続することが困難であると認められるに至ったときは、本契約を解除することができる。
　　①　第３条に規定する本物件の使用目的遵守義務
　　②　第７条各項に規定する義務
　　③　その他本契約書に規定する乙の義務

（乙からの解約）
第10条　乙は、甲に対して少なくとも１ヶ月前に解約の申入れを行うことにより、本契約を解約することができる。
　　２　前項の規定にかかわらず、乙は、解約申入れの日から１ヶ月分の賃料（本契約の解約後の賃料相当額を含む。）を甲に支払うことにより、解約申入れの日から起算して１ヶ月を経過する日までの間、随時に本契約を解約することができる。

（明渡し）
第11条　乙は、本契約が終了する日（甲が第２条第３項に規定する通知をしなかった場合においては、同条第４項ただし書に規定する通知をした日から６ヶ月を経過した日）までに（第９条の規定に基づき本契約が解除された場合にあっては、直ちに）、本物件を明け渡さなければならない。この場合において、乙は、通常の使用に伴い生じた本物件の

消耗を除き、本物件を原状回復しなければならない。

　2　乙は、前項前段の明渡しをするときには、明渡し日を事前に甲に通知しなければならない。

　3　甲および乙は、第1項後段の規定に基づき乙が行う原状回復の内容および方法について協議するものとする。

（立入り）

第12条　甲は、本物件の防火、本物件の構造の保全その他の本物件の管理上特に必要があるときは、あらかじめ乙の承諾を得て、本物件内に立ち入ることができる。

　2　乙は、正当な理由がある場合を除き、前項の規定に基づく甲の立入りを拒否することはできない。

　3　本契約終了後において本物件を賃借しようとする者または本物件を譲り受けようとする者が下見をするときは、甲および下見をする者は、あらかじめ乙の承諾を得て、本物件内に立ち入ることができる。

　4　甲は、火災による延焼を防止する必要がある場合その他の緊急の必要がある場合においては、あらかじめ乙の承諾を得ることなく、本物件内に立ち入ることができる。この場合において、甲は、乙の不在時に立ち入ったときは、立入り後その旨を乙に通知しなければならない。

（連帯保証人）

第13条　連帯保証人は、乙と連帯して、本契約から生じる乙の債務（甲が第2条第3項に規定する通知をしなかった場合においては、同条第1項に規定する期間内のものに限る。）を負担するものとする。

（再契約）

第14条　甲は、再契約の意向があるときは、第2条第3項に規定する通知の書面に、その旨を付記するものとする。

　2　再契約をした場合は、第11条の規定は適用しない。ただし本契約における原状回復の債務の履行については、再契約に係る賃貸借が終了する日までに行うこととし、敷金の返還については、明渡しがあったものとして第6条第3項に規定するところによる。

（協議）

第15条　甲および乙は、本契約書に定めがない事項および本契約書の条項の

解釈について疑義が生じた場合は、民法その他の法令および慣行に従い、誠意をもって協議し、解決するものとする。

（特約条項）
第16条　本契約の特約については、下記のとおりとする。

以下余白

別表第1（第7条第3項関係）

① 銃砲、刀剣類または爆発性、発火性を有する危険な物品等を製造または保管すること。
② 大型の金庫その他の重量の大きな物品等を搬入し、または備え付けること。
③ 排水管を腐食させるおそれのある液体を流すこと。
④ 大音量でテレビ、ステレオ等の操作、ピアノ等の演奏を行うこと。
⑤ 猛獣、毒蛇等の明らかに近隣に迷惑をかける動物を飼育すること。

別表第2（第7条第4項関係）

① 階段、廊下等の共用部分に物品を置くこと。
② 階段、廊下等の共用部分に看板、ポスター等の広告物を掲示すること。
③ 鑑賞用の小鳥、魚等であって明らかに近隣に迷惑をかけるおそれのない動物以外の犬、猫等の動物（別表第1⑤に掲げる動物を除く。）を飼育すること。

別表第3（第7条第5項関係）

① 頭書（5）に記載する同居人に新たな同居人を追加（出生を除く。）すること。
② 1ヶ月以上継続して本物件を留守にすること。

別表第4（第8条関係）

畳表の取替え、裏返し	ヒューズの取替え
障子紙の張替え	給水栓の取替え
ふすま紙の張替え	排水栓の取替え
電球、蛍光灯の取替え	その他費用が軽微な修繕

賃貸編

定期賃貸住宅標準契約書

下記貸主（甲）と借主（乙）は、本物件について上記のとおり賃貸借契約を締結したことを証するため、本契約書2通を作成し、署(記)名押印のうえ、各自その1通を保有する。

　20＊0年12月25日

貸　主（甲）	住所	東京都新宿区新宿1－1－1－1001	
	氏名	新宿　勇次郎　㊞	印
借　主（乙）	住所	東京都豊島区目白1－1－1－301	
	氏名	板橋　順一　㊞	印
連帯保証人	住所	東京都板橋区板橋2－1－1	
	氏名	板橋　一郎　㊞	印

(媒介)
代理

免許証番号　〔 東京 〕知事・建設大臣（　5　）第1234号
事務所所在地　東京都中野区中野1－1－1
商　号　（名称）株式会社中野不動産
代表者氏名　　中野　大三郎　㊞　　　　　　　　印
宅地建物取引主任者　　登録番号〔 東京 〕知事第2222号
　　　　　　　　　　氏　名　恵比寿　次郎　㊞　印

◯ 契約条項の解説

（契約の締結）
第1条　貸主（以下「甲」という。）および借主（以下「乙」という。）は、頭書（1）に記載する賃貸借の目的物（以下「本物件」という。）について、以下の条項により借地借家法（以下「法」という。）第38条に規定する定期建物賃貸借契約（以下「本契約」という。）を締結した。

　この契約が、借地借家法第38条に規定する定期建物賃貸借契約であることを明示しています。定期建物賃貸借は、平成12年に施行されて以来、利用される件数が増えてきました。転勤中の期間限定で貸す場合などだけでなく、万一滞納等の債務不履行が発生しても、再契約をしないという方法で契約を終了させることができるため、再契約が可能な1年間や2年間の契約内容で募集する物件も一般的になってきました。定期建物賃貸借の場合、普通建物賃貸借と比べて賃料が安くなるとされていますが、再契約ができるタイプの定期建物賃貸借は、一般の普通建物賃貸借と同程度の賃料でも募集されているようです。

◯ 契約条項の解説

（契約期間）
第2条　契約期間は、頭書（2）に記載するとおりとする。
　　2　本契約は、前項に規定する期間の満了により終了し、更新がない。ただし、甲および乙は、協議のうえ、本契約の期間の満了の日の翌日を始期とする新たな賃貸借契約（以下「再契約」という。）をすることができる。
　　3　甲は、第1項に規定する期間の満了の1年前から6ヶ月前までの間（以下「通知期間」という。）に乙に対し、期間の満了により賃貸借が終了する旨を書面によって通知するものとする。
　　4　甲は、前項に規定する通知をしなければ、賃貸借の終了を乙に主張することができず、乙は、第1項に規定する期間の満了後においても、本物件を引き続き賃借することができる。ただし、甲が通知期間の経過後乙に対し期間の満了により賃貸借が終了する旨の通知をした場合

賃貸編　定期賃貸住宅標準契約書

においては、その通知の日から6ヶ月を経過した日に貸賃借は終了する。

第1項

通常の建物賃貸借と同様に、期間を記載しています。定期建物賃貸借の場合には、「期間の定めがある」場合でなければならないので、必ず期間の記載が必要です。

なお、定期建物賃貸借の場合には、「1年未満の契約は期間の定めのない契約とみなす」とする、借地借家法第29条の規定が適用されないので、1年未満の契約期間とすることもできます。

第2項

この契約は、第1条で明示したように、借地借家法第38条に規定する定期建物賃貸借契約です。借地借家法では、要件として公正証書などの書面によって「契約の更新がないこと」を契約書中に明示する必要がありますので、最初の部分にその旨が明示されています。したがって、その性格上、契約の更新がなく、正当事由の有無にかかわらず、期間の満了によって当然に契約が終了することになります。たとえ、当事者間で合意があっても、契約の更新はできません。また、契約の終了後、借主が本物件の占有を継続して、これに対し貸主が異議を述べない場合でも、普通賃貸借の場合は法定更新となりますが、この定期建物賃貸借の場合には更新となりません。

こうして、期間の満了により、当然に契約が終了しますが、「もう少し住んでいたい…」という借主のニーズと、「もう少し貸しておいていいかな…」という貸主のニーズが合致した場合などには、更新という形は取れませんが、定期建物賃貸借契約または普通建物賃貸借契約を再度契約することができます。再契約について、本契約書では第14条で規定をしています。

第3項・第4項

定期建物賃貸借契約の場合には、貸主は契約期間満了の1年前から6ヶ月前までの間に、借主に対して、契約の終了の通知をしなければなりません。更新のできる普通建物賃貸借であれば、借主はいつ契約が終了するかを忘れていても、貸主から解約されない限り契約が更新されて、そのまま住み続けられるのでよいのですが、更新ができず必ず終了してしまう定期建物賃貸借の場合には、貸主から通知をしてあげないと、借主がうっかり忘れていて突然契約が終了し、立ち退かなければならない事態も起こり得るからです。しかし、貸主がこの通知をしない場合には、期間の満了日が到来しても契約は終了しません。貸主が契約期間の満了の6ヶ月前までにこの通知を行わなかった場合には、通知期間を経過した後に、貸主が通知を行っ

てから6ヶ月を経過した日に契約が終了することになります。

　ただし、契約期間が1年未満の場合には、満了までの期間が短く借主も覚えていられるので、貸主の通知は必要ありません。

契約条項の解説

> （使用目的）
> 第3条　乙は、居住のみを目的として本物件を使用しなければならない。

　使用目的については、使用方法により物件の傷み具合等が違ってきますから、明示が必要です。

　詳しくは、①賃貸住宅標準契約書☞P234をご参照ください。

契約条項の解説

> （賃料）
> 第4条　乙は、頭書(3)の記載に従い、賃料を甲に支払わなければならない。
> 　2　1ヶ月に満たない期間の賃料は、1ヶ月を30日として日割計算した額とする。
> 　3　甲および乙は、次の各号の一に該当する場合には、協議のうえ、賃料を改定することができる。
> 　　①　土地または建物に対する租税その他の負担の増減により賃料が不相当となった場合
> 　　②　土地または建物の価格の上昇または低下その他の経済事情の変動により賃料が不相当となった場合
> 　　③　近傍同種の建物の賃料に比較して賃料が不相当となった場合

　賃料の支払い、賃料改定ができる場合などについて記載しています。なお、第3項の賃料改定ができるケースについては、本標準契約書では借地借家法第32条に定められたものをそのまま載せています。同法で規定されている事項に該当した場合には、当事者は賃料の増減を請求できることになっています。

　ただし、定期建物賃貸借において当事者間でこれと違う特約を定める場合には、同法第32条を適用しないことになっています。つまり、当事者間で契約期間内には

賃料の改定を行わない旨や、契約期間内に定期的に賃料を改定する旨の特約を定めた場合には、同法32条に定められている賃料改定請求ができるケースに該当する事態になっても、特約の内容が適用されることになります。

詳しくは、①賃貸住宅標準契約書☞P234～235をご参照ください。

契約条項の解説

> （共益費）
> 第5条　乙は、階段、廊下等の共用部分の維持管理に必要な光熱費、上下水道使用料、清掃費等（以下この条において「維持管理費」という。）に充てるため、共益費を甲に支払うものとする。
> 2　前項の共益費は、頭書（3）の記載に従い、支払わなければならない。
> 3　1ヶ月に満たない期間の共益費は、1ヶ月を30日として日割計算した額とする。
> 4　甲および乙は、維持管理費の増減により共益費が不相当となったときは、協議のうえ、共益費を改定することができる。

共益費の支払い、改定等について定めています。

詳しくは、①賃貸住宅標準契約書☞P235～236をご参照ください。

契約条項の解説

> （敷金）
> 第6条　乙は、本契約から生じる債務の担保として、頭書（3）に記載する敷金を甲に預け入れるものとする。
> 2　乙は、本物件を明け渡すまでの間、敷金をもって賃料、共益費その他の債務と相殺をすることができない。
> 3　甲は、本物件の明渡しがあったときは、遅滞なく、敷金の全額を無利息で乙に返還しなければならない。ただし、甲は、本物件の明渡し時に、賃料の滞納、原状回復に要する費用の未払いその他の本契約から生じる乙の債務の不履行が存在する場合には、当該債務の額を敷金

から差し引くことができる。
　　4　前項ただし書の場合には、甲は、敷金から差し引く債務の額の内訳
　　　を乙に明示しなければならない。

敷金の預け入れ、返還等について定めています。
詳しくは、①賃貸住宅標準契約書☞P236～237をご参照ください。

契約条項の解説

（禁止または制限される行為）
第7条　乙は、甲の書面による承諾を得ることなく、本物件の全部または一
　　　部につき、賃借権を譲渡し、または転貸してはならない。
　　2　乙は、甲の書面による承諾を得ることなく、本物件の増築、改築、
　　　移転、改造もしくは模様替えまたは本物件の敷地内における工作物の
　　　設置を行ってはならない。
　　3　乙は、本物件の使用に当たり、別表第1に掲げる行為を行ってはな
　　　らない。
　　4　乙は、本物件の使用に当たり、甲の書面による承諾を得ることなく、
　　　別表第2に掲げる行為を行ってはならない。
　　5　乙は、本物件の使用に当たり、別表第3に掲げる行為を行う場合に
　　　は、甲に通知しなければならない。

別表第1（第7条第3項関係）

①	銃砲、刀剣類または爆発性、発火性を有する危険な物品等を製造または保管すること。
②	大型の金庫その他の重量の大きな物品等を搬入し、または備え付けること。
③	排水管を腐食させるおそれのある液体を流すこと。
④	大音量でテレビ、ステレオ等の操作、ピアノ等の演奏を行うこと。
⑤	猛獣、毒蛇等の明らかに近隣に迷惑をかける動物を飼育すること。

別表第2 (第7条第4項関係)

①	階段、廊下等の共用部分に物品を置くこと。
②	階段、廊下等の共用部分に看板、ポスター等の広告物を掲示すること。
③	鑑賞用の小鳥、魚等であって明らかに近隣に迷惑をかけるおそれのない動物以外の犬、猫等の動物(別表第1⑤に掲げる動物を除く。)を飼育すること。

別表第3 (第7条第5項関係)

①	頭書(5)に記載する同居人に新たな同居人を追加(出生を除く。)すること。
②	1ヶ月以上継続して本物件を留守にすること。

物件の使用にあたって、禁止される行為や制限される行為などについて定めています。

詳しくは、①賃貸住宅標準契約書☞P239～240をご参照ください。

○ 契約条項の解説

(修繕)
第8条 甲は、別表第4に掲げる修繕を除き、乙が本物件を使用するために必要な修繕を行わなければならない。この場合において、乙の故意または過失により必要となった修繕に要する費用は、乙が負担しなければならない。
 2 前項の規定に基づき甲が修繕を行う場合は、甲は、あらかじめ、その旨を乙に通知しなければならない。この場合において、乙は、正当な理由がある場合を除き、当該修繕の実施を拒否することができない。
 3 乙は、甲の承諾を得ることなく、別表第4に掲げる修繕を自らの負担において行うことができる。

別表第4 (第8条関係)

畳表の取替え、裏返し	ヒューズの取替え
障子紙の張替え	給水栓の取替え
ふすま紙の張替え	排水栓の取替え
電球、蛍光灯の取替え	その他費用が軽微な修繕

入居中の修繕について定めています。

詳しくは、①賃貸住宅標準契約書☞P240～242をご参照ください。

○ 契約条項の解説

（契約の解除）

第9条　甲は、乙が次に掲げる義務に違反した場合において、甲が相当の期間を定めて当該義務の履行を催告したにもかかわらず、その期間内に当該義務が履行されないときは、本契約を解除することができる。

① 　第4条第1項に規定する賃料支払義務
② 　第5条第2項に規定する共益費支払義務
③ 　前条第1項後段に規定する費用負担義務

2　甲は、乙が次に掲げる義務に違反した場合において、当該義務違反により本契約を継続することが困難であると認められるに至ったときは、本契約を解除することができる。

① 　第3条に規定する本物件の使用目的遵守義務
② 　第7条各項に規定する義務
③ 　その他本契約書に規定する乙の義務

借主が義務違反をした場合に、貸主が契約の解除をできる事案について定めています。

詳しくは、①賃貸住宅標準契約書☞P242～243をご参照ください。

賃貸編

定期賃貸住宅標準契約書

契約条項の解説

> （乙からの解約）
> 第10条　乙は、甲に対して少なくとも1ヶ月前に解約の申入れを行うことにより、本契約を解約することができる。
> 2　前項の規定にかかわらず、乙は、解約申入れの日から1ヶ月分の賃料（本契約の解約後の賃料相当額を含む。）を甲に支払うことにより、解約申入れの日から起算して1ヶ月を経過する日までの間、随時に本契約を解約することができる。

　借主からの途中解約について定めています。借地借家法では、建物の床面積が200㎡未満の居住用の建物賃貸借の場合、借主が転勤、療養、親族の介護その他のやむを得ない事情によって、本物件を自己の生活の本拠として使用することが困難となったときに、借主からの1ヶ月前の申入れで解約することができる旨を定めています（借地借家法38条5項）。この契約書では、借地借家法に定められた前記の事情の場合はもちろん、それ以外の場合であっても、借主からの1ヶ月前の申入れで解約することができる普通建物賃貸借の場合と同様の条項を採用しています。実質的に普通建物賃貸借に近い、再契約が可能な短期の定期建物賃貸借の場合には、この普通建物賃貸借同様の解約方法を採用することもありますが、中長期の定期建物賃貸借の場合には、賃料が割安になることもあり、借地借家法に定める事情に限定する条項を採用することが多いと思われます。

> **特約条項**
> 1．乙は、転勤、療養、親族の介護その他のやむを得ない事情により、本物件を自己の生活の本拠として使用することが困難となったときは、甲に対して本契約の解約の申入れをすることができる。この場合においては、本契約は、解約の申入れの日から1ヶ月を経過することによって終了する。
> 以下余白

🔑 契約条項の解説

（明渡し）
第11条　乙は、本契約が終了する日（甲が第2条第3項に規定する通知をしなかった場合においては、同条第4項ただし書に規定する通知をした日から6ヶ月を経過した日）までに（第9条の規定に基づき本契約が解除された場合にあっては、直ちに）、本物件を明け渡さなければならない。この場合において、乙は、通常の使用に伴い生じた本物件の消耗を除き、本物件を原状回復しなければならない。
　2　乙は、前項前段の明渡しをするときには、明渡し日を事前に甲に通知しなければならない。
　3　甲および乙は、第1項後段の規定に基づき乙が行う原状回復の内容および方法について協議するものとする。

　この条項は、契約が終了した後の物件の明渡しについて定めています。
　なお、第2条のところで説明しましたが、定期建物賃貸借契約の終了には、貸主が6ヶ月前までに終了の通知を行う必要があります。貸主が、契約期間満了の1年前から6ヶ月前までに通知をすれば期間満了時に契約が終了するが、貸主がその期間中に通知をしなかった場合には、通知期間の経過後に、通知をした日から6ヶ月経過した日に契約が終了し、物件を明渡すこととなります。
　詳しくは、①賃貸住宅標準契約書☞P245～246をご参照ください。

🔑 契約条項の解説

（立入り）
第12条　甲は、本物件の防火、本物件の構造の保全その他の本物件の管理上特に必要があるときは、あらかじめ乙の承諾を得て、本物件内に立ち入ることができる。
　2　乙は、正当な理由がある場合を除き、前項の規定に基づく甲の立入りを拒否することはできない。
　3　本契約終了後において本物件を賃借しようとする者または本物件を譲り受けようとする者が下見をするときは、甲および下見をする者は、

> あらかじめ乙の承諾を得て、本物件内に立ち入ることができる。
> 4　甲は、火災による延焼を防止する必要がある場合その他の緊急の必要がある場合においては、あらかじめ乙の承諾を得ることなく、本物件内に立ち入ることができる。この場合において、甲は、乙の不在時に立ち入ったときは、立入り後その旨を乙に通知しなければならない。

物件の保全や管理上の必要がある場合の物件への立入りについて定めています。
詳しくは、①賃貸住宅標準契約書☞P246～247をご参照ください。

契約条項の解説

> （連帯保証人）
> 第13条　連帯保証人は、乙と連帯して、本契約から生じる乙の債務（甲が第2条第3項に規定する通知をしなかった場合においては、同条第1項に規定する期間内のものに限る。）を負担するものとする。

　この契約書では、通常の連帯保証人の義務を負わせながらも、貸主が契約終了の通知を怠って期間が延長になった場合には、その延長期間については連帯保証人が予期しないことであり、貸主の原因で生じた債務まで追加的に負担させることは適当ではないので、保証の対象としていません。実際のところ、期間内は保証が続く通常の連帯保証の内容のままにしているケースが多いようです。
　詳しくは、①賃貸住宅標準契約書☞P248～249をご参照ください。

契約条項の解説

> （再契約）
> 第14条　甲は、再契約の意向があるときは、第2条第3項に規定する通知の書面に、その旨を付記するものとする。
> 2　再契約をした場合は、第11条の規定は適用しない。ただし本契約における原状回復の債務の履行については、再契約に係る賃貸借が終了する日までに行うこととし、敷金の返還については、明渡しがあったものとして第6条第3項に規定するところによる。

第1項

　第2条に基づき、契約期間の満了の1年前から6ヶ月前までに、貸主から借主に対して契約終了の通知をすることになっています。もし、貸主が再契約を希望する場合には、その意向をこの契約終了の通知書面に付記することにしています。

第2項

　入居した状態のまま再契約をすることになるので、契約終了時点で、明渡しと原状回復、敷金の精算をすることは意味がなく適切ではありません。そこで、第11条の明渡しの規定を適用せずに、最終的な再契約期間が終了するまでそれらを延長し、再契約期間終了の際に最初の契約開始時からの原状回復も併せて行うことになります。

　なお、再契約においては、更新と違い、当然に前契約内容や前契約期間中に発生した債務などを引き継ぐものではないため、以下のように特約することにより、上記趣旨を担保する必要があります。

> **特約条項**
> 1．乙は、○年○月○日付けの定期賃貸住宅契約に基づく原状回復の債務の履行と併せ、本物件を原状回復しなければならない。
> 以下余白

　敷金については、そのまま再契約の敷金に充当するのが通常であると考えられますが、この契約では、契約終了時点でいったん賃料不払いなどの借主の債務を清算する方法をとっています。確かに、前契約の不払いなどがあるまま再契約をするのは望ましくありませんので、このように敷金でいったん清算をするか、または敷金はそのまま再契約に充当し、不足金を別途徴収して清算することにします。

契約条項の解説

> （協議）
> 第15条　甲および乙は、本契約書に定めがない事項および本契約書の条項の解釈について疑義が生じた場合は、民法その他の法令および慣行に従い、誠意をもって協議し、解決するものとする。

　契約書の内容に疑義が生じた場合などには、当事者が誠意をもって協議し、解決

する旨を定めています。
　詳しくは、①賃貸住宅標準契約書☞P249〜250をご参照ください。

契約条項の解説

（特約条項）
　第16条　本契約の特約については、下記のとおりとする。

> 以下余白

　この標準契約書は、あくまで標準とすべき一般的な条項のみを記載したものですので、当事者間でさらに協議した事項や、物件によって特に明記しておくことなどの特約を別途記載できるようにしています。この特約条項欄に記載することによって、それらは本文と同等の効力を持つことになります。

20＊0年12月25日

定期賃貸住宅契約についての説明

貸主（甲）　住　所　　東京都新宿区新宿1－1－1－1001
　　　　　　氏　名　　新宿 勇次郎 ㊞　　　　　　　　　印

代理人　　　住　所
　　　　　　氏　名　　　　　　　　　　　　　　　　　　印

　下記住宅について定期建物賃貸借契約を締結するに当たり、借地借家法第38条第2項に基づき、次のとおり説明します。

　下記住宅の賃貸借契約は、更新がなく、期間の満了により賃貸借は終了しますので、期間の満了の日の翌日を始期とする新たな賃貸借契約（再契約）を締結する場合を除き、期間の満了の日までに、下記住宅を明け渡さなければなりません。

記

（1）住宅	名　称	新宿マンション	
	所在地	東京都新宿区新宿1－1－1	
	住戸番号	201号室	
（2）契約期間	始　期	20＊1 年 1 月 1 日から	4年0月間
	終　期	20＊4 年 12 月 31 日まで	

　上記住宅につきまして、借地借家法第38条第2項に基づく説明を受けました。

20＊0年12月25日

　　　　　借　主（乙）　住　所　　東京都豊島区目白1－1－1－301
　　　　　　　　　　　　氏　名　　板橋 順一 ㊞　　　　　　　　　印

賃貸編

定期賃貸住宅標準契約書

20＊4年6月1日

定期賃貸住宅契約終了についての通知

（賃借人）住　所　東京都新宿区新宿１－１－１－201
　　　　　氏　名　板橋　順一　殿

　　　　　（賃貸人）住　所　東京都新宿区新宿１－１－１－1001
　　　　　　　　　　氏　名　新宿　勇次郎　㊞　　　　　印

　私が賃貸している下記住宅については、20＊4年12月31日に期間の満了により賃貸借が終了します。
　なお、本物件については、期間の満了の日の翌日を始期とする新たな賃貸借契約（再契約）を締結する意向があることを申し添えます。

記

（1）住宅		
	名　　称	新宿マンション
	所 在 地	東京都新宿区新宿１－１－１
	住戸番号	201号室
（2）契約期間		
	始　期	20＊1 年　1 月　1 日から
	終　期	20＊4 年　12 月　31 日まで

（4年0月間は右側のセル）

以上

賃貸編

⑥ その他賃貸借契約付属書類

賃貸住宅紛争防止条例に基づく説明書

20＊0年12月25日

板橋 順一 殿

　東京における住宅の賃貸借に係る紛争の防止に関する条例第2条の規定に基づき、以下のとおり説明します。この内容は重要ですから十分理解してください。

　なお、この条例は、原状回復等に関する法律上の原則や判例により定着した考え方を、契約に先立って宅地建物取引業者が借受け予定者に説明することを義務付けたものです。

商号又は名称	株式会社中野不動産
代表者の氏名	中野 大三郎 ㊞　　印
主たる事務所	東京都中野区中野1－1－1
免許証番号	東京都知事（5）第1234号
免許年月日	平成1＊年3月21日
取引の態様	代理・⦿媒介
説明者	大崎 純一郎 ㊞

商号又は名称	
代表者の氏名	
主たる事務所	印
免許証番号	
免許年月日	
取引の態様	代理・媒介
説明者	

※複数の宅地建物取引業者が関与する場合はそれぞれ記入し、説明を行った側は説明者を明記してください。

本説明書の対象建物

物件の所在地	東京都新宿区新宿1－1－1
名称及び室番号	新宿マンション　201号室
賃貸人の氏名・住所	新宿 勇次郎・東京都新宿区新宿1－1－1－1001

A-1　退去時における住宅の損耗等の復旧について
1　費用負担の一般原則について
　（1）経年変化及び通常の使用による住宅の損耗等の復旧については、賃貸人の費用負担で行い、賃借人はその費用を負担しないとされています。
　　（例）壁に貼ったポスターや絵画の跡、日照などの自然現象によるクロスの変色、テレビ・冷蔵庫等の背面の電気ヤケ
　（2）賃借人の故意・過失や通常の使用方法に反する使用など賃借人の責めに帰すべき事由による住宅の損耗等があれば、賃借人は、その復旧費用を負担するとされています。
　　（例）飼育ペットによる柱等のキズ、引越作業で生じたひっかきキズ、エアコンなどから水漏れし、その後放置したために生じた壁・床の腐食
2　例外としての特約について
　賃貸人と賃借人は、両者の合意により、退去時における住宅の損耗等の復旧について、上記1の一般原則とは異なる特約を定めることができるとされています。
　ただし、特約はすべて認められる訳ではなく、内容によっては無効とされることがあります。
　＜参考＞判例等によれば、賃借人に通常の原状回復義務を超えた義務を課す特約が有効となるためには、次の3つの要件が必要であるとされています。①特約の必要性に加え暴利的でないなどの客観的、合理的理由が存在すること、②賃借人が特約によって通常の原状回復義務を超えた修繕等の義務を負うことについて認識していること、③賃借人が特約による義務負担の意思表示をしていること。

A-2　当該契約における賃借人の負担内容について

- 退去時の原状回復として、貸室内清掃費用（エアコン等設備機器清掃、消毒等を含む。1㎡当たり約1,000円）
- 煙草・葉巻の喫煙等により、カーペット・クロス・設備機器等にヤニ汚れ、臭気等が付着した場合の特別清掃費用
- ペット飼養に伴うペットの毛等の除去・除臭・除菌等の特別清掃費用

※上記以外については、賃借人の負担は原則どおりです。すなわち、経年変化およ

び通常の使用による住宅の損耗等の復旧については、賃借人はその費用を負担しませんが、退去の時、賃借人の故意・過失や通常の使用方法に反する使用など、賃借人の責めに帰すべき事由による住宅の損耗等があれば、その復旧費用を賃借人が負担することになります。

※特約がない場合：賃借人の負担は、A－1の1（2）の一般原則に基づく費用のみであることを明記してください。
　特約がある場合：上記の費用のほか、当該特約により賃借人が負担する具体的な内容を明記してください。

B－1　住宅の使用及び収益に必要な修繕について

1　費用負担の一般原則について
（1）住宅の使用及び収益に必要な修繕については、賃貸人の費用負担で行うとされています。
　（例）エアコン（賃貸人所有）・給湯器・風呂釜の経年的な故障、雨漏り、建具の不具合
（2）入居期間中、賃借人の故意・過失や通常の使用方法に反する使用など賃借人の責めに帰すべき事由により、修繕の必要が生じた場合は、賃借人がその費用を負担するとされています。
　（例）子供が遊んでいて誤って割った窓ガラス、風呂の空だきによる故障

2　例外としての特約について
　上記1の一般原則にかかわらず、賃貸人と賃借人の合意により、入居期間中の小規模な修繕については、賃貸人の修繕義務を免除するとともに、賃借人が自らの費用負担で行うことができる旨の特約を定めることができるとされています。
＜参考＞入居中の小規模な修繕としては、電球、蛍光灯、給水・排水栓（パッキン）の取替え等が考えられます。

B－2　当該契約における賃借人の負担内容について

電球、蛍光灯、グローランプ、ヒューズ、給水・排水栓（パッキン・チェーン）、その他費用が軽微な修繕（コンセント・スイッチプレート類の修理・交換、扉調整等小修繕）
※上記以外については、賃借人の負担は原則どおりです。すなわち、住宅の使用および収益に必要な修繕については、賃貸人の費用負担で行いますが、賃借人の故

意・過失や通常の使用方法に反する使用など、賃借人の責めに帰すべき事由により修繕の必要が生じた場合は、賃借人がその費用を負担することになります。

※特約がない場合：賃借人の負担は、B-1の1（2）の一般原則に基づく費用のみであることを明記してください。
　特約がある場合：上記の費用のほか、当該特約により賃借人が負担する具体的な内容を明記してください。

C　賃借人の入居期間中の、設備等の修繕及び維持管理等に関する連絡先となる者について

	氏　名 （商号又は名称）	住　所 （主たる事務所の所在地）	連絡先電話番号
1	共用部分の設備等の修繕及び維持管理等		
	株式会社中野不動産	東京都中野区中野1-1-1	03-3333-4444
2	専用部分の設備等の修繕及び維持管理等		
	株式会社中野不動産	東京都中野区中野1-1-1	03-3333-4444

※原則は、賃貸人又は賃貸人の指定する業者。内容により連絡先が分かれる場合は区分してください。

20＊0年12月23日

上記のとおり確認しました。
　　　貸　主　（住　所）東京都新宿区新宿1-1-1-1001
　　　　　　　（氏　名）新宿　勇次郎　㊞　　　　　　　　　　印

20＊0年12月25日

以上のとおり、説明を受け、本書面を受領しました。
　　　借受け予定者　（住　所）東京都豊島区目白1-1-1-301
　　　　　　　　　　（氏　名）板橋　順一　㊞　　　　　　　　印

※紛争の未然防止の徹底を図るためには、賃借人だけでなく、賃貸人に対してもできる限り説明し、説明内容についての確認をとっておくことが望ましい。その際には、説明書に賃貸人の確認「確認日・住所・氏名・押印」を受けておくようにしてください。

連帯保証人確約書

物 件 名	新宿マンション　201号室
物 件 所 在	東京都新宿区新宿１－１－１
賃　　　　料	金150,000円
管 理 費	金3,000円
その他の費用	なし
契 約 期 間	20＊1年1月1日から20＊2年12月31日まで
更 新 料	新賃料の1ヶ月分
賃 借 人	板橋　順一

　私は、上記物件の賃貸借契約において別紙賃貸借契約書に基づく上記賃借人の連帯保証人となり、賃借人が負担する一切の債務につき連帯してその責を負うことを確約いたします。賃料の不払い損害等ご迷惑をおかけした場合は、いかなる場合においても私において全責任を負うことを確約いたします。また、賃借人の長期無断不在等により賃借人と何等も連絡がとれない場合は、物件内の残置荷物一切を私において引き取ることを確約いたします。

　また、次回の契約更新の際、賃料等に変更がある場合においても引き続き連帯保証人としてその責を負うことを確約します。

　なお、確約の証として印鑑証明書壱通を添付し、本書に実印を捺印のうえ提出します。

20＊0年12月23日		
住　　　　所	東京都板橋区板橋２－１－１	実印
氏　　　　名	板橋　一郎	
連 絡 先	03-5555-6666	㊞
賃借人との関係	実父	

※添付する印鑑証明書は取得後3ヶ月以内のものに限ります。

賃貸編　その他賃貸借契約付属書類

20＊0年12月30日

貸主：新宿 勇次郎 様

新宿マンション　201号室

申請者氏名　板橋 順一　㊞　印

ペット飼育申請書兼誓約書

　私は、ペット飼育規則の規定に基づき、この申請書により、次のとおり動物の飼育を申請します。

1．動物の種類	ミニチュアダックスフンド
2．性別・色など	オス　明るい茶色
3．生後年月数	生後1年4ヶ月
4．サイズまたは成長時の予測サイズ	体長約30cm　体重約3kg

　私は、新宿マンションペット飼育細則を遵守し、他に危害・迷惑をかけないことを誓います。万一違反した場合には、貸主より飼育の禁止、賃貸借契約の解除および即時明渡しを申し渡されても異議は申し立てません。
　なお、犬の飼育の場合には、必ず飼育前に狂犬予防法に定められた予防注射および登録を確実に行い、狂犬病予防注射済証（写）および保健所犬鑑札（写）を貸主宛に提出いたします。

(参考)

集合住宅における動物飼養モデル規程

(東京都衛生局生活環境部獣医衛生課作成)

【目的】
第1　この規程は、「○○集合住宅」の管理組合又は貸主(以下「管理組合等」という。)と居住者との間における動物を飼うことについての合意を前提に、「○○集合住宅」において動物を飼うに当たって必要な事項を定めるとともに、動物の愛護についての理解を深めることを目的とする。

【飼い主の心構え】
第2　「○○集合住宅」において動物を飼う居住者(以下「飼い主」という。)は、次のことを常に心掛けなければならない。
　(1)　他の居住者の立場を尊重し、快適な生活環境の維持向上を図る。
　(2)　動物の本能、習性等を理解するとともに、飼い主としての責任を自覚し、動物を終生、適正に飼うこと。
　(3)　動物の保護及び管理に関する法律、東京都動物の保護及び管理に関する条例、狂犬病予防法等に規定する飼い主の義務を守ること。

【飼い主の守るべき事項】
第3　飼い主は、次に掲げる事項を守り、動物を適正に飼わなければならない。
　(1)　基本的な事項
　ア　動物は、自己の居室又は管理組合等により指定された場所(以下「指定された場所」という。)で飼うこと。
　イ　自己の居室又は指定された場所以外で、動物にえさや水を与えたり、排せつをさせないこと。
　ウ　動物の異常な鳴き声やふん尿等から発する悪臭によって、近隣に迷惑をかけないこと。
　エ　動物は、常に清潔に保つとともに、疫病の予防、衛生害虫の発生防止等の健康管理を行うこと。
　オ　犬、猫には、必要な「しつけ」を行うこと。
　カ　犬、猫には、不妊去勢手術等の繁殖制限措置を行うよう努めること。

キ　動物による汚損、破損、傷害等が発生した場合は、その責任を負うとともに、誠意を持って解決を図ること。
ク　地震、火災等の非常災害時には、動物を保護するとともに、動物が他の居住者等に危害を及ぼさないよう留意すること。
ケ　動物が死亡した場合には、適切な取扱いを行うこと。
（２）他の居住者等への配慮する事項
ア　自己の居室又は指定された場所以外で、動物の毛や羽の手入れ、ケージの清掃等を行わないこと。
イ　動物の毛や羽の手入れ、ケージの清掃等を行う場合は、必ず窓を閉めるなどして、毛や羽等の飛散を防止すること。
ウ　犬、猫が自己の居室又は指定された場所以外で万一排せつした場合は、ふん便を必ず持ち帰るとともに、衛生的な後始末を行うこと。
エ　犬、猫等を散歩させるときには、砂場や芝生等（具体的な場所は、各集合住宅で定める。）の立入りを禁止された場所に入れないこと。
オ　廊下やエレベーター等では、動物は抱きかかえ、又はケージ等に入れ、移動すること。
カ　エレベーターを利用する場合は、同乗者に迷惑のかからないよう配慮すること。

【飼い主の会】
第４　この集合住宅の飼い主は、管理組合等の指導の下に、「飼い主の会」を設ける。
　２　「飼い主の会」は、飼い主全員及びその他の入会を希望する居住者で構成し、会則を定め、適正な運営を図る。
　３　「飼い主の会」の役割は、次のとおりとする。
　　（１）会員相互の友好を深めるとともに、動物の正しい飼い方に関する知識を広めるように努めること。
　　（２）会員以外の居住者及び近隣住民にも、動物と暮らすことへの理解を深めてもらうよう努めること。
　　（３）住宅内の共有施設や住宅周辺の環境及び衛生の保持に努めること。
　　（４）動物を飼おうとする居住者の相談窓口となること。
　　（５）飼い主が自ら解決することが困難な問題が生じた場合には、その

飼い主とともに適切な解決を図ること。
（6）この規定に違反した飼い主に対し、適切な飼い方等を指導すること。
（7）管理組合等に対し、会の組織及び運営状況について適宜報告すること。

【居住者の理解】
第5　居住者は、動物の愛護について理解し、人と動物が共生できる快適な生活環境づくりに協力するものとする。

【飼うことのできる動物の種類】
第6　居住者が飼うことができる動物の種類は、次のとおりとする。
　　（1）犬及び猫（大きさ及び種類は、各集合住宅で定める。）
　　（2）小鳥（具体的な種類は、各集合住宅で定める。）
　　（2）その他の動物（具体的な種類は、各集合住宅で定める。）

【飼うことのできる動物の数】
第7　居住者が飼うことのできる動物の数（一世帯当たり）は、次のとおりとする。ただし、複数の種類の動物を飼う場合の数は、別に定めるものとする。（頭羽数は、各集合住宅で定める。）
　　（1）犬又は猫については、〇頭以内（頭数は、各集合住宅で定める。）
　　（2）小鳥については、〇羽以内（羽数は、各集合住宅で定める。）
　　（3）その他の動物については、〇頭羽以内（頭羽数は、各集合住宅で定める。）

【居住者の行う手続き】
第8　居住者は、管理組合等に対して、次に掲げる手続きを行わなければならない。
　　（1）動物を飼う場合は、あらかじめ許可を受けるとともに、この規程を遵守する旨を誓約すること。
　　（2）犬を飼う場合は、（1）の手続きを経た後、速やかに狂犬病予防法第4条に規定する登録及び同法第5条に規定する予防注射を行った旨の証明を提示すること。
　　（3）動物を飼わなくなった場合は、その旨届け出ること。

【動物の標識】

第9　飼い主は、管理組合等が発行する標識を、他の居住者等が見やすい場所に掲示しておかなければならない。

【盲導犬等に対する配慮】
第10　居住者が、盲導犬、聴導犬、介護（助）犬等の動物（以下「盲導犬等」という。）を必要とする場合においては、管理組合等及びその他の居住者は、その動物の必要性に十分配慮するものとする。
　2　盲導犬等については、次に掲げる項目の適用を除外する。
　　（1）第3（飼い主の守るべき事項）の（2）のオ
　　（2）第6（飼うことのできる動物の種類）

【飼い主に対する指導、禁止等】
第11　飼い主が、この規程に違反し、他の居住者及び近隣住民に迷惑や危害を与えた場合で、「飼い主の会」の指導にもかかわらず解決が図られないときは、管理組合等が、その飼い主を指導することができる。
　2　管理組合等が、度重なる指導を行ったにもかかわらず、問題が解決されない場合は、管理組合等は、その飼い主に対し、動物を飼うことを禁止することができる。
　3　動物を飼うことを禁止された飼い主は、新たな飼い主を探すなど、速やかに適切な措置をとらなければならない。

【管理組合等の業務の代行】
第12　「飼い主の会」は、管理組合等からの指示により、次に掲げる項目について管理組合等の業務を代行することができる。
　　（1）第8（居住者の行う手続き）
　　（2）第9（動物の標識）

20＊0年12月30日

新宿 勇次郎　様

　　　　　　　賃借人
　　　　　　　住所　東京都豊島区目白1－1－1－301
　　　　　　　氏名　板橋 順一　㊞　　　　　　　印

鍵　預　り　証

下記の住戸にかかる鍵をお預かりします。

物件名	新宿マンション　201号室

項　目　名	番　　号	本　数
玄関鍵	WAWA11111-22222	2本
宅配ロッカーカード	No. 33333	1枚
メールボックス	左へ2回「9」、右へ1回「2」	

　なお、鍵等を紛失の場合は直ちに連絡し、その指示に従うとともに、玄関鍵紛失の場合は、シリンダー交換費用を負担します。

入居時現況確認書（貸主控え・借主控え）

建物名称	新宿マンション			住戸番号	201
契約者名	板橋 順一 ㊞ 印	契約日	12月25日	入居日	1月2日
		連絡先 電話番号	03（1111）1111 090（2222）2222		

※下記確認欄にご記入のうえ、ご入居後１ヶ月以内に貸主控えを弊社へご提出ください。

１．本書の確認事項は、将来お客様が退室される際、原状回復費用の負担免責判定のため、使用します。
２．入居の前から存在する、傷・汚れ・損傷等がありましたら、下の欄に項目ごとにご記入ください。（記入方法は自由です。）
３．特に確認事項がない場合でも、ご提出をお願いいたします。

（住戸平面図）

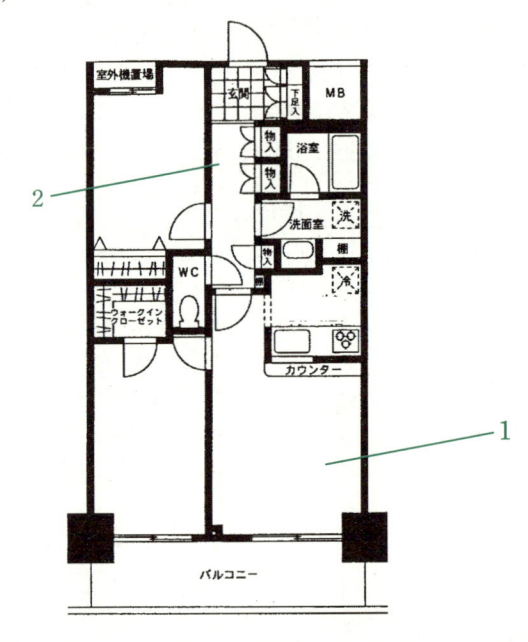

番号		場所・部位	指摘内容	貸主使用欄
①	1	床のフローリング	3cmほどのキズ	
②	2	壁	黒ずみ	
③				
④				
⑤				
⑥				
⑦				
⑧				
⑨				
⑩				
備考欄				

管理使用欄			
受付日		受付者（確認印）	

賃貸編

その他賃貸借契約付属書類

賃貸編

⑦ 媒介契約書の解説

　住宅の賃貸募集を宅建業者が受託する方式として、次の4つのケースが考えられます。

> **(1)** 賃貸を「**媒介**」のみで受託するケース
> **(2)** 賃貸を「**代理**」のみで受託するケース
> **(3)** 賃貸の「**媒介**」と「**管理**」を一括して受託するケース
> **(4)** 賃貸の「**代理**」と「**管理**」を一括して受託するケース

　媒介契約を締結するという点でみると、売買や交換の媒介と違い、賃貸の媒介の受託においては媒介契約書面の交付が宅建業法で義務付けられていない取引態様であるということもあり、代理を受託する場合はともかく、媒介である**(1)**のケースでは、契約書面を締結せずに、慣習として口頭だけで契約を済ませる場合も多いように思われます。図面や賃料などの資料を貸主から預かって、報酬などの話をしたら、すぐに「じゃあ、募集を始めます」というところも多いのではないでしょうか。しかし、募集方法などの一連の業務内容や報酬の支払い等に関して、後日、貸主とのトラブルが生じないようにするためにも、募集開始前に媒介契約を締結しておくことが望ましいと思われます。貸主が「御社1社専任で」と言っていたのに、実際には他の業者にも募集を依頼していたなどという、契約に無頓着な貸主もいますので……。

　もちろん、義務付けはないとしても、書面を作成して契約を締結する場合には、宅建業法などに則った内容にしなければなりません。このうち、最も標準的な**(1)**と**(4)**のケースについて、平成6年3月に旧建設省の諮問機関である住宅宅地審議会から答申された媒介契約書を参考にした書式を掲載するとともに、媒介・代理の内容について、主な点を次に説明していきましょう。また、**(1)**のケースにおいて専任、専属専任で媒介する場合も多いと思われますので、専任媒介用の契約書も参考にしてみましょう。

解説　【賃貸を媒介または代理のみで受託する契約書】

① 　**一般媒介**（☞P306⑧賃貸借媒介契約書（住宅・一般）参照）

　依頼者から媒介のみを受託した場合は、他の業者も重ねて受託している可能性が

あります。この場合、媒介を他にどの業者が受託しているかを明らかにする『明示型』と、明らかにしない『非明示型』との2種類の媒介契約がありますが、本書では、『明示型』の媒介契約書を例として掲載します。

『明示型』による契約で媒介を受託した場合、依頼者が、他の業者に重ねて依頼するときには、依頼者はその業者の名称等を受託した業者に明示しなければなりません。依頼者が、すでに他の業者に依頼している場合も同様です。

明示型で契約したにもかかわらず、媒介を受託した業者に、依頼者が重ねて依頼した他の業者の名称等を明示せず、他の業者の媒介で賃貸借契約を成立させたときは、受託した業者は、それまでに要した費用の償還を受けることができます（第8条）。しかし、専属専任方式で契約した場合を除き、依頼者は自ら発見した相手方と賃貸借契約を締結することはできます。

なお、報酬は、業者自らの媒介により賃貸借契約を成立させた場合には、原則として、月額賃料の0.525倍相当額（あらかじめ依頼者の承諾を得ている場合は、月額賃料相当額）を上限として、依頼者に請求することができます。

契約期間は3ヶ月間とし、合意により更新することができます。

② **専任媒介**（☞P312⑨賃貸借媒介契約書（住宅・専任）参照）

依頼者から専任媒介で受託する場合には、依頼者は他の業者に重ねて依頼することはできません。その代わり、専任媒介で受託した業者は、依頼者に対し、借主を積極的に探す義務を負うことになります。そのため、受託した業者は、「別表」で定められた一定の募集促進活動を行うほか、依頼者に対し、2週間に1回以上、その募集状況の報告をしなければなりません。ただし、依頼者が他の業者に重ねて依頼して契約を成立させた場合には、約定報酬額を請求することができます。しかし、この方式で受託した場合も、依頼者は自ら発見した相手方と賃貸借契約を締結することはできます。その場合には受託している業者は、その業者がそれまでに要した費用の償還を約定報酬額を限度に請求することができます。これについては、受託する業者は専属専任媒介としてさらに依頼者の自己発見も禁止し、その代わりに募集状況の報告を1週間に1回以上する形式に変更することも可能です。

契約期間は3ヶ月間とし、合意により更新することができます。

③ **代理**

代理方式の場合には、受託した業者が賃貸借契約の締結の際に依頼者である貸主を代理して署（記）名押印する点が②の専任媒介と異なります。

代理方式では、募集から契約手続きまで一貫して業務を行うため、依頼者は他の業者に重ねて依頼することはできません。依頼者が他の業者に重ねて依頼して契約

を成立させた場合には約定報酬額を、依頼者が自ら発見した相手方と賃貸借契約を締結した場合には、それまでにかかった募集経費を約定報酬額を限度に、それぞれ請求することができることは、②の専任媒介と同様です。

代理の報酬は、月額賃料の1.05倍相当額を上限として、依頼者に請求することができます。

募集状況の報告については、宅建業法上の定めはありませんが、月1回以上行うのが通常です。

契約期間は3ヶ月間とし、合意により更新することができます。

○解説　**【賃貸の代理と管理を一括委託（受託）する契約書】**
（☞P318⑩賃貸借代理及び管理委託契約書（住宅・一括委託）参照）

通常、賃貸を代理で受託する場合には、管理も一緒に受託するケースが多いので、契約書は、代理と管理の一括委託（受託）方式のものも参考にしてみます。業者が賃貸の代理を受託する部分の契約内容は、基本的に前頁の「③代理」の場合と同じですので、以下においては、管理を受託する部分の契約内容を中心に説明することにしましょう。

まず、管理とはどのような業務を受託するのかということですが、一般的には、下記**（1）**～**（5）**の項目が挙げられます。

> **（1）賃料等の徴収、未収金の督促**
> **（2）設備等についての入居者からの苦情対応（修理業者への発注業務等を含む）**
> **（3）契約の更新事務**
> **（4）解約手続・明渡しの際の立会い**
> **（5）敷金の精算事務**

そのほかに、「清掃業務」や「設備管理業務」がある場合には、それらの業務も受託することができます。この一括委託（受託）方式の契約書は、1棟まるごと受託するという考え方に立って作成されていますので、他の場合と違い、依頼者が自ら借主を探してきたとしても、その借主と契約するかどうかについて業者と協議することを依頼者に義務付け（第14条）、仮にその人と契約する場合には、業者がそれまでに要した費用の償還を請求できるようにしています。

しかし、その代わりに、業者側に対しても、契約書の「別表」に具体的な募集促進のための方策を定め、それについての募集状況を月1回以上報告させることを義務付けています。
　また、管理業務についても、その業務内容をすべて「別表」に細かく定め、少なくとも月1回以上の報告を依頼者に行うよう定めるとともに、「清掃業務」や「設備管理業務」まで受託する場合には、その作業内容ごとの「業務要領」まで細かく定めています。もちろん、1部屋だけを受託するというように、建物の部分的な代理・管理をする場合には、建物全体にかかる部分等は省略することになります。
　なお、報酬は、「契約管理業務」「清掃業務」「設備管理業務」ごとに定めることができるようにされており、さらに、業者はその範囲内で、受託した業務を第三者（それぞれの専門業者）に再委託することができるように定められています（第2条）。
　この一括委託（受託）契約の有効期間は3年間と定めていますが、契約当事者は、契約終了の少なくとも3ヶ月前までに解約の申入れをすることにより、いつでも契約を終了させることができるようになっています。

賃貸編　媒介契約書の解説

賃貸編

⑧ 賃貸借媒介契約書（住宅・一般）

賃貸借媒介契約書（住宅・一般）

> 1．この契約は、目的物件について、賃貸借媒介を当社に依頼するものです。
> 2．依頼者は、目的物件の賃貸借媒介又は賃貸借代理を、当社以外の業者に重ねて依頼することができます。
> 3．依頼者は、自ら発見した相手方と賃貸借契約を締結することができます。
> 4．この契約の有効期間は、3ヶ月です。

　依頼者（以下「甲」といいます。）は、この契約書により、頭書（1）に記載する甲の依頼の目的である物件（以下「目的物件」といいます。）について、賃貸借媒介業務（別表に掲げる業務をいいます。）を宅地建物取引業者（以下「乙」といいます。）に委託し、乙はこれを承諾します。

20＊7 年 11 月 1 日

甲・依頼者	住所　東京都新宿区新宿1―1―1―1001	
	氏名　新宿 勇次郎 ㊞	印
乙・宅地建物取引業者	商号（名称）　株式会社中野不動産	
	代表者　中野 大三郎 ㊞	印
	主たる事務所の所在地	
	東京都中野区中野1―1―1	
	免許証番号　東京都知事（5）第2222号	

（1）賃貸借の目的物件

名　　称	新宿マンション		
所 在 地	東京都新宿区新宿1－1－1		
構　　造	鉄骨鉄筋コンクリート造 10階建	工事完了年月	1993年3月
住戸番号	201号室	間取り	（2）⓪LDK・DK・K／ワンルーム
面　　積	45.20m²		

（2）依頼する乙以外の宅地建物取引業者

商号又は名称	主たる事務所の所在地
新報不動産㈱	東京都杉並区杉並3－4－5
丙不動産㈱	東京都杉並区杉並1－3－3

（3）賃貸借条件

賃　　料	月額（150,000）円		共益費	月額（3,000）円
敷　　金	賃料の（2）ヶ月分相当額 （300,000）円		その他 一時金	
附属施設	種　類	自転車置場	その他	
	使用料	月額100円		

（4）賃貸借媒介報酬

賃貸借媒介報酬	頭書（3）に記載する賃料の 0.5 ヶ月分相当額に消費税額を合計した額

（5）有効期間

始　期	20＊7 年 11 月 1 日	3ヶ月
終　期	20＊8 年 1 月 31 日	

一般媒介契約約款

(重ねて依頼する業者の明示)
第1条　甲は、目的物件の賃貸借媒介又は賃貸借代理を乙以外の宅地建物取引業者に依頼するときは、その宅地建物取引業者を乙に明示しなければなりません。
　　２　この契約の締結時において既に依頼をしている宅地建物取引業者の商号又は名称及び主たる事務所の所在地は、頭書（２）に記載するものとし、その後において更に他の宅地建物取引業者に依頼をしようとするときは、甲は、その旨を乙に通知するものとします。

(賃貸借条件に関する意見の根拠の明示)
第2条　乙は、頭書（３）に記載する賃貸借条件の決定に際し、甲に、その条件に関する意見を述べるときは、根拠を示して説明しなければなりません。

(賃貸借条件の変更の助言等)
第3条　乙は、賃貸借条件が地価や物価の変動その他事情の変更によって不適当と認められるに至ったときは、甲に対して、賃貸借条件の変更について根拠を示して助言します。
　　２　甲は、賃貸借条件を変更しようとするときは、乙にその旨を協議しなければなりません。

(賃貸借媒介報酬の支払い)
第4条　乙の賃貸借媒介によって目的物件の賃貸借契約が成立したときは、甲は、乙に対して、頭書（４）に記載する報酬（以下「賃貸借媒介報酬」といいます。）を支払わなければなりません。
　　２　乙は、宅地建物取引業法第37条に定める書面を作成し、これを成立した賃貸借契約の当事者に交付した後でなければ、賃貸借媒介報酬を受領することができません。

(敷金等の引渡し)
第5条　乙は、目的物件の賃貸借契約の成立により受領した敷金その他一時金を、速やかに、甲に引き渡さなければなりません。

(特別依頼に係る費用の支払い)
第6条　甲が乙に特別に依頼した広告等の業務の費用は甲の負担とし、甲は、

乙の請求に基づいて、その実費を支払わなければなりません。
（直接取引）
第7条　この契約の有効期間内又は有効期間の満了後3ヶ月以内に、甲が乙の紹介によって知った相手方と乙を排除して目的物件の賃貸借契約を締結したときは、乙は、甲に対して、契約の成立に寄与した割合に応じた相当額の報酬を請求することができます。
（費用償還の請求）
第8条　この契約の有効期間内に甲が乙に明示していない宅地建物取引業者に目的物件の賃貸借媒介又は賃貸借代理を依頼し、これによって賃貸借契約を成立させたときは、乙は、甲に対して、賃貸借媒介業務に要した費用の償還を請求することができます。
　　2　前項の費用の額は、賃貸借媒介報酬額を超えることはできません。
（依頼者の通知業務）
第9条　甲は、この契約の有効期間内に、自ら発見した相手方と目的物件の賃貸借契約を締結したとき、又は乙以外の宅地建物取引業者の賃貸借媒介若しくは賃貸借代理によって目的物件の賃貸借契約を成立させたときは、遅滞なく、その旨を乙に通知しなければなりません。
　　2　甲が前項の通知を怠った場合において、乙が当該賃貸借契約の成立後善意で甲のために賃貸借媒介業務に要する費用を支出したときは、乙は、甲に対して、その費用の償還を請求することができます。
（有効期間）
第10条　この契約の有効期間は、頭書（5）に記載するとおりとします。
（更新）
第11条　この契約の有効期間は、甲及び乙の合意に基づき、更新することができます。
　　2　前項の更新をしようとするときは、有効期間の満了に際して、甲から乙に対し、文書でその旨を申し出るものとします。
　　3　前二項による有効期間の更新に当たり、甲乙間で契約の内容について別段の合意がなされなかったときは、従前の契約と同一内容の契約が成立したものとみなします。
（契約の解除）

第12条　甲又は乙がこの契約に定める義務の履行に関してその本旨に従った履行をしない場合には、その相手方は、相当の期間を定めて履行を催告し、その期間内に履行がないときは、この契約を解除することができます。
　2　次の各号のいずれかに該当する場合には、甲は、この契約を解除することができます。
　　一　乙がこの契約に係る重要な事項について故意若しくは重過失により事実を告げず、又は不実のことを告げる行為をしたとき。
　　二　乙が宅地建物取引業に関して著しく不当な行為をしたとき。

（特約）
以下余白

（別表）

賃貸借媒介業務

業務内容	業務実施要領
（1）賃貸借条件の提案	情報誌、業者チラシ等の収集及び現地視察により、近隣の賃貸物件の賃料相場を調査し、賃料の査定を行う。
（2）物件の紹介	イ　紹介図面を作成する。 ロ　必要に応じて、目的物件について、指定流通機構への登録、他の業者への紹介、情報誌への広告等を行う。 ハ　入居希望者からの問合せ、入居希望者の来店等に対応して、目的物件の説明、現地への案内等を行う。

（3）入居者選定の補助	イ　賃料支払能力の確認等入居希望者に係る調査及び保証能力の確認等連帯保証人に係る調査を行う。 ロ　入居希望者に対し、最終的な賃貸借の意思の確認を行う。 ハ　上記調査の結果を甲に報告するとともに、甲の賃貸借の意思の確認を行う。
（4）重要事項の説明	イ　権利関係、設備関係、賃貸借条件等の必要な事項を確認し、重要事項説明書を作成する。 ロ　重要事項説明書に基づき、入居希望者に対し、重要事項の説明を行う。
（5）賃貸借契約の締結の補助	イ　賃貸借契約書の作成を補助する。 ロ　賃貸借契約書に甲と借主の双方の署（記）名押印を取り、双方に賃貸借契約書を交付する。 ハ　敷金等を借主から受領し、速やかに、甲に引き渡す。
（6）鍵の引渡し	借主に鍵を引き渡す。

賃貸編

⑨ 賃貸借媒介契約書（住宅・専任）

賃貸借媒介契約書（住宅・専任）

1．この契約は、目的物件について、賃貸借媒介を当社に依頼するものです。
2．当社は、目的物件の賃貸借媒介業務に関して、広く賃貸借契約の相手方を探索し、契約の成立に向けて積極的に努力します。
3．依頼者は、目的物件の賃貸借媒介又は賃貸借代理を、当社以外の業者に重ねて依頼することができません。
4．依頼者は、自ら発見した相手方と賃貸借契約を締結することができます。
5．この契約の有効期間は、3ヶ月です。

依頼者（以下「甲」といいます。）は、この契約書により、頭書（1）に記載する甲の依頼の目的である物件（以下「目的物件」といいます。）について、賃貸借媒介業務（別表に掲げる業務をいいます。）を宅地建物取引業者（以下「乙」といいます。）に委託し、乙はこれを承諾します。

20＊7 年 11 月 1 日

甲・依頼者　　　　　　住所　東京都新宿区新宿1—1—1—1001
　　　　　　　　　　　氏名　新宿 勇次郎 ㊞　　　　　　　印

乙・宅地建物取引業者　商号（名称）　株式会社中野不動産
　　　　　　　　　　　代表者　中野 大三郎 ㊞　　　　　　印
　　　　　　　　　　　主たる事務所の所在地
　　　　　　　　　　　　　　　東京都中野区中野1—1—1
　　　　　　　　　　　免許証番号　東京都知事（5）第2222号

(1) 賃貸借の目的物件

名　　称	新宿マンション			
所 在 地	東京都新宿区新宿1—1—1			
構　　造	鉄骨鉄筋コンクリート造 10階建		工事完了年月	1993年3月
住戸番号	201号室	間取り	(2) LDK・DK・K／ワンルーム	
面　　積	45.20m²			

(2) 賃貸借条件

賃　　料	月額（150,000）円		共益費	月額（3,000）円
敷　　金	賃料の（2）ヶ月分相当額 （300,000）円		その他 一時金	
附属施設	種　類	自転車置場	その他	
	使用料	月額100円		

(3) 賃貸借媒介報酬

賃貸借媒介報酬	頭書（2）に記載する賃料の 0.5 ヶ月分相当額に消費税額を合計した額

(4) 有効期間

始　期	20*7 年 11 月 1 日	3ヶ月
終　期	20*8 年 1 月 31 日	

賃貸編　賃貸借媒介契約書（住宅・専任）

専任媒介契約約款

（成約に向けての積極的努力義務）
第1条　乙は、次の事項を履行する義務を負います。
　　　一　甲に対して、2週間に1回以上業務の処理状況を報告すること。
　　　二　別表（2）ロに記載する方法により、広く賃貸借契約の相手方を探索し、契約の成立に向けて積極的に努力すること。

（賃貸借条件に関する意見の根拠の明示）
第2条　乙は、頭書（2）に記載する賃貸借条件の決定に際し、甲に、その条件に関する意見を述べるときは、根拠を示して説明しなければなりません。

（賃貸借条件の変更の助言等）
第3条　乙は、賃貸借条件が地価や物価の変動その他事情の変更によって不適当と認められるに至ったときは、甲に対して、賃貸借条件の変更について根拠を示して助言します。
　2　甲は賃貸借条件を変更しようとするときは、乙にその旨を協議しなければなりません。

（賃貸借媒介報酬の支払い）
第4条　乙の賃貸借媒介によって目的物件の賃貸借契約が成立したときは、甲は、乙に対して、頭書（3）に記載する報酬（以下「賃貸借媒介報酬」といいます。）を支払わなければなりません。
　2　乙は、宅地建物取引業法第37条に定める書面を作成し、これを成立した賃貸借契約の当事者に交付した後でなければ、賃貸借媒介報酬を受領することができません。

（敷金等の引渡し）
第5条　乙は、目的物件の賃貸借契約の成立により徴収した敷金その他一時金を、速やかに、甲に引き渡さなければなりません。

（特別依頼に係る費用の支払い）
第6条　甲が乙に特別に依頼した広告等の業務の費用は甲の負担とし、甲は、乙の請求に基づいて、その実費を支払わなければなりません。

（直接取引）
第7条　この契約の有効期間内又は有効期間の満了後3ヶ月以内に、甲が乙

の紹介によって知った相手方と乙を排除して目的物件の賃貸借契約を締結したときは、乙は、甲に対して、契約の成立に寄与した割合に応じた相当額の報酬を請求することができます。

（違約金の請求）

第8条　甲は、この契約の有効期間内に、乙以外の宅地建物取引業者に目的物件の賃貸借媒介又は賃貸借代理を依頼することができません。甲がこれに違反し、賃貸借契約を成立させたときは、乙は、甲に対して、賃貸借媒介報酬額に相当する金額（この賃貸借媒介報酬額に係る消費税に相当する額を除きます。）の違約金の支払いを請求することができます。

（自ら発見した相手方と契約しようとする場合の通知）

第9条　甲は、この契約の有効期間内に、自ら発見した相手方と目的物件の賃貸借契約を締結しようとするときは、その旨を乙に通知しなければなりません。

（費用償還の請求）

第10条　この契約の有効期間内において、甲が自ら発見した相手方と目的物件の賃貸借契約を締結したとき、又は乙の責めに帰することができない事由によってこの契約が解除されたときは、乙は、甲に対して、賃貸借媒介業務に要した費用の償還を請求することができます。

　　2　前項の費用の額は、賃貸借媒介報酬額を超えることはできません。

（有効期間）

第11条　この契約の有効期間は、頭書（4）に記載するとおりとします。

（更新）

第12条　この契約の有効期間は、甲及び乙の合意に基づき、更新することができます。

　　2　前項の更新をしようとするときは、有効期間の満了に際して、甲から乙に対し、文書でその旨を申し出るものとします。

　　3　前二項による有効期間の更新に当たり、甲乙間で契約の内容について別段の合意がなされなかったときは、従前の契約と同一内容の契約が成立したものとみなします。

（契約の解除）

第13条　甲又は乙がこの契約に定める義務の履行に関してその本旨に従った履行をしない場合には、その相手方は、相当の期間を定めて履行を催告し、その期間内に履行がないときは、この契約を解除することができます。
　2　次の各号のいずれかに該当する場合には、甲は、この契約を解除することができます。
　　一　乙がこの契約に係る重要な事項について故意若しくは重過失により事実を告げず、又は不実のことを告げる行為をしたとき。
　　二　乙が宅地建物取引業に関して著しく不当な行為をしたとき。

（特約）
以下余白

（別表）

賃貸借媒介業務

業務内容	業務実施要領
（1）賃貸借条件の提案	情報誌、業者チラシ等の収集及び現地視察により、近隣の賃貸借物件の賃料相場を調査し、賃料の査定を行う。
（2）物件の紹介	イ　紹介図面を作成する。 ロ　次の方法により、広く賃貸借契約の相手方の探索を行う。 　　1）住宅情報誌への広告掲載 　　2）インターネットによる物件情報の提供 　　3）指定流通機構への登録 ハ　入居希望者からの問合せ、入居希望者の来店等に対応して、目的物件の説明、現地への案内等を行う。

		ニ　2週間に1回以上、業務の処理状況を甲に報告する。
（3）入居者の審査		イ　賃料支払能力の確認等入居希望者に係る調査及び保証能力の確認等連帯保証人に係る調査を行う。 ロ　入居希望者に対し、最終的な賃貸借の意思の確認を行う。 ハ　上記調査の結果を甲に報告し、当該入居希望者と賃貸借契約を締結することについて、甲と協議する。
（4）重要事項の説明		イ　権利関係、設備関係、賃貸借条件等の必要な事項を確認し、重要事項説明書を作成する。 ロ　重要事項説明書に基づき、入居希望者に対し、重要事項の説明を行う。
（5）賃貸借契約の締結の補助		イ　賃貸借契約書の作成を補助する。 ロ　賃貸借契約書に甲と借主の双方の署(記)名押印を取り、双方に賃貸借契約書を交付する。 ハ　敷金等を借主から受領し、速やかに、甲に引き渡す。
（6）鍵の引渡し		借主に鍵を引き渡す。

賃貸編

⑩ 賃貸借代理及び管理委託契約書（住宅・一括委託型）

賃貸借代理及び管理委託契約書（住宅・一括委託型）

1．この契約は、目的物件について、次の業務を当社に委託するものです。
　① 賃貸借代理業務（物件の紹介、入居者の審査、賃貸借契約の締結等の業務）
　② 管理業務
　　イ 契約管理業務（賃料等の徴収、運営・調整、契約更新、解約等の業務）
　　ロ 清掃業務（目的物件の共用部分、屋外等の各種清掃業務）
　　ハ 設備管理業務（建物、屋外施設、電気設備等の点検等の業務）
2．当社は、目的物件の賃貸借代理業務に関して、広く賃貸借契約の相手方を探索し、契約の成立に向けて積極的に努力します。
3．依頼者は、目的物件の賃貸借代理業務若しくは賃貸借媒介業務又は管理業務を、当社以外の業者に重ねて依頼することができません。
4．依頼者は、自ら発見した相手方と賃貸借契約を締結しようとするときは、当社と協議が必要です。
5．この契約の有効期間は、3ヶ年です。
6．依頼者又は当社は、少なくとも3ヶ月前に解約の申入れを行うことにより、この契約を終了させることができます。

　依頼者（以下「甲」といいます。）は、この契約書により、頭書（1）に記載する甲の依頼の目的である物件（以下「目的物件」といいます。）について、賃貸借代理業務及び管理業務を宅地建物取引業者（以下「乙」といいます。）に委託し、乙はこれを承諾します。

20＊6 年 11 月 1 日
甲・依頼者　　　　住所　東京都新宿区新宿1－1－1－1001
　　　　　　　　　氏名　新宿 勇次郎　㊞　　　　　　　　印
乙・宅地建物取引業者　商号（名称）　株式会社中野不動産
　　　　　　　　　代表者　中野 大三郎　㊞　　　　　　印
　　　　　　　　　主たる事務所の所在地
　　　　　　　　　　　東京都中野区中野1－1－1
　　　　　　　　　免許証番号　東京都知事（5）第2222号

（1）賃貸借の目的物件

名　　称	新宿マンション
所 在 地	東京都新宿区新宿１－１－１
構　　造	鉄骨鉄筋コンクリート造 10階建	工事完了年月	1993年3月

（2）賃貸借条件

住戸			賃 料 等				敷金等	
住戸番号	面積	間取り	賃料	共益費	附属施設		敷金（賃料の○ヶ月分）	その他一時金
（号室）	（m²）		（月額円）	（月額円）	種類	使用料		
201	45.20	2LDK	150,000	3,000	自転車置場	月額100円	2ヶ月	
202	56.30	3LDK	160,000	4,000	〃	〃	〃	
301	45.20	2LDK	153,000	3,000	〃	〃	〃	
302	56.30	3LDK	163,000	4,000	〃	〃	〃	
401	45.20	2LDK	156,000	3,000	〃	〃	〃	
402	56.30	3LDK	166,000	4,000	〃	〃	〃	
⋮	⋮	⋮	⋮	⋮	⋮	⋮	⋮	
⋮	⋮	⋮	⋮	⋮	⋮	⋮	⋮	
⋮	⋮	⋮	⋮	⋮	⋮	⋮	⋮	

賃貸編

賃貸借代理及び管理委託契約書（住宅・一括委託型）

(3) 報酬
　　①賃貸借代理報酬

| 賃貸借代理報酬 | 成約1件につき、頭書（2）に記載する賃料の　1.0　ヶ月分相当額に消費税額を合計した額 |

　　②管理報酬

	報酬額	支払時期
契約管理業務に係る報酬	○○○○○円	賃料等の引渡時
清掃業務に係る報酬	○○○○○円	〃
設備管理業務に係る報酬	○○○○○円	〃

(4) 敷金等及び賃料等の引渡し

敷金等及び賃料等の振込先		賃料等の引渡期日
振込先金融機関名　：	渋谷銀行　渋谷支店	毎月　15　日まで
預金　　　　　　　：	㊙普通㊙・当座	
口座番号　　　　　：	1234567	
口座名義人　　　　：	新宿　勇次郎	

(5) 収支報告書の作成

作成期日
毎月　15　日まで

(6) 有効期間

始　期	20＊6　年　11　月　1　日	3ヶ年
終　期	20＊9　年　10　月　31　日	

賃貸借代理及び管理委託契約約款

（賃貸借代理業務及び管理業務の内容）
第1条　甲は、次の業務（以下「委託業務」といいます。）を乙に委託します。
　　一　賃貸借代理業務（別表第一に掲げる業務）
　　二　管理業務
　　　　イ　契約管理業務（別表第二に掲げる業務）
　　　　ロ　清掃業務　　（別表第三に掲げる業務）
　　　　ハ　設備管理業務（別表第四に掲げる業務）

（第三者への再委託）
第2条　乙は、前条第二号ロ又はハの業務の全部又は一部を第三者に再委託することができます。
　2　乙は、再委託した業務の処理について、甲に対して、自らなしたと同等の責任を負うものとします。

（代理権の授与）
第3条　乙は、委託業務のうち次の各号に掲げる業務について、甲を代理するものとします。ただし、乙は、第四号から第七号までに掲げる業務を実施する場合には、その内容について事前に甲と協議し、承諾を求めなければなりません。
　　一　敷金その他一時金（以下「敷金等」といいます。）並びに賃料、共益費及び附属施設使用料（以下「賃料等」といいます。）の徴収
　　二　未収金の督促
　　三　賃貸借契約に基づいて行われる借主から甲への通知の受領
　　四　賃貸借契約の締結
　　五　賃貸借契約の更新
　　六　修繕の費用負担について借主との協議
　　七　賃貸借契約の終了に伴う原状回復についての借主との協議

（借主に対する管理業務の説明）
第4条　乙は、第1条第二号の管理業務の内容及び前条の規定により管理業務に関して甲から授与された代理権の内容を、管理業務の開始後、速やかに、借主に説明しなければなりません。借主の変更があった場合

についても、同様とします。
（委託の証明措置）
第5条　甲は、乙から要請があった場合には、乙に対して、委任状の交付その他委託業務を委託したことを証明するために必要な措置を採らなければなりません。
（善管注意義務）
第6条　乙は、善良なる管理者の注意をもって、委託業務を行わなければなりません。
（賃貸借代理業務の継続的実施義務）
第7条　乙は、目的物件の各住戸で空室となっているもの又は借主が退去することが確実となったもの（以下「募集物件」といいます。）について、速やかに賃貸借代理業務を開始しなければなりません。
（成約に向けての積極的努力義務）
第8条　乙は、募集物件に関して、次の事項を履行する義務を負います。
　　一　甲に対して、1ヶ月に1回以上業務の処理状況を報告すること。
　　二　別表第一（2）ロに記載する方法により、広く賃貸借契約の相手方を探索し、契約の成立に向けて積極的に努力すること。
（賃貸借条件に関する意見の根拠の明示）
第9条　乙は、頭書（2）に記載する賃貸借条件の決定に際し、甲に、その条件に関する意見を述べるときは、根拠を示して説明しなければなりません。
（賃貸借条件の変更の助言等）
第10条　乙は、募集物件の賃貸借条件が地価や物価の変動その他事情の変更によって不適当と認められるに至ったときは、甲に対して、賃貸借条件の変更について根拠を示して助言します。
　　2　甲は、募集物件の賃貸借条件を変更しようとするときは、乙とその旨を協議しなければなりません。
（賃貸借代理報酬の支払い）
第11条　乙の賃貸借代理によって募集物件の賃貸借契約が成立したときは、甲は、乙に対して、頭書（3）①に記載する報酬（以下「賃貸借代理報酬」といいます。）を支払わなければなりません。

2　乙は、宅地建物取引業法第37条に定める書面を作成し、これを賃貸借契約の当事者に交付した後でなければ、賃貸借代理報酬を受領することができません。

（直接取引）
第12条　この契約の有効期間内又は有効期間の満了後3ヶ月以内に、甲が乙の紹介によって知った相手方と乙を排除して募集物件の賃貸借契約を締結したときは、乙は、甲に対して、契約の成立に寄与した割合に応じた相当額の報酬を請求することができます。

（違約金の請求）
第13条　甲は、この契約の有効期間内に、乙以外の宅地建物取引業者に募集物件の賃貸借媒介又は賃貸借代理を依頼することができません。甲がこれに違反し、賃貸借契約を成立させたときは、乙は、甲に対して、賃貸借代理報酬額に相当する金額（この賃貸借代理報酬に係る消費税に相当する額を除きます。）の違約金の支払いを請求することができます。

（自ら発見した相手方との契約）
第14条　甲は、この契約の有効期間内に、自ら発見した相手方と募集物件の賃貸借契約を締結しようとするときは、その旨を乙と協議しなければなりません。
　　2　この契約の有効期間内において、甲が自ら発見した相手方と募集物件の賃貸借契約を締結したときは、乙は、甲に対して、賃貸借代理業務に要した費用の償還を請求することができます。
　　3　前項の費用の額は、賃貸借代理報酬額を超えることはできません。

（管理報酬の支払い）
第15条　甲は、乙に対して、管理業務に関して、賃貸借代理報酬とは別に頭書（3）②の記載に従い、報酬（以下「管理報酬」といいます。）を支払わなければなりません。

（特別依頼に係る費用の支払い）
第16条　甲が乙に特別に依頼した広告等の業務の費用は甲の負担とし、甲は、乙の請求に基づいて、その実費を支払わなければなりません。

（乙が立て替えた費用の償還）

第17条　乙が委託業務を遂行する上でやむを得ず立て替えた費用については、甲は、乙に、速やかに、償還しなければなりません。

（敷金等及び賃料等の引渡し）

第18条　乙は、募集物件の賃貸借契約の成立により徴収した敷金等を、頭書（4）に記載する振込先に振り込むことにより、速やかに、甲に引き渡さなければなりません。

　2　乙は、借主から徴収した当月分の賃料等を、毎月、頭書（4）に記載する振込先に、頭書（4）に記載する期日までに振り込むことにより、甲に引き渡さなければなりません。

　3　前項の場合において、乙は、賃料等から、当月分の賃貸借代理報酬、管理報酬、特別依頼に係る費用等で賃料等から差し引くことについてあらかじめ甲の承諾を得ているものを差し引くことができます。

（委託業務の報告等）

第19条　乙は、頭書（5）に記載する期日までに委託業務に係る収支報告書を作成し、甲に報告しなければなりません。

　2　前項の規定による報告のほか、甲は、必要があると認めるときは、乙に対し、委託業務の執行に関して報告を求めることができます。

　3　前二項の場合において、甲は、乙に対し、委託業務に係る関係書類の提示を求めることができます。

　4　甲又は乙は、必要があると認めるときは、委託業務の執行に関して相互に意見を述べ、又は協議を求めることができます。

（住戸への立入調査）

第20条　乙は、委託業務を行うため必要があるときは、住戸に立ち入ることができます。

　2　前項の場合において、乙は、あらかじめその旨を当該住戸の借主に通知し、その承諾を得なければなりません。ただし、防災等の緊急を要するときは、この限りでありません。

（免責事項）

第21条　乙は、甲が次の各号に掲げる損害を受けたときは、その損害を賠償する責任を負わないものとします。

　一　天災地変等不可抗力による損害

二　乙の責めに帰すことができない火災、盗難等の事故の発生による損害
　　三　乙が善良なる管理者の注意をもって管理業務を行ったにもかかわらず生じた諸設備の故障による損害
　　四　前各号に定めるもののほか、乙の責めに帰すことができない事由によって生じた損害

（有効期間）
第22条　この契約の有効期間は、頭書（6）に記載するとおりとします。
（更新）
第23条　この契約の有効期間は、甲及び乙の合意に基づき、更新することができます。
　　2　前項の更新をしようとするときは、甲又は乙は、有効期間が満了する日までに、相手方に対し、文書でその旨を申し出るものとします。
　　3　前二項による有効期間の更新に当たり、甲乙間で契約の内容について別段の合意がなされなかったときは、従前の契約と同一内容の契約が成立したものとみなします。
（契約の解除）
第24条　甲又は乙がこの契約に定める義務の履行に関してその本旨に従った履行をしない場合には、その相手方は、相当の期間を定めて履行を催告し、その期間内に履行がないときは、この契約を解除することができます。
　　2　次の各号のいずれかに該当する場合には、甲は、この契約を解除することができます。
　　　一　乙がこの契約に係る重要な事項について故意若しくは重過失により事実を告げず、又は不実のことを告げる行為をしたとき。
　　　二　乙が宅地建物取引業に関して著しく不当な行為をしたとき。
（解約の申入れ）
第25条　甲又は乙は、その相手方に対して、少なくとも3ヶ月前に文書により解約の申入れを行うことにより、この契約を終了させることができます。
　　2　前項の規定にかかわらず、甲は、3ヶ月分の管理報酬相当額の金員

を乙に支払うことにより、随時にこの契約を終了させることができます。

（契約終了時の処理）

第26条　この契約が終了したときは、乙は、甲に対し、目的物件に関する書類及びこの契約に関して乙が保管する金員を引き渡すとともに、賃料の滞納状況を報告しなければなりません。

　2　この契約が終了したときは、甲及び乙は、借主に対し、乙による目的物件の管理業務が終了したこと及び新たに目的物件の管理を行うこととなる者を通知しなければなりません。

（合意管轄裁判所）

第27条　この契約に起因する紛争に関し、訴訟の提起等裁判上の手続きをしようとするときは、地方（簡易）裁判所をもって管轄裁判所とするものとします。

（特約）

以下余白

(別表第一)

賃貸借代理業務

業務内容	業務実施要領
（1）賃貸借条件の提案	情報誌、業者チラシ等の収集及び現地視察により、近隣の賃貸借物件の賃料相場を調査し、賃料の査定を行う。
（2）物件の紹介	イ　紹介図面を作成する。 ロ　次の方法により、広く賃貸借契約の相手方の探索を行う。 　　1）住宅情報誌への広告掲載 　　2）インターネットによる物件情報の提供 　　3）指定流通機構への登録 ハ　入居希望者からの問合せ、入居希望者の来店等に対応して、募集物件の説明、現地への案内等を行う。 ニ　1ヶ月に1回以上、業務の処理状況を甲に報告する。
（3）入居者の審査	イ　賃料支払能力の確認等入居希望者に係る調査及び保証能力の確認等連帯保証人に係る調査を行う。 ロ　入居希望者に対し、最終的な賃貸借の意思の確認を行う。 ハ　上記調査の結果を甲に報告し、当該入居希望者と賃貸借契約を締結することについて、甲と協議する。
（4）重要事項の説明	イ　権利関係、設備関係、賃貸借条件等の必要な事項を確認し、重要事項説明書を作成する。

	ロ　重要事項説明書に基づき、入居希望者に対し、重要事項の説明を行う。	
（5）賃貸借契約の締結	イ　賃貸借契約書の作成を補助する。 ロ　賃貸借契約書に甲を代理して署(記)名押印するとともに、借主の署(記)名押印を得て、甲と借主の双方に賃貸借契約書を交付する。 ハ　敷金等を借主から徴収し、頭書（4）に記載する振込先に振り込むことにより、速やかに、甲に引き渡す。振込手数料については、甲の負担とする。	
（6）鍵の引渡し	借主に鍵を引き渡す。	

(別表第二)

契約管理業務

業務区分	業務内容	業務実施要領
1　賃料等の徴収業務	（1）賃料等の徴収	イ　借主による乙の銀行口座への振込み又は借主の銀行口座からの自動引落しにより、借主から賃料等を徴収する。 ロ　銀行から送信される借主の月々の振込データにより入金状況を確認し、甲に報告する。 ハ　振り込まれた賃料等から、報酬及び賃料から差し引くことについてあらかじめ甲の承諾を得ている費用を差し引き、頭書（4）の記載に従い、甲に引き渡す。振込手数料については、甲の負担とする。
	（2）未収金の督促	イ　銀行から送信された振込データを基に未収金リストを作成する。 ロ　滞納者に対し、電話、訪問、督促状により督促を行う。 ハ　ロの督促にもかかわらず、なお賃料等を支払わない者について、甲に対し、徴収に関する法的手段の助言を行う。
	（3）管理費用の支払代行	共用部分に係る電気代等甲が支払うべき費用について、徴収した賃料等から支払いを行い、甲に報告する。支払代行を行う費用の範囲については、あらかじめ甲と協議して定める。

賃貸編

賃貸借代理及び管理委託契約書（住宅・一括委託型）

	（4）月次報告書の作成及び送付	毎月、精算業務終了後、その月の収支状況を記載した報告書を作成し、甲に送付する。
2　運営・調整業務	（1）入居立会い	入居日又はそれに先立つ日に立ち会い、室内の点検、電気・ガス・水道の開栓等の確認、建物の使用に関する規則、設備の使用方法等について、借主に説明を行う。
	（2）建物、設備の苦情等への対応	イ　借主から建物、設備等の不具合について苦情等があった場合には、これを聴取し、現状の確認を行う。 ロ　建物、設備等に関して修繕等の必要があると認められる場合には、修繕業者に連絡し、見積書を作成させる。 ハ　工事内容、費用及び甲と借主との負担割合について、甲と協議する。 ニ　甲と協議した内容に基づき、甲を代理して借主の負担額等について借主と協議し、借主の合意を得る。 ホ　修繕業者に対して、工事を発注する。 ヘ　工事終了後、点検を行った上、工事費用を負担すべき者に対し、当該費用の請求を行う。 ト　事故等により、緊急に修繕の必要があり、業者と甲又は借主との間で事前に調整を行う時間的余裕がない場合は、業者はイからへの手続きによらず、修繕を実施することができる。この場合においては、修繕の内容及び費用を速やかに甲又は借主に通知し、費用負担に関する調整は事後に行うものとする。

（3）借主等からの苦情等への対応	イ	借主又は近隣在住者から苦情等の申出があった場合は、事情を聴取し、現状の確認を行う。
	ロ	甲に現状の報告を行い、処理方針を協議する。
	ハ	甲と協議した内容に基づき、相手方に対する是正申入れ等の措置を講じる。
	ニ	甲及び苦情の申出者に対して処理結果を報告する。
（4）有害行為に対する措置	イ	借主が法令、賃貸借契約若しくは使用規則に違反する行為又は目的物件の保存に有害な行為を発見した場合には、その行為の中止を求める。
	ロ	中止の要求に応じない場合には、甲に法的措置の助言を行う。
（5）賃貸借契約に基づく甲と借主との間の連絡調整	イ	解約の申入れその他賃貸借契約に基づいて行われる借主から甲への通知を、甲を代理して受領し、甲に連絡する。
	ロ	借主から住戸の模様替え、共用部分における広告物の掲示その他賃貸借契約上甲の承諾が必要な行為の申出があった場合において、借主と甲との間の連絡調整を行う。
	ハ	その他賃貸借契約に関して甲と借主との間の連絡調整を行う。
（6）諸官公庁等への届出事務の代行		必要に応じ、官公署、電力、ガス会社等への諸届けを代行する。

	（7）台帳の管理等	賃貸借条件、賃料変更状況等について記載された台帳を作成し、保管する。
	（8）空室管理	空室となっている募集物件について、定期的に巡回、換気を行う。
3 契約更新業務	（1）借主の更新意思の確認	賃貸借契約の有効期間が満了する一定期間前に、借主に対し、契約の継続意思の確認を行う。
	（2）新賃貸条件の提案及び交渉	イ　近隣賃貸物件の賃料相場についての調査に基づき、継続賃料の査定を行い、当該賃料について甲と協議する。 ロ　甲と協議した内容に基づき、甲を代理して賃料改定について借主と協議する。 ハ　借主が賃料改定について合意した後、契約更新を証する書類に甲を代理して署(記)名押印するとともに、借主の署(記)名押印を得て、甲と借主の双方にこの書類を送付する。
4 解約業務	（1）解約に伴う借主と甲との連絡調整	賃貸借契約の終了が確実となった場合には、解約日、物件引渡日等日程の調整を借主と行い、甲に報告する。
	（2）明渡しの確認及び鍵の受領	物件の明渡しを確認して、借主から鍵を受領する。
	（3）住戸部分の原状回復についての借主との協議	イ　明渡し後、借主とともに修繕箇所の点検を行い、修繕業者に修繕費の見積りを算出させる。 ロ　修繕内容、費用及び甲と借主との負担

	割合について、甲と協議する。 ハ　甲との協議の内容に基づき、甲を代理して借主の負担額等について借主と協議し、借主の合意を得る。 ニ　修繕業者に対して、工事を発注する。 ホ　修繕工事終了後、点検を行った上、修繕費を負担する者に対し、当該費用の請求を行う。
（4）敷金の精算事務	イ　借主の負担する修繕費等の債務が敷金と相殺される場合には、精算書を作成し、甲及び借主に報告する。 ロ　残余金の返還の必要がある場合には、精算書に従い、残余金の返還を行うべき旨を甲に通知する。

(別表第三)

清掃業務

区分	場所別 作業種別	建物部分							屋外部分					その他	
		玄関ホール	廊下	階段	屋外階段	共同トイレ	共同備品施設	壁・天井		建物廻り	植栽部分・庭	自転車置場	ゴミ集積所	壁・造作	マンホール	駐車場
作業標準回数	1 掃き掃除															
	2 紙屑等処理															
	3 拭き掃除															
	4 水洗い処理															
	5 ワックス掃除															
	6 ガラス拭き															
	7 ドア拭き															
	8 排水口掃除															
	9 金属磨き															
	10 ポリ容器洗い															
	11 灯具掃除															
	12 除草															
備考																

場所別・作業種別毎の作業は、通常要する範囲及び時間において行う作業とすること。この場合において、常時利用状態にある等のため作業実施後、直ちに汚損することがある場所等については、通常の作業工程を一通り終わった段階で作業完了したものとする。

(別表第四)

設備管理業務

業務対象個所	業　務　内　容	
	定期的外観点検等	整備・修理及び法定点検等
1　建　物		
玄関廻り	表層部外観点検　　回／年	
廊下	表層部外観点検　　回／年	
屋根	表層部外観点検　　回／年	
内壁（空室時のみ）	表層部外観点検　　回／年	
外壁	表層部外観点検　　回／年	
共用トイレ	外観点検　　　　　回／年	
2　屋外施設		
塀・フェンス	外観点検　　　　　回／年	
掲示板	外観点検　　　　　回／年	
駐車場	外観点検　　　　　回／年	
自転車置場	外観点検　　　　　回／年	
植栽部分・庭	外観点検　　　　　回／年	
ゴミ集積所	外観点検　　　　　回／年	
水道	外観点検　　　　　回／年	
外灯	外観点検　　　　　回／年	
マンホール	外観点検　　　　　回／年	
3　電気設備		
1）自家用受変電設備		定期検査　　　1回／年
2）自家用受変電設備		保守点検　　　1回／月
以外の電気設備	外観点検　　　　　回／年	
◇照明器具		都度管球取替
4　給排水衛生設備		
1）給水設備	外観内部点検　　　回／月	内清掃・整備　　　回／年
◇受水槽		
◇		

賃貸編　賃貸借代理及び管理委託契約書（住宅・一括委託型）

	2）排水衛生設備				
	◇排水管	外観点検	回／月	都度清掃	
	◇雨水・排水桝	外観点検	回／月	都度清掃	
	3）浄化槽設備			保守点検	回／月
5	テレビ共聴設備	外観点検	回／年	調整	
6	消防・防災設備				
	1）自動火災報知器			法定点検	2回／年
	2）消火設備			法定点検	2回／年
	3）防犯設備	外観点検	回／月		

賃貸借契約解約通知書

貸主　新宿　勇次郎　殿

賃貸借契約を下記のとおり解約いたしたくご通知申し上げます。

物 件 名 称	新宿マンション　201　号室
解 約 受 付	9月11日付　（当社にて解約の連絡を受付けた日）
解 約 日	10月31日付　※1
引 越 時 期	10月30日　（予定・(確定)）
立 会 日	10月31日15時希望　※2
条　　　件	汚れ、破損部分の補修、取替え、電気料金、ガス料金、水道料金、電話料金等は借主にて負担いたします。
敷金返金先	＿＿＿品川＿＿＿銀行　＿＿＿品川＿＿＿支店 ((普通)・当座）預金 No. 1234567 フリガナ　　　イタバシ　ジュンイチ 口座名義　＿＿板橋＿＿順一＿＿
移 転 先	〒261-0013 千葉市美浜区打瀬1-1-1　幕張マンション1001号室 電　話　043-123-4567
退去理由	(転勤)・就職／転職・通勤／通学・結婚／出産・手狭 その他（　　　　　　　　　　　　　　　　　　　）

	記入日　20＊2年9月11日	
借主	物件名　新宿マンション　201　号室 氏　名　板橋　順一 自宅電話　03-1111-1111 携帯電話　090-2222-2222 会社電話　03-3333-3333	捺印 (印)

※1　解約日…解約受付より契約書所定の期間（通常1ヶ月）以降の日付をお書きください。賃料については解約日の属する月の賃料を一旦全額支払いください。後ほど解約日で日割り計算の上、返金いたします。
※2　立会日…未定であればブランクで結構ですが、決まりましたら必ずご連絡ください。当日、お部屋の確認と、鍵の回収をいたしますので、それまでにお荷物はすべて出してください。

プロが教える！　不動産契約書式の事例集

平成19年5月7日　初版発行

編　著　者　不動産契約書式研究会
発　行　者　中野博義
発　行　所　㈱住宅新報社

編　集　部　〒105-0003　東京都港区西新橋1-4-9（ＴＡＭビル）
　　　　　　（本　社）　　　　　　　　　　　電話（03）3504-0361
出版販売部　〒105-0003　東京都港区西新橋1-4-9（ＴＡＭビル）
　　　　　　　　　　　　　　　　　　　　　　電話（03）3502-4151

大阪支社　〒530-0005　大阪市北区中之島3-2-4（大阪朝日ビル）　電話（06）6202-8541㈹

印刷／亜細亜印刷㈱
落丁本・乱丁本はお取り替えいたします。

Printed in Japan
ISBN978-4-7892-2688-2　C2030

本書の全部または一部を無断で複写複製（コピー）することは、
著作権法上での例外を除き、禁じられています